2025年版全国一级建造师执业资格考试辅导

建设工程项目管理

章 节 刷 题

全国一级建造师执业资格考试辅导编写委员会　编写

中国建筑工业出版社
中国城市出版社

图书在版编目（CIP）数据

建设工程项目管理章节刷题／全国一级建造师执业
资格考试辅导编写委员会编写. -- 北京：中国城市出版
社，2025.1.（2025.8重印）--（2025年版全国一级建造师执业资格考
试辅导）. -- ISBN 978-7-5074-3797-3

Ⅰ. F284-44

中国国家版本馆 CIP 数据核字第 2025JA7262 号

责任编辑：田立平
责任校对：赵　菲

2025年版全国一级建造师执业资格考试辅导

建设工程项目管理章节刷题

全国一级建造师执业资格考试辅导编写委员会　编写

*

中国建筑工业出版社、中国城市出版社出版、发行（北京海淀三里河路9号）

各地新华书店、建筑书店经销

建工社（河北）印刷有限公司印刷

*

开本：787毫米×1092毫米　1/16　印张：17½　字数：423千字
2025年3月第一版　　2025年8月第五次印刷
定价：**68.00**元（含增值服务）
ISBN 978-7-5074-3797-3
（904811）

如有内容及印装质量问题，请与本社读者服务中心联系
电话：（010）58337283　　QQ：2885381756
（地址：北京海淀三里河路9号中国建筑工业出版社604室　邮政编码：100037）

出 版 说 明

为了满足广大考生的应试复习需要，便于考生准确理解考试大纲的要求，尽快掌握复习要点，更好地适应考试，根据"一级建造师执业资格考试大纲"（2024 年版）（以下简称"考试大纲"）和"2025 年版全国一级建造师执业资格考试用书"（以下简称"考试用书"），我们组织全国著名院校和企业以及行业协会的有关专家教授编写了"2025 年版全国一级建造师执业资格考试辅导——章节刷题"（以下简称"章节刷题"）。此次出版的章节刷题共 13 册，涵盖所有的综合科目和专业科目，分别为：

- 《建设工程经济章节刷题》
- 《建设工程项目管理章节刷题》
- 《建设工程法规及相关知识章节刷题》
- 《建筑工程管理与实务章节刷题》
- 《公路工程管理与实务章节刷题》
- 《铁路工程管理与实务章节刷题》
- 《民航机场工程管理与实务章节刷题》
- 《港口与航道工程管理与实务章节刷题》
- 《水利水电工程管理与实务章节刷题》
- 《矿业工程管理与实务章节刷题》
- 《机电工程管理与实务章节刷题》
- 《市政公用工程管理与实务章节刷题》
- 《通信与广电工程管理与实务章节刷题》

《建设工程经济章节刷题》《建设工程项目管理章节刷题》《建设工程法规及相关知识章节刷题》包括单选题和多选题，专业工程管理与实务章节刷题包括单选题、多选题、实务操作和案例分析题。章节刷题中附有参考答案、难点解析、案例分析以及综合测试等。为了帮助应试考生更好地复习备考，我们开设了在线辅导课程，考生可通过中国建筑出版在线网站（wkc.cabplink.com）了解相关信息，参加在线辅导课程学习。

为了给广大应试考生提供更优质、持续的服务，我社对上述 13 册图书提供网上增值服务，包括在线答疑、在线视频课程、在线测试等内容。

章节刷题紧扣考试大纲，参考考试用书，全面覆盖所有知识点要求，力求突出重点，解释难点。题型参照考试大纲的要求，力求练习题的难易、大小、长短、宽窄适中。各科目考试时间、分值见下表：

序　号	科目名称	考试时间（小时）	满　分
1	建设工程经济	2	100
2	建设工程项目管理	3	130
3	建设工程法规及相关知识	3	130
4	专业工程管理与实务	4	160

　　本套章节刷题力求在短时间内切实帮助考生理解知识点，掌握难点和重点，提高应试水平及解决实际工作问题的能力。希望这套章节刷题能有效地帮助一级建造师应试人员提高复习效果。本套章节刷题在编写过程中，难免有不妥之处，欢迎广大读者提出批评和建议，以便我们修订再版时完善，使之成为建造师考试人员的好帮手。

中国建筑工业出版社

中国城市出版社

购正版图书　享超值服务

　　凡购买我社章节刷题的读者，均可凭封面上的增值服务码，免费享受网上增值服务。增值服务包括在线答疑、在线视频、在线测试等内容，使用方法如下：

1. 计算机用户

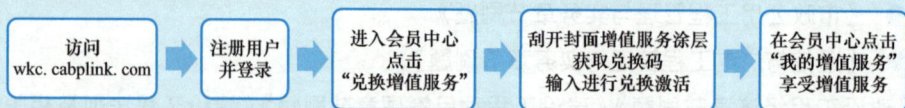

访问 wkc.cabplink.com → 注册用户并登录 → 进入会员中心点击"兑换增值服务" → 刮开封面增值服务涂层获取兑换码输入进行兑换激活 → 在会员中心点击"我的增值服务"享受增值服务

2. 移动端用户

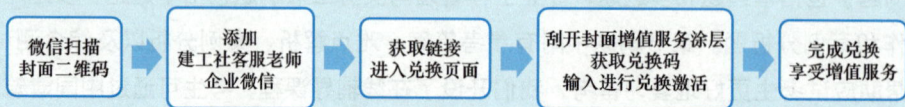

微信扫描封面二维码 → 添加建工社客服老师企业微信 → 获取链接进入兑换页面 → 刮开封面增值服务涂层获取兑换码输入进行兑换激活 → 完成兑换享受增值服务

　　读者如果对图书中的内容有疑问或问题，可关注微信公众号【建造师应试与执业】，与图书编辑团队直接交流。

建造师应试与执业

目　　录

第1章 建设工程项目组织、规划与控制

1.1 工程项目投资管理与实施

复习要点

1．工程项目投资管理制度

1）项目资本金制度

（1）项目资本金是指在项目总投资中由投资者认缴的出资额；

（2）项目总投资是指投资项目的固定资产投资与铺底流动资金之和；

（3）项目资本金可以用货币出资，也可以用实物、工业产权、非专利技术、土地使用权作价出资。

各类投资项目最低资本金比例见表1-1。

表1-1 各类投资项目最低资本金比例

序号	投资项目		最低资本金比例
1	城市和交通基础设施项目	城市轨道交通项目	20%
		港口、沿海及内河航运项目	
		铁路、公路项目	
		机场项目	25%
2	房地产开发项目	保障性住房和普通商品住房项目	20%
		其他项目	25%
3	产能过剩行业项目	钢铁、电解铝项目	40%
		水泥项目	35%
		煤炭、电石、铁合金、烧碱、焦炭、黄磷、多晶硅项目	30%
4	其他工业项目	玉米深加工项目	20%
		化肥（钾肥除外）项目	25%
		电力等其他项目	20%

2）项目投资审批、核准或备案管理

政府投资项目实行审批制，企业投资项目实行核准制或登记备案制。

2．工程建设实施程序

1）一般投资项目建设实施程序

投资决策与建设实施程序如图1-1所示。

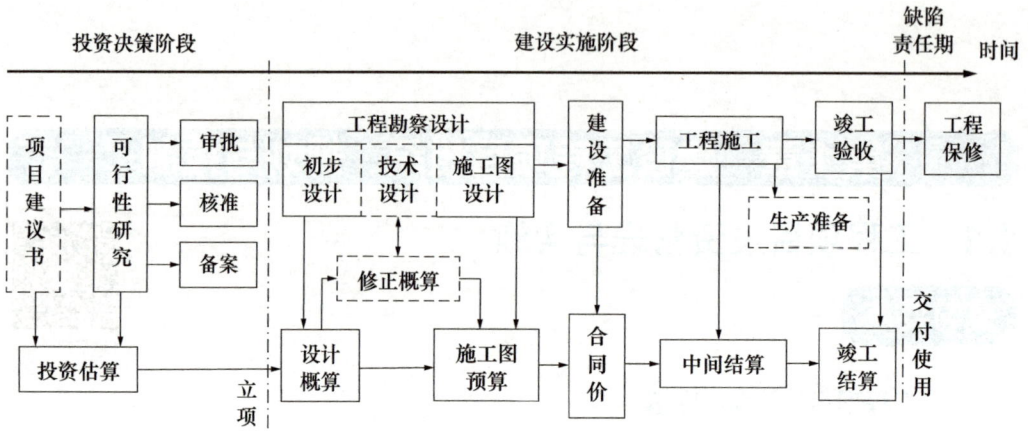

图 1-1 投资决策与建设实施程序

工程建设实施程序重点关注内容如下:

（1）工程开工建设前的准备工作

① 征地、拆迁和场地平整;

② 完成施工用水、电、通信网络、交通道路等接通工作;

③ 准备必要的施工图纸;

④ 组织工程监理、施工及材料设备采购招标工作;

⑤ 办理施工许可证、工程质量监督等手续。

（2）工程开工时间的具体认定规则

① 工程开工时间是指该工程设计文件中规定的任何一项永久性工程第一次正式破土开槽开始施工的时间;

② 不需开槽的工程,正式开始打桩的时间就是开工时间;

③ 铁路、公路、水库等需要进行大量土石方工程的,以正式开始进行土石方工程的时间作为正式开工时间;

④ 工程地质勘察、平整场地、既有建筑物拆除、临时建筑、施工用临时道路和水、电等工程开始施工不能算作正式开工;

⑤ 分期建设的工程分别以各期工程开工的时间作为开工时间。

（3）建设工程自竣工验收合格之日起即进入缺陷责任期。缺陷责任期最长不超过2年。在缺陷责任期内发现有质量缺陷的,应及时修复,修复和查验费用由责任方承担。

2）政府和社会资本合作（PPP）项目实施方式及运作流程

（1）PPP 具体实施方式

BOT 是政府和社会资本合作新机制的基本实施方式,标准 BOT、BOOT、BOO 是 BOT 的三种基本形式,TOT、TBT、ROT、DBFOT 等均可视为 BOT 演变形式。其中,BOT 项目运作流程如图 1-2 所示。

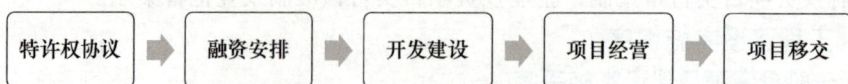

图 1-2 BOT 项目运作流程

（2）PPP新机制的核心要求

政府和社会资本合作项目应聚焦使用者付费项目，明确收费渠道和方式，项目经营收入能够覆盖建设投资和运营成本，具备一定投资回报，不因采用政府和社会资本合作模式额外新增地方财政未来支出责任。

3．工程承包模式

1）基于不同承包范围的承包模式

基于不同承包范围的各承包模式特点见表1-2。

表1-2　基于不同承包范围的各承包模式特点

模式	设计－招标－建造模式（DBB）	工程总承包模式（DB/EPC）
合同结构		
优点	（1）责权利分配明确。 （2）指令易贯彻执行。 （3）有助于发现工程质量问题	（1）有利于缩短建设工期。 （2）便于建设单位提前确定工程造价。 （3）使工程项目责任主体单一化。 （4）可减轻建设单位合同管理的负担
不足	（1）建设周期长。 （2）容易产生设计变更。 （3）协调工作量大	（1）道德风险高。 （2）建设单位前期工作量大。 （3）工程总承包单位报价高

2）基于不同承包关系的承包模式

基于不同承包关系的各承包模式特点见表1-3。

表1-3　基于不同承包关系的各承包模式特点

模式	平行承包模式	联合体承包模式	合作体承包模式
合同结构			
特点	（1）有利于建设单位择优选择承包单位。 （2）有利于控制工程质量。 （3）有利于缩短建设工期。 （4）组织管理和协调工作量大。 （5）工程造价控制难度大。 （6）与总承包模式相比，不利于发挥那些技术水平高、综合管理能力强的承包商综合优势	（1）建设单位合同结构简单，组织协调工作量小，而且有利于工程造价和建设工期控制。 （2）可以集中联合体各成员单位在资金、技术和管理等方面优势，克服一家单位力不能及的困难，不仅有利于增强竞争能力，还有利于增强抗风险能力	（1）建设单位组织协调工作量小，但风险较大。 （2）各承包单位之间既有合作愿望，又不愿意组成联合体

3

3）CM 模式与 Partnering 模式

（1）CM 模式的特点

① 采用快速路径法施工；

② CM 单位有代理型（Agency）和非代理型（Non-Agency）两种；

③ CM 合同采用成本加酬金方式；

④ CM 模式特别适用于那些实施周期长、工期要求紧迫的大型复杂工程。

（2）Partnering 模式的特点

① 出于自愿；

② 高层管理者参与；

③ Partnering 协议不是法律意义上的合同；

④ 信息开放性；

⑤ Partnering 模式不是一种独立存在的模式，它通常需要与工程项目其他组织模式中的某一种结合使用，如总分包模式、平行承包模式、CM 承包模式等。

4．工程监理

1）强制实行监理的工程范围

① 国家重点建设工程；

② 大中型公用事业工程；

③ 成片开发建设的住宅小区工程；

④ 利用外国政府或者国际组织贷款、援助资金的工程；

⑤ 国家规定必须实行监理的其他工程。

2）项目监理机构人员职责

项目监理机构中监理人员通常由总监理工程师、专业监理工程师和监理员组成。根据工程监理工作需要，项目监理机构可设总监理工程师代表。项目监理机构人员应按相关规定履行其基本职责。

3）与项目监理机构相关的施工管理工作

（1）施工准备及开工报审

① 参加图纸会审和设计交底会议；

② 报审施工组织设计；

③ 施工现场质量安全管理组织机构、制度及人员受检；

④ 报送工程开工报审表及相关资料；

⑤ 报审分包单位资格；

⑥ 参加第一次工地会议。

（2）施工过程中的报审报验

① 施工进度计划报审；

② 施工方案或专项施工方案报审；

③ "四新"质量报审；

④ 施工控制测量成果及保护措施报审；

⑤ 试验室报审；

⑥ 材料、构配件、设备质量报验；

⑦ 工程报验；

⑧ 提出工程计量及付款申请；

⑨ 提出工程变更或索赔。

（3）工程暂停情形

① 建设单位要求暂停施工且工程需要暂停施工的；

② 施工单位未经批准擅自施工或拒绝项目监理机构管理的；

③ 施工单位未按审查通过的工程设计文件施工的；

④ 施工单位未按批准的施工组织设计、（专项）施工方案施工或违反工程建设强制性标准的；

⑤ 施工存在重大质量、安全事故隐患或发生质量、安全事故的。

（4）竣工报验

单位工程完工并经自检合格后，施工单位应向项目监理机构提交单位工程竣工验收报审表及竣工资料。项目监理机构组织工程竣工预验收合格后，编写工程质量评估报告并报送建设单位。施工单位代表应参加由建设单位组织的竣工验收，并在工程竣工验收报告中签署意见。

（5）结算申请

工程竣工验收合格后，施工单位应向项目监理机构提交竣工结算款支付申请。项目监理机构审核后报送建设单位审批。竣工结算款支付申请经建设单位审批同意后，项目监理机构将向施工单位签发竣工结算款支付证书。

5．工程质量监督

1）工程质量监督内容

工程质量监督主要是指对工程质量责任主体行为和工程实体质量进行的监督检查。其中，工程实体质量监督包括：① 工程实体质量抽查；② 工程质量保证资料核验。

2）工程质量监督程序

工程质量监督程序如图 1-3 所示。

```
┌──────────┐   ┌──────────┐   ┌──────────┐   ┌──────────┐
│ 审核办理  │   │ 组织安排  │   │ 组织实施  │   │ 组织实施  │
│ 工程质量  │⇒│ 工程质量  │⇒│ 工程施工  │⇒│工程竣工验收│
│ 监督手续  │   │监督准备工作│   │ 质量监督  │   │ 质量监督  │
└──────────┘   └──────────┘   └──────────┘   └──────────┘
```

图 1-3　工程质量监督程序

3）工程质量监督工作方式

工程质量监督机构的监督检查以抽查为主，实行专项检查与综合检查相结合、工程实体质量检查与工程参建各方主体质量行为检查相结合的方式。工程实体质量检查包括随机抽查和委托检测。

工程质量监督工作方式包括：① 工程实体质量检查；② 工程质量文件资料核查；③ 听取现场人员汇报；④ 进行相关数据分析。

1. 根据固定资产投资项目资本金制度，作为计算资本金基数的总投资是指投资项目（　　）之和。

    A. 固定资产和铺底流动资金   B. 建安工程费和设备购置费

    C. 建筑工程费和安装工程费   D. 建筑工程费和工程建设其他费

2. 根据固定资产投资项目资本金制度，下列固定资产投资项目最低资本金比例中，最高的是（　　）。

    A. 钢铁、电解铝项目   B. 保障性住房项目

    C. 城市轨道交通项目   D. 水泥项目

3. 根据固定资产投资项目资本金制度，项目资本金是指（　　）。

    A. 项目建设单位的注册资金

    B. 项目总投资中的固定资产投资部分

    C. 项目总投资中由投资者认缴的出资额

    D. 项目开工时已经到位的资金

4. 下列关于项目资本金制度的说法，正确的是（　　）。

    A. 项目资本金属于非债务性资金

    B. 项目法人应承担项目资本金的利息

    C. 项目法人应承担项目资本金的债务

    D. 投资者不可转让其出资的资本金

5. 工程总概算是在（　　）阶段编制。

    A. 可行性研究   B. 初步设计

    C. 技术设计   D. 施工图设计

6. 对于政府投资项目，当投资概算超过（　　）时，项目单位应当向相关部门报告。

    A. 投资估算的10%   B. 投资估算的20%

    C. 工程总概算的10%   D. 工程总概算的20%

7. 建设工程自竣工验收合格之日起即进入缺陷责任期，缺陷责任期最长不超过（　　）年。

    A. 1   B. 2

    C. 3   D. 4

8. 下列关于工程竣工验收的说法，正确的是（　　）。

    A. 建设工程自竣工验收之日起即进入缺陷责任期

    B. 工程竣工验收由建设单位组织

    C. 缺陷责任期内的修复和查验费用由施工单位承担

    D. 缺陷责任期最长不超过1年

9. 工程项目采用平行承包模式的特点是（　　）。

    A. 有利于缩短建设工期   B. 不利于控制工程质量

    C. 组织管理和协调简单   D. 工程造价控制难度小

10. 下列关于合作体承包模式的说法，正确的是（　　）。

    A. 合作体与建设单位签订工程承包合同

    B. 建设单位组织协调工作量大

    C. 建设单位风险较大

    D. 各成员单位愿意组成联合体

11. 下列关于 CM 承包模式的说法，正确的是（　　）。

    A. 分包可不通过招标的方式展开竞争

    B. 在工程设计全部结束之后，进行施工招标

    C. 由于工程设计与施工的早期结合，设计变更较多

    D. 使工程项目实现有条件的"边设计，边施工"

12. 根据《建设工程监理范围和规模标准规定》，下列工程项目中，必须实行监理的是（　　）。

    A. 总投资额为 1 亿元的服装厂改建项目

    B. 总投资额为 400 万美元的联合国环境署援助项目

    C. 总投资额为 2500 万元的垃圾处理项目

    D. 建筑面积为 4 万 m^2 的住宅建设项目

13. 根据《建设工程监理规范》GB/T 50319—2013，下列选项中，不属于总监理工程师职责的是（　　）。

    A. 签发工程开工令　　　　　　B. 组织编写监理日志

    C. 组织编制监理规划　　　　　D. 确定项目监理机构人员

14. 监理员应承担的工作职责是（　　）。

    A. 组织召开监理工作会议　　　B. 组织审查分包单位资格

    C. 参与工程竣工预验收　　　　D. 见证取样进场材料

15. 工程竣工验收应该由（　　）组织进行。

    A. 建设单位　　　　　　　　　B. 监理单位

    C. 施工单位　　　　　　　　　D. 质量监督单位

16. 下列工程质量监督机构的主要任务中，属于对建设参与各方主体质量行为监督的是（　　）。

    A. 监督检查建设工程主体结构的施工质量

    B. 监督检查用于工程的主要建筑材料的质量

    C. 检查工程质量保证资料是否准确完整

    D. 检查质量管理体系和质量责任制的落实情况

17. 建设工程的实体质量监督以（　　）方式为主，并辅以科学的检测手段。

    A. 检测　　　　　　　　　　　B. 巡查

    C. 检查　　　　　　　　　　　D. 抽查

18. 政府建设主管部门对工程项目实施质量监督，其工作包括：① 组织安排工程质量监督准备工作；② 组织实施工程竣工验收质量监督；③ 审核办理工程质量监督手续；④ 组织实施工程施工质量监督。正确的监督程序是（　　）。

    A. ③－④－①－②　　　　　　B. ③－①－④－②

C．①－③－④－② D．①－④－②－③

二　多项选择题

1．根据固定资产投资项目资本金制度，投资者可以用（　　）出资。

A．实物　　　　　　　　　B．工业产权

C．专利技术　　　　　　　D．货币

E．无形资产

2．根据固定资产投资项目资本金制度，投资者以货币方式认缴的项目资本金，其资金来源包括（　　）。

A．国有企业产权转让收入

B．国家批准的各种专项建设基金

C．通过发行债券筹集资金

D．社会个人合法所有的资金

E．各级人民政府的财政预算内资金

3．根据我国投资项目资本金制度，适用"资本金比例最低为20%"规定的项目主要有（　　）。

A．玉米深加工　　　　　　B．钢铁

C．多晶硅　　　　　　　　D．电力

E．机场

4．下列关于项目资本金的说法，正确的有（　　）。

A．社会个人合法所有的资金可以作为项目资本金来源

B．项目资本金对投资项目来说是非债务性资金

C．项目资本金可以用货币出资，也可以用实物、工业产权、非技术专利等作价出资

D．投资者可以转让、抽回其出资

E．各种经营性投资项目必须先落实资本金才能建设

5．采用资本金注入方式的政府投资项目，政府投资主管部门需要审批项目的（　　）。

A．项目建议书　　　　　　B．可行性研究报告

C．资金申请报告　　　　　D．项目建设纲要

E．项目管理规划

6．根据《国务院关于投资体制改革的决定》（国发〔2004〕20号），对采用直接投资方式的政府投资项目，政府投资管理部门需要审批（　　）。

A．项目建议书　　　　　　B．可行性研究报告

C．初步设计　　　　　　　D．工程概算

E．开工报告

7．下列关于项目的工程开工时间的说法，错误的有（　　）。

A．设计中任何永久性工程破土开槽开始施工的时间

B．既有建筑物拆除开始施工的时间

C．铁路开始进行土方、石方工程的时间

D．公路开始进行平整场地的时间

E．施工队伍进场时间

8．工程项目在开工建设之前要切实做好各项准备工作，下列属于建设准备工作的有（　　　）。

A．组建生产管理机构　　　　　　B．招聘和培训生产人员

C．办理工程质量监督手续　　　　D．准备必要的施工图纸

E．组织招标选择工程监理单位

9．下列关于政府和社会资本合作（PPP）项目的说法，正确的有（　　　）。

A．BOT 的特许期要比 BOOT 的短一些

B．DBFOT 模式不包括社会资本方的设计权限

C．BOOT 不允许项目公司将项目资产抵押给银行

D．BOO 是 BOT 的基本形式

E．TOT 是将 TBT 与 BOT 组合起来的一种融资模式

10．下列关于政府和社会资本合作（PPP）项目的说法，正确的有（　　　）。

A．政府付费可以按规定补贴建设和运营成本

B．涉及国家安全、公共属性强且具有自然垄断属性的项目民营企业都不能参与

C．政府和社会资本合作应限定于有经营性收益的项目

D．关系国计民生、公共属性较强的项目，民营企业股权占比原则上不低于 35%

E．市场化程度较高、公共属性较弱的项目，应由民营企业独资或控股

11．工程勘察活动包括（　　　）。

A．工程测量　　　　　　　　　　B．施工图设计

C．技术设计　　　　　　　　　　D．岩土地质勘察

E．水文地质勘察

12．下列关于工程总承包模式的说法，正确的有（　　　）。

A．建设工期较长

B．有利于减少工程变更

C．工程设计与施工责任主体一体化

D．合同管理工作量大大减少

E．建设单位前期工作量少

13．工程项目联合体承包模式的特点有（　　　）。

A．建设单位的合同结构简单

B．有利于工程造价和建设工期控制

C．联合体必须由多家单位共同发起

D．建设单位组织协调工作量大

E．能够集中联合体成员单位优势，增强抗风险能力

14．下列关于 Partnering 模式的说法，正确的有（　　　）。

A．Partnering 协议只是建设单位与承包单位之间的协议

B．Partnering 模式强调资源共享

C．Partnering 模式是一种独立存在的承发包模式

D．Partnering 模式特别强调工程参建方基层人员的参与

E．Partnering 协议不是法律意义上的合同

15．下列关于承包发包模式的说法，正确的有（　　）。

A．联合体承发包模式中，业主应和联合体各方分别签订承包合同

B．平行承发包模式中，业主的组织管理工作量大，有利于工程质量和造价控制

C．非代理型 CM 承包模式中，业主与 CM 单位和分包商分别签订合同

D．合作体承包模式中，建设单位组织协调工作量小，但风险较大

E．DB 和 EPC 是工程总承包中常见的两种代表性模式

16．下列承包模式中，有利于缩短建设工期的模式包括（　　）。

A．平行承包　　　　　　　　　B．DBB

C．Partnering　　　　　　　　D．EPC 承包

E．DB 承包

17．申请开工的工程需要具备的条件有（　　）。

A．设计交底和图纸会审已完成

B．施工组织设计已由总监理工程师签认

C．施工单位现场质量、安全生产管理体系已建立

D．进场道路及水、电、通信等已满足开工要求

E．第一次工地会议已召开

18．项目监理机构对施工组织设计进行审查的工作有（　　）。

A．编审程序是否符合相关规定

B．工程材料质量证明文件是否齐全有效

C．资源供应计划是否满足工程施工需要

D．工程质量保证措施是否符合施工合同要求

E．安全技术措施是否符合工程建设强制性标准

19．"四新"指的是（　　）。

A．新材料　　　　　　　　　　B．新方法

C．新工艺　　　　　　　　　　D．新技术

E．新设备

20．工程施工需要签发工程暂停令的情形包括（　　）。

A．施工单位施工质量保证措施欠缺

B．施工单位拒绝项目监理机构管理

C．施工单位未按审查通过的工程设计文件施工

D．设计单位要求暂停施工

E．施工单位违反工程建设强制性标准

21．下列关于施工过程中报审报验的说法，正确的有（　　）。

A．对涉及高大模板工程的专项施工方案，要检查施工单位组织专家进行论证、审查的情况

B．项目监理机构不需要对用于工程的材料进行检验

C．施工单位应直接向建设单位提出索赔费用

D．施工单位应通过项目监理机构向建设单位要求工程延期

E．项目监理机构应检查试验室的资质等级及试验范围

22．质量监督机构对工程实体质量监督检查的内容包括（　　）。

A．抽查工程实体质量

B．质量管理人员是否培训并考核合格

C．核验工程质量保证资料

D．质量问题是否按要求整改落实

E．工程质量监督手续是否依法办理

23．建设单位在办理工程质量监督注册手续时需提供的资料有（　　）。

A．中标通知书　　　　　　　　B．施工图预算

C．工程施工合同　　　　　　　D．施工组织设计

E．监理规划

24．下列关于工程质量监督的说法，错误的有（　　）。

A．工程质量监督报告必须由工程质量监督负责人签认

B．核验工程质量保证资料的目的是为了验证工程实体质量

C．工程开工前，建设单位需申请办理工程质量监督手续

D．工程质量监督机构应对工程质量保证资料进行逐一检查

E．工程竣工验收工作之前工程质量监督机构应出具工程质量监督报告

25．工程质量监督准备工作中，检查各方主体行为确认具备开工条件的内容包括（　　）。

A．审查工程参建各方质量保证体系

B．检查工程质量监督报告

C．核查工程参建各方主要管理人员资格

D．审查施工组织设计内容

E．检查工程质量文件是否齐全并符合规定

【答案与解析】

一、单项选择题（有答案解析的题号前加＊，以下同）

1．A；　2．A；　　3．C；　4．A；　＊5．B；　6．A；　7．B；　8．B；

9．A；　10．C；　＊11．D；　＊12．B；　＊13．B；　14．D；　＊15．A；　＊16．D；

17．D；　18．B

【解析】

5．【答案】B

按照规定，初步设计阶段编制工程总概算。所以B正确。

11．【答案】D

选项A，CM承包模式每次分包都通过招标展开竞争。选项B，在工程设计尚未结

束之前，当工程某些部分的施工图设计已经完成时，就应开始进行该部分工程的施工招标。选项 C，由于工程设计与施工的早期结合，使得设计变更在很大程度上得到减少。所以 D 正确。

12.【答案】B

选项 A，不属于项目总投资额在 3000 万元以上关系社会公共利益、公众安全的基础设施项目，故不属于必须实行监理的项目范围。选项 C，如投资额在 3000 万元以上，则必须实行监理。选项 D，建筑面积在 5 万 m^2 以上的住宅建设工程必须实行监理。所以 B 正确。

13.【答案】B

组织编写监理日志属于专业监理工程师职责，所以应选 B。

15.【答案】A

工程竣工验收应该由建设单位组织。所以 A 正确。

16.【答案】D

选项 A、B 属于检查建设工程实体质量。选项 C 属于监督工程质量验收。所以 D 正确。

二、多项选择题

1．A、B、D；	2．A、B、D、E；	3．A、D；	*4．A、B、C、E；
5．A、B；	*6．A、B、C、D；	7．B、D、E；	8．C、D、E；
9．A、D；	10．C、D、E；	*11．A、D、E；	*12．B、C、D；
13．A、B、E；	*14．B、E；	*15．D、E；	*16．A、D、E；
*17．A、B、C、D；	18．A、C、D、E；	19．A、C、D、E；	20．B、C、E；
*21．A、D、E；	22．A、C；	23．A、C、D、E；	*24．D、E；
*25．A、C、D、E			

【解析】

4.【答案】A、B、C、E

投资者可按其出资比例依法享有所有者权益，也可转让其出资，但不得以任何方式抽回。所以 A、B、C、E 正确。

6.【答案】A、B、C、D

对于采用直接投资方式的政府投资工程，政府需要从投资决策的角度审批项目建议书和可行性研究报告，除特殊情况外，不再审批开工报告，同时还要严格审批其初步设计和工程概算。所以 A、B、C、D 正确。

11.【答案】A、D、E

工程勘察活动包括工程测量、岩土地质勘察以及水文地质勘察。选项 B、C 属于工程设计。所以 A、D、E 正确。

12.【答案】B、C、D

选项 A，工程总承包单位能够在全部设计完成之前便可开始其他工作，有利于缩短建设工期。选项 B，工程总承包单位负责工程总体控制，有利于减少工程变更。选项 C，工程总承包单位负责工程设计和施工，使工程项目责任主体一体化。选项 D，与建设单位直接签订合同的工程参建方减少，合同管理工作量也大大减少。选项 E，建设单位在招标和评标阶段花费大量时间和精力对投标单位进行评审，使得项目前期工作量加大。

所以 B、C、D 正确。

14.【答案】B、E

选项 A，Partnering 协议并不仅是建设单位与承包单位之间的协议，而需要工程建设参与各方共同签署。选项 C，Partnering 模式不是一种独立存在的模式，它通常需要与工程项目其他组织模式中的某一种结合使用。选项 D，Partnering 模式特别强调高层管理者参与。所以 B、E 正确。

15.【答案】D、E

选项 A，联合体承发包模式中，联合体各成员单位共同与建设单位签订工程承包合同。选项 B，平行承发包模式中，组织管理和协调工作量大，工程造价控制难度大。选项 C，非代理型的 CM 单位直接与分包单位签订分包合同。所以 D、E 正确。

16.【答案】A、D、E

选项 B，DBB 模式的工程设计、招标、施工按顺序依次进行，建设周期长。选项 C，Partnering 模式不是一种独立存在的模式，它通常需要与工程项目其他组织模式中的某一种结合使用，因此该模式不一定有利于缩短工期。所以 A、D、E 正确。

17.【答案】A、B、C、D

选项 E 属于申请开工之后的工作。所以 A、B、C、D 正确。

21.【答案】A、D、E

选项 B，项目监理机构需要对用于工程的材料进行平行检验。选项 C，施工单位向建设单位索赔费用，应通过项目监理机构提出。所以 A、D、E 正确。

24.【答案】D、E

选项 D，工程质量监督机构应对工程质量保证资料进行抽查。选项 E，工程竣工验收工作结束后出具工程质量监督报告。所以 D、E 正确。

25.【答案】A、C、D、E

选项 B，工程质量监督报告是工程质量监督机构在工程竣工验收工作结束后出具的。所以 A、C、D、E 正确。

1.2 工程项目管理组织与项目经理

复习要点

1. 工程参建各方主体管理目标和任务

1）业主方项目管理的定义、目标和局限性

（1）定义：业主方项目管理是指站在业主角度，通过有效控制工程建设进度、质量和投资目标，最终实现工程项目的价值。

（2）目标：进度目标、质量目标、投资目标、绿色目标。

（3）局限性：在技术和管理方面，建设单位（或项目法人）缺乏配套的专业化力量；即使建设单位（或项目法人）设有完善的管理机构，如果没有连续的工程任务也是不经济的。

2）工程总承包方项目管理的定义、范围和规范要求

（1）定义和范围：工程总承包方项目管理应服务于项目整体利益和工程总承包方自身利益。工程总承包方依靠自身的技术和管理优势或实力，在工程设计、采购、施工、试运行等各个环节，有效管理其承包工程的进度、质量、成本、安全及绿色目标，全面履行工程总承包合同，为业主交付合格且富有价值的工程项目。

（2）规范要求：《建设项目工程总承包管理规范》GB/T 50358—2017针对工程设计、采购、施工、试运行等环节的管理提出了要求。

3）工程设计方项目管理的定义、服务主体和影响范围

（1）定义：工程设计方项目管理是指建设单位（或项目法人）选定的工程设计单位根据设计合同所界定的工作目标和义务，对工程设计工作所进行的自我管理。

（2）服务主体：工程设计方项目管理应服务于项目整体利益和工程设计方自身利益。

（3）影响范围：工程设计方项目管理不仅局限于工程设计阶段，而且会延伸到施工阶段和竣工验收阶段。

4）工程施工方项目管理的定义、管理范畴和目标

（1）定义：工程施工方项目管理通常是指施工承包单位根据施工合同所界定的工程范围，依靠企业技术和管理综合实力，在实行施工项目经理责任制的基础上，对工程施工全过程进行的系统管理活动。

（2）管理范畴：工程施工方项目管理不能仅理解为施工承包单位的项目管理，工程咨询单位为施工承包单位提供的咨询服务也属于工程施工方项目管理范畴。

（3）目标：工程施工方项目管理目标包括施工进度、质量、成本和安全。在绿色发展形势下，绿色也成为施工项目管理目标。显然，这些目标既与工程建设总目标相联系，又有很强的自主性特征。

2．工程项目管理组织

1）结构特点

工程项目管理组织结构形式及特点，见表1-4。

表1-4　工程项目管理组织结构形式及特点

组织结构类型	定义	优点	缺点
直线式组织结构	各种职位均按直线垂直排列，项目经理直接进行单线垂直领导	结构简单、权力集中、易于统一指挥、隶属关系明确、职责分明、决策迅速	未设置职能部门，项目经理需通晓各种业务，成为"全能式"人才。无法实现管理工作专业化，不利于提高项目管理水平
职能式组织结构	在各管理层设置职能部门，各职能部门分别从其业务职能角度对下级执行者进行业务管理	强调管理业务专门化，发挥专家在项目管理中的作用，易于提高工作质量，并减轻领导负担	由于这种组织结构存在多头领导，使下级执行者接受多方指令，容易造成职责不清
直线职能式组织结构	在各管理层设置职能部门，但职能部门只作为参谋，在所管辖业务范围内实施管理，不直接指挥下级，与下一层级职能部门构成业务指导关系	集中领导、职责清楚，有利于提高管理效率	各职能部门之间的横向联系差，信息传递路线长，职能部门与指挥者之间容易产生矛盾

组织结构类型	定义	优点	缺点
矩阵式组织结构	依照矩阵方式，将按职能划分的部门与按工程项目设立的管理机构有机结合起来的一种组织结构形式	根据工程任务的实际情况灵活组建项目管理机构，实现集权与分权的最优结合，有利于调动人员的工作积极性，使项目管理工作顺利进行	稳定性较差，尤其是业务人员的工作岗位调动频繁。矩阵中成员同时受项目经理和职能部分经理的双重领导，如果处理不当，会造成矛盾，产生扯皮现象

2）结构分类

按照项目经理的权限不同，矩阵式组织结构又可分为强矩阵式组织、中矩阵式组织和弱矩阵式组织。

3）责任矩阵

责任矩阵的编制包括 5 个步骤，在项目管理过程中应用责任矩阵有三大作用。

3. 项目经理的定义和分类

1）定义

项目经理是指具备相应任职条件和能力，由企业法定代表人授权对工程项目进行全面管理的责任人。

2）分类

对承包单位而言，根据其承包工程范围不同，项目经理可分为工程总承包项目经理和施工项目经理，分别有各自的具体职责和权限。

一 单项选择题

1. 下列属于业主方项目管理目标的是（　　）。
   ① 进度目标　　② 质量目标
   ③ 成本目标　　④ 安全目标
   ⑤ 投资目标　　⑥ 绿色目标
   A．①②③④　　　　　　　B．①②⑤⑥
   C．②③④⑤　　　　　　　D．②③⑤⑥

2. 下列关于工程参建各方主体项目管理的说法，正确的是（　　）。
   A．业主方项目管理主要在工程项目投资决策阶段
   B．工程咨询单位为施工承包单位提供的咨询服务属于工程咨询方项目管理范畴
   C．工程设计方项目管理工作涉及设计、施工和竣工验收阶段
   D．工程设计方项目管理服务于设计方自身利益和施工方利益

3. 下列不属于施工方项目管理目标的是（　　）。
   A．进度　　　　　　　　　B．质量
   C．投资　　　　　　　　　D．安全

4. 某项目管理机构的管理人员从各职能部门临时抽调，归项目经理统一管理，待工程完工交付使用后又回到原职能部门或到其他工程项目管理组织工作，这种组织结构是（　　）。

A. 直线式组织结构　　　　　　B. 直线职能式组织结构

C. 职能式组织结构　　　　　　D. 矩阵式组织结构

5. 工程项目管理中强调每一项工作需要由谁负责，并表明每个人在整个项目中的角色地位，可以通过编制（　　）来实现。

A. 管理矩阵　　　　　　　　　B. 项目矩阵

C. 关系矩阵　　　　　　　　　D. 责任矩阵

6. 责任矩阵的编制程序包括：① 列出需要完成的项目管理任务；② 以项目管理任务为行，以执行任务的个人或部门为列，画出纵横交叉的责任矩阵图；③ 在行与列交叉窗口中，用不同字母或符号表示项目管理任务与执行者的责任关系；④ 检查各职能部门或人员的项目管理任务分配是否均衡适当；⑤ 列出参与项目管理及负责执行项目任务的个人或职能部门名称。正确的编制程序是（　　）。

A. ①－⑤－②－④－③　　　　B. ①－⑤－②－③－④

C. ⑤－①－④－②－③　　　　D. ⑤－①－②－④－③

7. 工程总承包项目经理应履行的职责有（　　）。

① 执行工程总承包企业管理制度，维护企业合法权益。

② 代表企业组织实施工程总承包项目管理，对实现合同约定的项目目标负责。

③ 在授权范围内负责与项目利益相关者协调，解决项目实施中出现的问题。

④ 在合同范围内按规定程序使用工程总承包企业的相关资源。

⑤ 协调和处理与项目有关的内外部事项。

⑥ 对项目实施全过程进行策划、组织、协调和控制。

A. ①②③④　　　　　　　　　B. ①②③⑥

C. ②③⑤⑥　　　　　　　　　D. ②③④⑤

8. 工程总承包项目经理具有的权限有（　　）。

① 经授权组建项目部，提出项目部组织机构，选用项目部成员，确定岗位人员职责。

② 代表企业组织实施工程总承包项目管理，对实现合同约定的项目目标负责。

③ 在合同范围内按规定程序使用工程总承包企业的相关资源。

④ 协调和处理与项目有关的内外部事项。

⑤ 负责组织项目的管理收尾和合同收尾工作。

A. ①②④　　　　　　　　　　B. ①②⑤

C. ②③⑤　　　　　　　　　　D. ①③④

二　多项选择题

1. 工程总承包方作为项目建设的一个重要参与方，其项目管理主要服务于（　　）。

A. 业主的利益　　　　　　　　B. 项目的整体利益

C. 设计方的利益　　　　　　　D. 总承包方自身的利益

E. 政府方的利益

2. 根据《建设项目工程总承包管理规范》GB/T 50358—2017，工程总承包方应依靠自身的技术和管理优势或实力在（　　）方面满足规范要求。

A．设计管理　　　　　　　　B．施工管理

C．运营管理　　　　　　　　D．采购管理

E．试运行管理

3．下列关于工程项目管理组织的说法，正确的有（　　　）。

    A．工程项目管理组织结构形式应根据项目的技术复杂度和业主的管理模式确定

    B．对承包单位而言，工程项目管理组织通常称为工程项目部或项目经理部

    C．按照项目经理的职责不同，矩阵式组织结构可分为强矩阵式组织、中矩阵式组织和弱矩阵式组织

    D．业主及工程建设各方参与主体均会根据工程项目特点和项目管理需求建立各自的工程项目管理组织

    E．常见的工程项目管理组织结构形式包括直线式组织结构、职能式组织结构、直线职能式组织结构、矩阵式组织结构

4．施工项目管理中运用责任矩阵的作用有（　　　）。

    A．将工程项目管理的具体任务分配、落实到相关职能部门或人员，使工程项目部人员分工一目了然

    B．有利于项目经理从总体上分析管理任务的分配是否平衡适当，以便进行必要的调整和优化

    C．拥有专职的、具有较大权限的项目经理及专职项目管理人员

    D．可清楚地显示出工程项目部各部门或个人的角色、职责和相互关系，避免职责不清而出现推诿、扯皮现象

    E．强调管理业务专门化，注意发挥各类专家在项目管理中的作用

5．根据中国建筑业协会制定的团体标准《建设工程施工项目经理岗位职业标准》T/CCIAT 0010—2019，施工项目经理应具备的条件有（　　　）。

    A．具有工程建设类相应职业资格，并应取得安全生产考核合格证书

    B．取得工程建设类注册执业资格或高级专业技术职称

    C．具备决策、组织、领导和沟通能力，能正确处理和协调与项目发包人、项目相关方之间及企业内部各专业、各部门之间的关系

    D．具有良好的身体素质，恪守职业道德，诚实守信，不得有不良行为记录

    E．具有建设工程施工现场管理经验和项目管理业绩

6．施工项目经理应具有的权限有（　　　）。

    A．执行企业各项规章制度，组织制定和执行施工现场项目管理制度

    B．依据企业规定组建项目经理部，组织制定项目管理岗位职责，明确项目团队成员职责分工

    C．参与组建项目经理部，提名项目副经理、项目技术负责人，选用项目团队成员

    D．决定企业授权范围内的资源投入和使用

    E．组织项目团队成员进行施工合同交底和项目管理目标责任分解

【答案与解析】

一、单项选择题

1. B；　*2. C；　*3. C；　4. D；　5. D；　6. B　*7. B；　*8. D

【解析】

2.【答案】C

选项 A，业主方项目管理是全过程的，包括工程项目投资决策和建设实施阶段各个环节。选项 B，对于某些复杂施工项目，施工承包单位也会委托工程咨询单位为其提供某些方面的咨询服务，因此，工程施工方项目管理不能仅仅理解为施工承包单位的项目管理，工程咨询单位为施工承包单位提供的咨询服务也属于工程施工方项目管理范畴。选项 D，工程设计方项目管理应服务于项目整体利益和工程设计方自身利益。所以 C正确。

3.【答案】C

工程施工方项目管理目标包括施工进度、质量、成本和安全。所以 C 正确。

7.【答案】B

④⑤是工程总承包项目经理的权限。所以 B 正确。

8.【答案】D

②⑤是工程总承包项目经理的职责。所以 D 正确。

二、多项选择题

*1. B、D；　　　2. A、B、D、E；　*3. B、D、E；　　*4. A、B、D；
*5. A、D、E；　　*6. C、D

【解析】

1.【答案】B、D

工程总承包方项目管理应服务于项目整体利益和工程总承包方自身利益。所以 B、D 正确。

3.【答案】B、D、E

选项 A，工程项目管理组织结构形式应根据工程项目规模、专业特点、地理位置及承包单位内部管理模式等因素确定。选项 C，按照项目经理的权限不同，矩阵式组织结构可分为强矩阵式组织、中矩阵式组织和弱矩阵式组织。所以 B、D、E 正确。

4.【答案】A、B、D

选项 C 是强矩阵式组织结构的特点。选项 E 是职能式组织结构的优点。所以 A、B、D 正确。

5.【答案】A、D、E

选项 B、C 是工程总承包项目经理应具备的条件，选项 A、D、E 均是施工项目经理应具备的条件。所以 A、D、E 正确。

6.【答案】C、D

选项 A、B、E 均属于施工项目经理的职责，选项 C、D 属于施工项目经理应具有的权限。所以 C、D 正确。

1.3 工程项目管理规划与动态控制

1. 工程项目管理规划

根据《建设工程项目管理规范》GB/T 50326—2017，项目管理规划包括项目管理规划大纲和项目管理实施规划。

2. 施工组织设计

1）施工组织设计的编制单位及作用

设计单位要编制指导性施工组织设计，施工单位要编制实施性施工组织设计。施工组织设计对于工程施工有着重要的规划、组织、协调和指导作用。

2）施工组织设计的编制依据

3）施工组织设计的分类

按编制对象不同，施工组织设计可分为三个层次：施工组织总设计、单位工程施工组织设计和施工方案。

4）施工组织设计的编制、审批及动态管理

（1）施工组织设计的编制和审批

施工组织设计的编制和审批应符合相关规定。

（2）施工组织设计的动态管理

① 工程施工过程中发生重大变化时，应及时对施工组织设计进行修改或补充。

② 经修改或补充的施工组织设计应重新审批后实施。

③ 工程施工前，应进行施工组织设计的逐级交底。工程施工过程中，应对施工组织设计的执行情况进行检查、分析并适时进行调整。

3. 工程项目目标动态控制

1）工程项目目标体系构建

（1）工程项目总目标分析论证的基本原则

① 确保工程质量、施工安全、绿色施工及环境管理目标符合工程建设强制性标准。

② 定性分析与定量分析相结合。

③ 不同工程项目的各个目标可具有不同的优先等级。

（2）工程项目总目标的分解

保证建设工程顺利建成并交付使用，是工程项目目标控制的最终目的。为了有效控制工程项目目标，不能只有总目标，还要有按不同承包单位、项目组成、时间进展等划分的分目标、子目标及可执行目标，形成工程项目多级目标体系。

2）工程项目目标动态控制过程及措施

（1）工程项目目标动态控制过程

工程项目目标动态控制过程具体如图 1-4 所示。

（2）工程项目目标控制措施

工程项目目标控制措施包括组织措施、技术措施、经济措施、合同措施。

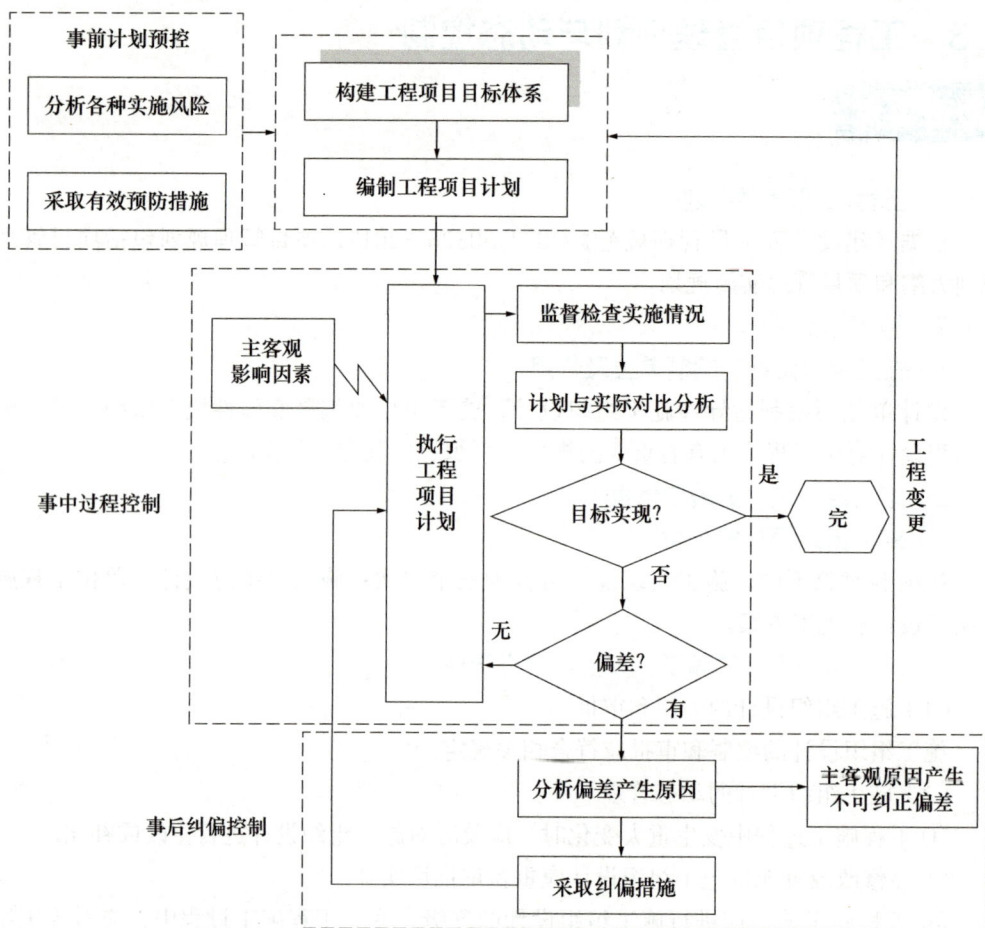

图 1-4 工程项目目标动态控制过程图

一 单项选择题

1. 根据《建设工程项目管理规范》GB/T 50326—2017，项目管理规划包括项目管理规划大纲和（　　）。

　　A．项目管理实施规划　　　　　　B．项目管理实施目标

　　C．项目管理决策规划　　　　　　D．项目管理实施条件

2. 项目管理实施规划的编制程序包括：① 了解相关方要求；② 熟悉相关法规和政策文件；③ 分析项目具体特点和环境条件；④ 实施编制活动；⑤ 履行报批手续。其正确的编制程序是（　　）。

　　A．①－②－③－④－⑤　　　　　B．①－③－②－④－⑤

　　C．②－①－③－④－⑤　　　　　D．②－③－①－④－⑤

3. 施工总进度计划的编制程序包括：① 形成正式的施工总进度计划；② 计算工程量；③ 确定各单位工程的开竣工时间和相互搭接关系；④ 编制初步施工总进度计划；⑤ 确定各单位工程施工期限。施工总进度计划的正确编制程序是（　　）。

　　A．④－②－③－⑤－①　　　　　B．②－⑤－③－④－①

C. ⑤－②－③－④－①　　　D. ④－③－②－⑤－①

4. 在施工承包单位内部，关于施工组织设计编制和审批的说法，正确的是（　　）。

　　A. 施工组织设计应由项目负责人主持编制

　　B. 施工方案应由施工单位技术负责人审批

　　C. 施工组织总设计应由项目技术负责人审批

　　D. 重点分部工程施工方案应由项目负责人审批

5. 下列关于施工组织设计的动态管理的说法，正确的是（　　）。

　　A. 工程施工过程中，应严格按照施工组织设计执行，不得变更

　　B. 经修改或补充的施工组织设计可直接重新实施

　　C. 施工组织设计的交底工作一般在工程施工中期进行

　　D. 当施工环境有重大改变时需对施工组织设计进行修改或补充

6. 某项目由于电梯设备采购延误导致总体工程进度延误，项目经理部研究决定调整项目采购负责人，该纠偏措施属于项目目标控制的（　　）。

　　A. 组织措施　　　　　　　　　B. 合同措施

　　C. 经济措施　　　　　　　　　D. 技术措施

二 多项选择题

1. 项目管理规划大纲文件内容有（　　）。

　　A. 项目风险管理要求　　　　　B. 项目管理目标和职责规定

　　C. 项目管理程序和方法要求　　D. 项目绿色建造与环境管理规定

　　E. 项目管理资源的提供和安排

2. 项目管理实施规划文件应满足的要求有（　　）。

　　A. 规划大纲内容应得到全面深化和具体化

　　B. 不同工程项目的各个目标可具有不同的优先等级

　　C. 实施规划范围应满足实现项目目标的实际需要

　　D. 编制项目实施规划应了解相关方要求

　　E. 实施项目管理规划的风险应处于可以接受的水平

3. 下列关于施工组织设计的说法，正确的有（　　）。

　　A. 施工组织设计对于工程施工有着重要的规划、组织、协调和指导作用

　　B. 单位工程施工组织设计是指以单位（子单位）工程为主要对象编制的施工组织设计

　　C. 按编制对象不同，施工组织设计可分为三个层次：施工组织总设计、单位工程施工组织设计和施工方案

　　D. 设计单位要编制实施性施工组织设计，施工单位要编制指导性施工组织设计

　　E. 施工组织总设计的基本内容包括工程概况、总体施工部署、总体施工准备与主要资源配置计划等

4. 施工组织总设计针对工程施工作出的总体部署有（　　）。

　　A. 确定工程项目施工总目标，包括：施工进度、质量、成本、安全、绿色施

工及环境管理目标

  B. 根据工程项目规模、复杂程度、专业特点、人员素质和地域范围确定工程管理组织结构形式

  C. 根据工程项目施工总目标要求，确定工程项目分阶段（期）交付使用计划

  D. 确定工程项目分阶段（期）施工的合理顺序和空间组织

  E. 对于工程施工中开发和使用的新技术、新工艺应作出部署

5. 在施工组织总设计中，总体施工准备与主要资源配置计划的内容有（ ）。

  A. 技术准备   B. 劳动力配置计划

  C. 时间准备   D. 资金准备

  E. 物资配置计划

6. 单位工程施工组织设计的主要内容应包括（ ）。

  A. 工程概况   B. 施工部署

  C. 施工准备和资源配置计划   D. 施工总平面布置

  E. 施工现场平面布置

7. 施工方案的主要内容应包括（ ）。

  A. 工程概况   B. 施工部署

  C. 施工准备和资源配置计划   D. 施工方法及工艺要求

  E. 施工现场平面布置

8. 项目施工过程中，对施工组织设计进行修改或补充的情形有（ ）。

  A. 某桥梁工程由于新规范的实施而需要重新调整施工工艺

  B. 由于自然灾害导致施工资源的配置有重大变更

  C. 设计单位应业主要求对楼梯部分进行局部修改

  D. 施工单位发现设计图纸存在重大错误需要修改工程设计

  E. 某钢结构工程施工期间，钢材价格上涨

9. 下列工程成本管理措施中，属于经济措施的有（ ）。

  A. 明确工程责任成本

  B. 改进施工方法和施工工艺

  C. 建立工程项目目标控制工作考评机制

  D. 完善工程成本节约奖励措施

  E. 对工程变更方案进行经济分析

【答案与解析】

一、单项选择题

1. A;   2. B;   3. B;   *4. A;   *5. D;   *6. A

【解析】

4.【答案】A

  施工方案应由项目技术负责人审批，选项 B 错误。施工组织总设计应由总承包单位技术负责人审批，选项 C 错误。重点、难点分部（分项）工程施工方案和针对危险

性较大的分部分项工程专项施工方案应由施工单位技术部门组织相关专家评审，选项 D 错误。所以 A 正确。

5. 【答案】D

工程施工过程中，应对施工组织设计的执行情况进行检查、分析并适时进行调整，选项 A 错误。经修改或补充的施工组织设计应重新审批后实施，选项 B 错误。工程施工前，应进行施工组织设计的逐级交底，选项 C 错误。施工环境有重大改变应及时对施工组织设计进行修改或补充，选项 D 正确。所以 D 正确。

6. 【答案】A

更换项目采购负责人属于调整项目管理人员的配备，应属于组织措施。所以 A 正确。

二、多项选择题

*1. B、C、E;　　　*2. A、C、E;　　　*3. A、B、C、E;　　　*4. A、C、D、E;

5. A、B、D、E;　　6. A、B、C、E;　　7. A、C、D;　　　*8. A、B、D;

*9. A、D、E

【解析】

1. 【答案】B、C、E

选项 A、D 是项目管理规划大纲的内容，选项 B、C、E 是项目管理规划大纲文件的内容。所以 B、C、E 正确。

2. 【答案】A、C、E

选项 B 是分析论证工程项目总目标需要遵循的基本原则，选项 D 是项目实施规划的编制程序。所以 A、C、E 正确。

3. 【答案】A、B、C、E

设计单位要编制指导性施工组织设计，施工单位要编制实施性施工组织设计，选项 D 错误。所以 A、B、C、E 正确。

4. 【答案】A、C、D、E

根据工程项目规模、复杂程度、专业特点、人员素质和地域范围确定工程管理组织结构形式属于单位工程施工组织设计中部署的内容，选项 B 错误。所以 A、C、D、E 正确。

8. 【答案】A、B、D

工程施工过程中发生下列情形时，应及时对施工组织设计进行修改或补充：① 工程设计有重大修改；② 有关法律、法规及标准实施、修订和废止；③ 主要施工方法有重大调整；④ 主要施工资源配置有重大调整；⑤ 施工环境有重大改变。选项 C、E 不属于上述情形，所以 A、B、D 正确。

9. 【答案】A、D、E

改进施工方法和施工工艺属于技术措施，选项 B 错误。建立工程项目目标控制工作考评机制属于组织措施，选项 C 错误。所以 A、D、E 正确。

第2章 建设工程项目管理相关体系标准

2.1 质量、环境、职业健康安全管理体系

复习要点

1. 质量管理体系

1）质量管理体系核心标准及关键要素

（1）质量管理体系核心标准：《质量管理体系 基础和术语》GB/T 19000—2016、《质量管理体系 要求》GB/T 19001—2016、《质量管理 组织的质量 实现持续成功指南》GB/T 19004—2020。

（2）质量管理体系关键要素：组织机构、过程、程序、资源。

2）质量管理基本原则和核心

（1）质量管理基本原则：以顾客为关注焦点、领导作用、全员积极参与、过程方法、改进、循证决策、关系管理。

（2）质量管理的核心：过程控制、全员参与、持续改进。

2. 环境管理体系

1）环境管理体系标准分类及核心标准

（1）环境管理体系标准分类：

① 按体系标准性质可以分为基础标准、管理标准和技术标准；

② 按体系标准功能可以分为组织评价标准和产品评价标准。

（2）环境管理体系核心标准：《环境管理体系 要求及使用指南》GB/T 24001—2016、《环境管理体系 通用实施指南》GB/T 24004—2017、《环境管理体系 采取灵活方法分阶段实施的指南》GB/T 43385—2023。

2）环境管理体系的基本理念和核心内容

（1）环境管理体系的基本理念：持续改进、法律合规、风险管理、绩效评估、沟通与参与、资源管理、培训和意识。

（2）环境管理体系的核心内容：组织所处环境、领导作用、策划、支持、运行、绩效评价、改进。

3. 职业健康安全管理体系标准

1）职业健康安全管理体系标准的特点

系统化管理机制、法制化和规范化管理手段、广泛的适用性、遵循自愿原则、与其他管理体系兼容、应用的灵活性、强调预防为主和持续改进。

2）职业健康安全管理体系标准要素及应用要求

（1）职业健康安全管理体系标准要素：组织所处环境、领导作用和工作人员参与、策划、支持、运行、绩效评价、改进。

（2）职业健康安全管理体系应用要求：依法依规、风险优先、员工参与、持续改进。

4．卓越绩效管理

1）卓越绩效管理特点和基本理念

（1）卓越绩效管理的特点：从追求产品和服务质量转为追求核心竞争力、聚焦组织经营结果、关注比较优势和竞争能力的提升。

（2）卓越绩效管理的基本理念：

① 说明组织驱动力的基本理念，包括远见卓识的领导、战略导向、顾客驱动；

② 阐明组织经营行为的基本理念，包括社会责任、以人为本、合作共赢；

③ 提供组织运行方法和技术的基本理念，包括重视过程与关注结果、学习、改进与创新、系统管理。

2）卓越绩效评价要素

领导、战略、顾客与市场、资源、过程管理、测量分析与改进、结果。

3）建筑企业实施卓越绩效管理的措施

（1）发挥领导带头作用，强化卓越意识；

（2）坚持战略导向，统领管理活动；

（3）坚持顾客导向，提高顾客满意度；

（4）履行社会责任，成为卓越企业公民；

（5）重视过程管理，从多个维度关注结果。

5．全面一体化管理

1）建立全面一体化管理体系的可行性

（1）相关管理体系标准的基本逻辑思想相同；

（2）相关管理体系标准的运行模式大致相同；

（3）相关管理体系标准的框架结构较为相似。

2）全面一体化管理体系文件的编制原则

系统协调原则、合理优化原则、操作可行原则、证实检查原则。

一　单项选择题

1．能为组织增强其实现持续成功的能力提供指南，标准号为 GB/T 19004—2020 的标准全称是（　　）。

A.《质量管理体系　基础和术语》

B.《质量管理体系　要求》

C.《质量管理　组织的质量　实现持续成功指南》

D.《环境管理体系　通用实施指南》

2．在质量管理体系中，关于组织机构这一关键要素的说法，正确的是（　　）。

A．组织机构是组织对人员职责、权限和相互关系的有序安排，其范围通常限于内部组织

B．组织最高管理者要肩负起管理职责，对外要将提高组织绩效作为组织生存的首要目标

C．组织机构的正式表述通常在质量记录中提供

D．组织最高管理者对内要建立和实施质量管理体系，确保组织机构合理和岗位职责明确

3．在质量管理体系中，关于过程这一关键要素的说法，正确的是（　　　）。

A．一个过程的输入不能是其他过程的输出

B．《质量管理体系　要求》GB/T 19001—2016 中的三大过程分别是顾客导向过程、管理过程和内部审核

C．管理过程是指通过输入和输出直接与外部联系的过程

D．两个或两个以上相互关联和相互作用的连续过程也可作为一个过程

4．根据《质量管理体系　要求》GB/T 19001—2016，涉及市场需求的确定、产品和服务的开发、产品生产和服务提供的控制、产品交付后的防护活动的过程属于三大过程中的（　　　）过程。

A．管理　　　　　　　　　　　　B．顾客导向

C．持续改进　　　　　　　　　　D．支持

5．在质量管理中，质量管理体系标准编制的基础是（　　　）。

A．质量管理体系核心标准　　　　B．质量管理体系关键要素

C．质量管理体系结构　　　　　　D．质量管理原则

6．在质量管理中，组织保持当前绩效水平，对其内、外部条件的变化做出反应的必要原则是（　　　）。

A．过程方法　　　　　　　　　　B．纠正措施

C．领导作用　　　　　　　　　　D．改进

7．依据生命周期各阶段的环境影响作出评价，同时评估其中的影响因素的标准属于（　　　）。

A．基础标准　　　　　　　　　　B．管理标准

C．组织评价标准　　　　　　　　D．产品评价标准

8．环境管理体系系列标准中的龙头标准是（　　　）。

A．《质量管理体系　要求》GB/T 19001—2016

B．《环境管理体系　通用实施指南》GB/T 24004—2017

C．《环境管理体系　采取灵活方法分阶段实施的指南》GB/T 43385—2023

D．《环境管理体系　要求及使用指南》GB/T 24001—2016

9．在环境管理体系的核心内容中，能够帮助组织识别保护环境的最重要领域，用来更好地使用其有限资源的是（　　　）。

A．绩效评价　　　　　　　　　　B．策划

C．运行　　　　　　　　　　　　D．改进

10．根据《环境管理体系　要求及使用指南》GB/T 24001—2016，下列环境管理体系的核心内容中，属于运行部分内容的是（　　　）。

A．应急准备和响应　　　　　　　B．持续改进

C．风险应对措施　　　　　　　　D．监视、测量、分析和评价

11．下列关于环境管理体系的说法，错误的是（　　　）。

A．策划是一个持续进行的过程

B．运行会直接影响组织环境绩效和环境管理体系预期结果的实现

C．组织在环境管理体系过程中要始终不间断地进行监视、测量、分析和评价

D．按体系标准性质分类，环境管理体系标准可分为基础标准、组织评价标准、管理标准和技术标准

12．在职业健康安全管理体系中，旨在帮助不同规模和不同行业的组织减少世界各地不同工作场所的伤害和疾病，为改善全球供应链中的工作安全提供一套强大有效的管理流程的标准是（　　　）。

A．《质量管理体系　要求》GB/T 19001—2016

B．《环境管理体系　要求及使用指南》GB/T 24001—2016

C．《职业健康安全管理体系　要求及使用指南》GB/T 45001—2020

D．《质量管理体系　基础和术语》GB/T 19000—2016

13．职业健康安全管理体系标准符合国际标准化组织（ISO）对管理体系标准的要求，这体现了职业健康安全管理体系标准的（　　　）特点。

A．系统化管理机制　　　　　　　B．广泛的适用性

C．与其他管理体系兼容　　　　　D．应用的灵活性

14．在职业健康安全管理体系的维持过程中，组织管理者按策划的时间间隔对组织的职业健康安全管理体系进行评审，以确保其持续的适宜性、充分性和有效性，这称为（　　　）。

A．内部审核　　　　　　　　　　B．管理评审

C．内部控制　　　　　　　　　　D．系统评审

15．下列关于职业健康安全管理体系标准特点的说法，正确的是（　　　）。

A．职业健康安全管理体系标准重点关注组织的经营结果

B．职业健康安全管理体系标准具有广泛适用性，适用于任何规模、类型和活动的组织

C．职业健康安全管理体系标准遵循强制性原则，所有组织必须进行职业健康安全管理体系标准建立及认证审核

D．职业健康安全管理体系标准应用灵活，既规定了具体的职业健康安全绩效准则，也提供了职业健康安全管理体系的设计规范

16．职业健康安全管理工作收到显著成效的重要基础是（　　　）。

A．风险管理　　　　　　　　　　B．依法依规

C．持续改进　　　　　　　　　　D．领导力和员工参与

17．《卓越绩效评价准则》GB/T 19580—2012是以（　　　）评价准则为蓝本，结合我国质量管理实际情况而制定的。

A．美国波多里奇国家质量奖　　　B．欧洲质量奖

C．日本戴明奖　　　　　　　　　D．GB/T 19004

18．根据《卓越绩效评价准则》GB/T 19580—2012，作为组织运作的基础，转动着PDCA循环，推动组织的改进和创新的是（　　　）。

A．测量、分析与改进　　　　　　B．战略

C．过程管理　　　　　　　　　　D．顾客与市场

19．下列属于卓越绩效管理中的阐明组织经营行为基本理念的是（　　　）。

    A．重视过程与关注结果　　　　　B．系统管理

    C．战略导向　　　　　　　　　　D．以人为本

20．下列关于卓越绩效管理的说法，正确的是（　　　）。

    A．企业绩效评价应关注过程，主要包括顾客满意程度、产品和服务、财务和
市场、人力资源、组织效率、社会责任等方面

    B．《卓越绩效评价准则》GB/T 19580—2012 与质量管理体系标准（ISO 9000
族标准）同属于质量管理标准，都是"成熟度评价"标准

    C．卓越绩效模式强调以系统的思维来管理整个企业，系统思维反映的是企业
管理的整体性、一致性和协调性

    D．员工是组织之本，保障员工的权益并提高员工的满意程度是组织追求卓越
的基础

21．根据《卓越绩效评价准则》GB/T 19580—2012，"领导作用"三角，不包括
（　　　）。

    A．领导　　　　　　　　　　　　B．战略

    C．顾客与市场　　　　　　　　　D．员工

22．下列关于全面一体化管理概念的说法，正确的是（　　　）。

    A．全面一体化管理的目的是使领导满意及员工、相关方受益而达到长期成功
的管理途径

    B．全面一体化管理的核心是质量管理

    C．全面一体化管理是当今企业管理的发展潮流，实施全面一体化管理，可以
为建筑企业提供良好的管理环境

    D．全面一体化管理的基础是卓越绩效管理

二　多项选择题

1．《质量管理体系　要求》GB/T 19001—2016 中提到的资源包括（　　　）。

    A．人员　　　　　　　　　　　　B．规章制度

    C．过程运行环境　　　　　　　　D．基础设施

    E．组织的知识

2．根据《质量管理体系　基础和术语》GB/T 19000—2016，关于质量管理基本原
则的说法，正确的有（　　　）。

    A．满足顾客要求并努力超越顾客期望是质量管理的首要关注点

    B．各级领导建立统一的宗旨和方向，是提高组织创造和提供价值能力的必要
条件

    C．组织与供方的互利关系可增强双方创造价值的能力，对供方及合作伙伴的
网络关系管理尤为重要

    D．成功的组织持续关注改进，包括纠正、纠正措施、持续改进、突破性变革、

创新和重组等

    E. 决策总是包含不确定性，经常涉及多种类型和来源的输入及其理解，这些理解是客观的

3. 根据《质量管理体系 基础和术语》GB/T 19000—2016，质量管理应遵循的原则有（　　）。

    A. 过程方法 　　　　　　　　B. 循证决策

    C. 全员积极参与 　　　　　　D. 关系管理

    E. 风险管理

4. 根据《环境管理体系 基础和术语》GB/T 24001—2016，环境管理体系的基本理念包括（　　）。

    A. 资源管理 　　　　　　　　B. 合法合规

    C. 过程管理 　　　　　　　　D. 风险管理

    E. 领导作用

5. 在环境管理体系中，支持是指对整个环境管理体系的策划、运行、检查和改进等起支持作用的条款，它包括（　　）。

    A. 资源 　　　　　　　　　　B. 能力

    C. 组织的角色、职责和权限 　D. 信息交流

    E. 文件化信息

6. 职业健康安全管理体系标准的系统化管理是通过（　　）三个方面实现。

    A. 控制过程系统化 　　　　　B. 风险管控系统化

    C. 改进措施系统化 　　　　　D. 管理过程系统化

    E. 组织职责系统化

7. 根据《职业健康安全管理体系 要求及使用指南》GB/T 45001—2020，下列关于职业健康安全管理体系标准特点的说法，正确的有（　　）。

    A. 职业健康安全管理体系的规范化管理是通过基于 PDCA 循环的运行模式实现的

    B. 职业健康安全管理体系标准适用于组织控制下的职业健康安全风险，这些风险不包括其他相关方的需求和期望因素

    C. 职业健康安全管理体系标准既不规定具体的职业健康安全绩效准则，也不提供职业健康安全管理体系的设计规范

    D. 职业健康安全管理体系标准突出强调了预防为主和持续改进的要求

    E. 职业健康安全管理体系标准适用于任何规模、类型和活动的组织

8. 根据《卓越绩效评价准则》GB/T 19580—2012，卓越绩效评价要素包括（　　）。

    A. 领导 　　　　　　　　　　B. 战略

    C. 顾客与市场 　　　　　　　D. 组织

    E. 分析与改进

9. 根据《卓越绩效评价准则》GB/T 19580—2012，"过程结果"三角，包括（　　）。

    A. 战略 　　　　　　　　　　B. 改进

    C. 结果 　　　　　　　　　　D. 资源

E. 过程管理

10. 建筑企业建立全面一体化管理体系至少应具备（　　　）条件。

A. 确定了明确的方针目标

B. 基本完成全面一体化管理体系文件编制

C. 基本确定了管理体系的主要过程及其需要开展的主要活动

D. 明确了组织机构设置或调整的方案

E. 已完成组织职能的再分配

11. 关于全面一体化管理体系文件编制原则的说法，正确的有（　　　）。

A. 管理体系文件应与组织的其他管理文件协调一致，具有相容性

B. 编写管理体系文件应充分发动各部门熟悉企业情况、有实践经验的人员，集思广益，共同参与

C. 管理体系文件是进行组织内部审核和外部审核的重要依据

D. 企业新建立全面一体化管理体系时，管理体系文件必须按照固定的顺序编制

E. 管理体系文件应按合理优化原则进行编制，同时应制定实施计划或方案，并限期贯彻

【答案与解析】

一、单项选择题

1. C；　*2. D；　*3. D；　4. B；　　5. D；　6. D；　*7. D；　8. D；
9. B；　*10. A；　11. D；　12. C；　*13. C；　14. B；　*15. B；　16. D；
*17. A；　18. A；　*19. D；　20. C；　*21. D；　*22. C

【解析】

2.【答案】D

组织机构是组织对人员职责、权限和相互关系的有序安排，其范围可包括与外部组织的有关接口。组织机构的正式表述通常在质量手册或项目质量计划中提供。组织最高管理者要肩负起管理职责，对外要将客户的满意标准作为组织生存的首要目标，对内要建立和实施质量管理体系，确保组织机构合理和岗位职责明确，选项A、B、C错误。所以D正确。

3.【答案】D

过程是指利用输入实现预期结果的相互关联或相互作用的一组活动。一个过程的输入通常是其他过程的输出，而一个过程的输出通常又是其他过程的输入。两个或两个以上相互关联和相互作用的连续过程也可作为一个过程。《质量管理体系 要求》GB/T 19001—2016中的三大过程分别是顾客导向过程、支持过程和管理过程，管理过程是指用来衡量和评价顾客导向过程和支持过程的有效性和效率等的过程，选项A、B、C错误。所以D正确。

7.【答案】D

产品评价标准主要是依据生命周期各阶段的环境影响对产品作出评价，重点评估

产品在原材料购买、生产、使用、废弃等全生命周期的环境影响，同时还包括其中的影响因素评估。所以 D 正确。

10.【答案】A

根据《环境管理体系 要求及使用指南》GB/T 24001—2016，运行包括两方面内容：运行策划和控制、应急准备和响应。选项 B 属于改进内容，选项 C 属于策划内容，选项 D 属于绩效评价内容。所以 A 正确。

13.【答案】C

职业健康安全管理体系标准符合国际标准化组织（ISO）对管理体系标准的要求，这些要求包括一个统一的高层结构和相同的核心正文，以及具有核心定义的通用术语，从而保证职业健康安全管理体系的要素可与质量管理体系、环境管理体系等兼容或整合，方便标准使用者实施多个管理体系标准。所以 C 正确。

15.【答案】B

卓越绩效管理重点专注组织的经营结果，选项 A 错误。组织是否根据职业健康安全管理体系标准建立和保持职业健康安全管理体系，是否进行职业健康安全管理体系认证审核都取决于组织自身的意愿，选项 C 错误。职业健康安全管理体系标准只对方针、目标和管理体系要素做出要求，既不规定具体的职业健康安全绩效准则，也不提供职业健康安全管理体系的设计规范，选项 D 错误。所以 B 正确。

17.【答案】A

卓越绩效管理最早起源于美国波多里奇国家质量奖标准，是世界级成功组织公认的提升组织竞争力的有效方法。所以 A 正确。

19.【答案】D

《卓越绩效评价准则》GB/T 19580—2012 明确了卓越绩效管理的基本理念（也称为核心价值观），这些基本理念可分为三个层面，分别为说明组织驱动力、阐明组织经营行为、提供组织运行方法和技术的基本理念。选项 A、B 属于提供组织运行方法和技术的基本理念，选项 C 属于说明组织驱动力的基本理念。所以 D 正确。

21.【答案】D

"领导""战略""顾客与市场"构成"领导作用"三角，强调高层领导在组织所处的特定环境中，通过制定以顾客与市场为中心的战略，为组织谋划长远未来。"领导作用"是驱动力，关注的是组织如何做正确的事。所以 D 正确。

22.【答案】C

全面一体化管理是指组织在其所有领域以质量、环境、职业健康安全为核心，以全面质量管理理论为基础，依据国际管理体系标准框架，融合其他管理要求，通过建立一体化管理体系，优化整合协调一致管理，其目的是使顾客满意及员工、相关方受益而达到长期成功的管理途径，故选项 A、B、D 错误。所以 C 正确。

二、多项选择题

1. A、C、D、E;   *2. A、C、D;   3. A、B、C、D;   4. A、B、D;

*5. A、B、D、E;   *6. B、D、E;   *7. A、C、D、E;   *8. A、B、C、E;

*9. C、D、E;   10. C、D、E;   *11. A、B、C、E

【解析】

2.【答案】A、C、D

质量管理的首要关注点是满足顾客要求并且努力超越顾客期望，选项 A 正确。整个组织内各级胜任、经授权并积极参与的人员，是提高组织创造和提供价值能力的必要条件，选项 B 错误。组织与供方是相互依存的，互利的关系可增强双方创造价值的能力，对供方及合作伙伴网络的关系管理是尤为重要的，选项 C 正确。持续关注改进对于组织保持当前的绩效水平，对其内、外部条件的变化做出反应并创造新的机会，都是非常必要的，改进可包括纠正、纠正措施、持续改进、突破性变革、创新和重组等，选项 D 正确。决策总是包含某些不确定性，经常涉及多种类型和来源的输入及其理解，而这些理解可能是主观的，重要的是理解因果关系和潜在的非预期后果，对事实、证据和数据的分析可导致决策更加客观、可信，选项 E 错误。所以 A、C、D 正确。

5.【答案】A、B、D、E

根据《环境管理体系 要求及使用指南》GB/T 24001—2016，支持包括五方面内容，分别是资源、能力、意识、信息交流和文件化信息，故选项 C 错误。所以 A、B、D、E 正确。

6.【答案】B、D、E

系统化管理通过三个方面实现：① 组织职责系统化。组织内每一层次的工作人员均应为其所控制部分承担职业健康安全管理职责。② 风险管控系统化。强调应从组织内部和外部，人的行为和物的因素，研发和生产全过程等不同角度进行危险源辨识，将相关风险因素进行系统管控。③ 管理过程系统化。从危险源辨识、风险评价到风险应对、跟踪监视、评审和改进，均应建立、实施和保持相应的管控过程。所以 B、D、E 正确。

7.【答案】A、C、D、E

职业健康安全管理体系标准适用于组织控制下的职业健康安全风险，这些风险必须考虑到诸如组织运行所处环境、组织工作人员和其他相关方的需求和期望等因素，故选项 B 错误。所以 A、C、D、E 正确。

8.【答案】A、B、C、E

《卓越绩效评价准则》GB/T 19580—2012 从"领导，战略，顾客与市场，资源，过程管理，测量、分析和改进，结果"七个方面详细规定了组织卓越绩效评价要求，为组织追求卓越提供了自我评价准则。所以 A、B、C、E 正确。

9.【答案】C、D、E

"资源""过程管理""结果"构成"过程结果"三角，强调如何充分调动组织中人的积极性和能动性，通过组织中的人在各个业务流程中发挥作用和过程管理的规范，高效地实现组织所追求的经营结果。"过程结果"是从动的，关注的是组织如何正确地做事，解决的是效率和绩效问题。所以 C、D、E 正确。

11.【答案】A、B、C、E

根据系统协调原则，管理体系文件是按照系统原理建立的有机整体，对于某些过程因缺乏形成文件的程序而可能导致失控的情况下建立并保持的程序文件，应确保各程序之间接口严密，互相协调，故选项 A 正确。根据操作可行原则，从编写管理体系每个文件的第一句话开始，自始至终都需要考虑其可操作性。编制管理体系文件切忌照搬其他企业的文件，亦不宜由少数人"闭门造车"，应充分发动各部门熟悉企业情况、有实践经验的人员，集思广益，共同参与，确保管理体系文件的可行性，故选项 B 正确。管理体系文件一般按管理手册（含管理方针）、程序文件、工作指导书和记录的顺序进行编制，但编制程序不是一成不变的，必要时可同步交替编制管理体系文件，故选项 D 错误。所以 A、B、C、E 正确。

2.2 风险管理与社会责任管理体系

复习要点

1. 风险管理体系

《风险管理 指南》GB/T 24353—2022 采用"三轮"形式概括了风险管理的原则、框架和过程。风险管理的原则、框架和过程如图 2–1 所示。

2. 社会责任管理体系

1）社会责任原则包括的内容

包括担责、透明、合乎道德的行为、尊重利益相关方利益、尊重法治、尊重国际行为规范和尊重人权 7 个方面。

2）《社会责任指南》GB/T 36000—2015 包括的内容

包括 7 项核心主题及其所包含的 31 项议题。

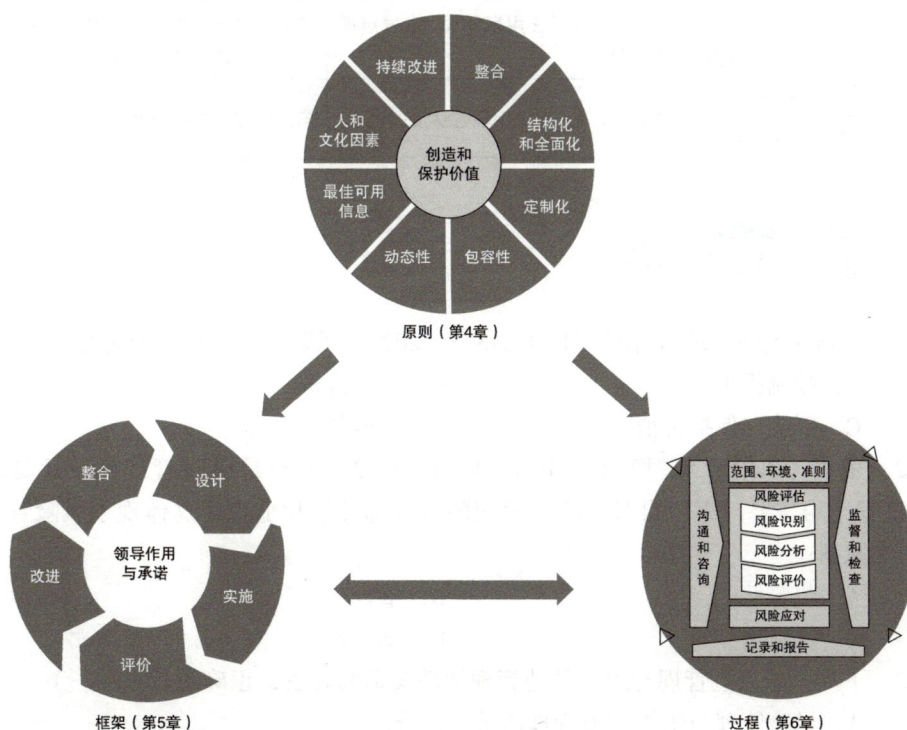

图 2–1 风险管理的原则、框架和过程

3）社会责任管理体系标准要素及实施方式

（1）组织实施社会责任管理体系和开展符合性评价的要求，包括：组织所处环境、领导作用和利益相关方参与、策划、支持、运行、绩效评价、改进。

（2）组织为证实其符合社会责任管理体系标准，可通过以下方式来实现其愿望：

① 开展自我评价和声明；

② 寻求组织的利益相关方（如顾客）对其符合性进行确认；

③ 寻求组织的外部机构对其自我声明进行确认；

④ 寻求外部组织对其社会责任管理体系进行认证或注册。

4）社会责任报告编写和发布的原则

宜遵循"完整全面、客观准确、明确回应、及时可比、易读易懂、获取方便"的原则。

5）社会责任与ESG（环境、社会、治理）的异同

社会责任与ESG的异同见表2-1。

表2-1　社会责任与ESG的异同

		社会责任	ESG
相似		强调超越传统的财务或利润目标，要求更加全面地考量企业的经营活动对人、社会和环境等多重影响，强调企业与所有利益相关方的关系，关注企业短期利益与中长期利益的平衡	
		关注环境、社会等具体细分内容，且两者有诸多重合	
		在企业内部通常会由同一或相关部门统筹落实，也会在同一专栏对外进行信息披露	
差异	侧重点	注重"性质"体现，多用来体现企业发展理念或价值导向	注重"量值"体现，多用来反映企业在ESG方面所取得的具体实效
	对企业发展的作用及意义	传播属性更强，更注重口碑建立及品牌推广	与投融资等关系更为密切

一　单项选择题

1. 根据《风险管理　指南》GB/T 24353—2022，风险管理的核心原则是（　　）。

　　A．控制损失　　　　　　　　B．持续改进

　　C．创造和保护价值　　　　　D．整合风险管理

2. 根据《风险管理　指南》GB/T 24353—2022，无论是风险管理框架还是风险管理过程，均需要与组织自身目标所对应的内外部环境相适应，这体现了风险管理的（　　）原则。

　　A．包容性　　　　　　　　　B．整合

　　C．定制化　　　　　　　　　D．动态性

3. 下列关于风险管理与组织其他管理活动关系的说法，正确的是（　　）。

　　A．风险管理与组织其他管理活动可以分离

　　B．风险管理是嵌入式的，嵌入组织其他管理活动

C．风险管理可以独立于组织其他管理活动

D．相对于组织其他管理活动，风险管理是附加的一项活动

4．《风险管理 指南》GB/T 24353—2022采用"三轮"形式概括了风险管理的原则、框架和过程，其中风险管理框架轮的核心是（　　）。

A．领导作用和承诺　　　　　B．整合

C．设计　　　　　　　　　　D．实施

5．根据《风险管理 指南》GB/T 24353—2022提出的风险管理过程，实施风险管理的首要步骤是（　　）。

A．确定范围、环境和准则　　B．风险评估

C．沟通和咨询　　　　　　　D．风险识别

6．根据《风险管理 指南》GB/T 24353—2022，风险管理过程中的风险应对指的是（　　）。

A．选择和实施最佳的风险处理方案

B．选择和应用最佳的风险处理技术

C．选择和确定最佳的风险管理者

D．选择和成立最佳的风险管理组织

7．下列关于"风险管理过程"的说法，正确的是（　　）。

A．风险管理过程由风险评估和风险应对构成

B．不同的风险应对方案应相互排斥

C．风险管理是一个持续的过程，要求对风险进行持续评估、应对、监督和检查等

D．风险管理过程是一个完整的过程，独立于组织的其他过程

8．为了界定组织的社会责任范围，识别相关议题并确定其优先顺序，《社会责任指南》GB/T 36000—2015给出了7项核心主题及其所包含的31项议题。下列关于核心主题的优先顺序的说法，正确的是（　　）。

A．环境—人权—劳工实践—消费者问题

B．环境—人权—消费者问题—公平运行实践

C．人权—劳工实践—环境—社区参与和发展

D．人权—环境—消费者问题—公平运行实践

9．为使社会责任管理体系标准要素可与其他管理体系标准兼容或整合，社会责任管理体系的结构和方法与国际标准化组织（ISO）其他管理体系标准一样，应基于（　　）的概念和高层结构。

A．识别—分析—评价—应对　　B．分析—识别—评价—应对

C．检查—策划—实施—改进　　D．策划—实施—检查—改进

二　多项选择题

1．下列关于风险管理的说法，正确的有（　　）。

A．风险管理应该是适宜的，具有适应性

B. 风险管理应该有助于决策

C. 风险管理应该独立于组织的其他活动

D. 风险管理应该是动态的、与时俱进的

E. 风险评价的目的是了解风险的性质及特点

2. 根据《风险管理 指南》GB/T 24353—2022，风险管理框架设计的内容包括（　　）。

A. 风险管理方针　　　　　　　　B. 风险管理职责

C. 风险等级大小　　　　　　　　D. 风险回避计划

E. 风险管理资源分配

3. 根据《风险管理 指南》GB/T 24353—2022，风险管理框架要素除了整合和设计之外，还包括（　　）。

A. 领导作用和承诺　　　　　　　B. 实施

C. 评价　　　　　　　　　　　　D. 改进

E. 记录和报告

4. 根据《社会责任管理体系 要求及使用指南》GB/T 39604—2020，企业承担社会责任应遵循的原则有（　　）。

A. 价值原则　　　　　　　　　　B. 财务相关性

C. 尊重利益相关方利益　　　　　D. 尊重国际行为规范

E. 尊重法治和人权

5. 组织为证实其符合社会责任管理体系标准，可以采取的方式有（　　）。

A. 开展自我评价和声明

B. 寻求组织的外部机构对其经济效益进行评估

C. 寻求组织的外部机构对其自我声明进行确认

D. 寻求外部组织对其社会责任管理体系进行认证或注册

E. 寻求组织的利益相关方（如顾客）对其符合性进行确认

6. 根据国家标准《社会责任报告编写指南》GB/T 36001—2015，基于与利益相关方有效沟通的目的，社会责任报告的编写和发布宜遵循（　　）的原则。

A. 主观合理　　　　　　　　　　B. 获取方便

C. 易读易懂　　　　　　　　　　D. 明确回应

E. 宣传正面（信息）

7. 下列关于企业社会责任报告的说法，正确的有（　　）。

A. 定期发布社会责任报告是企业与利益相关方沟通的重要形式之一

B. 企业社会责任报告避免披露负面信息，以免影响企业形象

C. 企业社会责任报告宜以满足利益相关方及社会的知情需求为基础

D. 对建筑企业而言，企业社会责任报告应全面包括社会责任议题

E. 企业社会责任报告宜具有较强的时效性和可比性

8. 下列关于社会责任与ESG的说法，正确的有（　　）。

A. 社会责任更加注重"性质"体现

B. 社会责任传播属性更强

C. ESG更注重口碑建立及品牌推广

D. ESG 与投融资等关系更为密切

E. 相对于社会责任，ESG 更加关注环境、社会等具体细分内容

【答案与解析】

1. C； 2. C； *3. B； 4. A； 5. C； 6. A； *7. C； 8. C；
*9. D

【解析】

3.【答案】B

根据风险管理的整合原则，风险管理是组织所有管理活动的有机组成部分，将风险管理的原则、框架和过程融入组织其他管理活动及其制度办法，有助于推动风险管理的落实。所以 B 正确。

7.【答案】C

风险管理过程是将政策、程序和实践系统地应用于沟通和咨询、建立环境、风险评估、风险应对、监督和检查、记录和报告等活动，选项 A 错误。风险应对方案之间不一定是相互排斥的，选项 B 错误。风险管理过程是组织管理和决策的有机组成部分，需融入组织的架构、运营和流程中，选项 D 错误。所以 C 正确。

9.【答案】D

社会责任管理体系的结构和方法与国际标准化组织（ISO）其他管理体系标准一样，也是基于"策划—实施—检查—改进"（PDCA）的概念和高层结构，使社会责任管理体系标准要素可与其他管理体系标准兼容或整合。所以 D 正确。

二、多项选择题

*1. A、B、D； *2. A、B、E； 3. A、B、C、D； 4. C、D、E；
5. A、C、D、E； *6. B、C、D； *7. A、C、E； *8. A、B、D

【解析】

1.【答案】A、B、D

根据风险管理的整合原则，风险管理是组织所有管理活动的有机组成部分，选项 C 错误。风险分析的目的是了解风险性质及特征，必要时包括风险等级；风险评价的目的是支持决策，选项 E 错误。所以 A、B、D 正确。

2.【答案】A、B、E

确定风险的等级大小以及是否采取风险回避计划，属于风险管理框架中实施过程的内容。所以 A、B、E 正确。

6.【答案】B、C、D

根据国家标准《社会责任报告编写指南》GB/T 36001—2015，社会责任报告编写和发布宜遵循"完整全面、客观准确、明确回应、及时可比、易读易懂、获取方便"的原则。所以 B、C、D 正确。

7.【答案】A、C、E

对于报告范围内的社会责任信息，社会责任报告不宜进行选择性披露，如故意隐

瞒消极影响等，选项 B 错误。对建筑企业而言，社会责任并不一定含有全部社会责任议题。建筑企业应针对自身所涉及的每项社会责任核心主题和议题，进一步开发和具体确定其所需披露的各项社会责任绩效指标，选项 D 错误。所以 A、C、E 正确。

8.【答案】A、B、D

根据社会责任与 ESG 之间的差异，社会责任更加注重"性质"体现，传播属性更强，更注重口碑建立及品牌推广；ESG 更加注重"量值"体现，与投融资等关系更为密切。对于相似之处，社会责任与 ESG 都更加关注环境、社会等具体细分内容，且两者有诸多重合。所以 A、B、D 正确。

2.3　项目管理标准体系

复习要点

1. 项目管理标准

1）美国项目管理协会（PMI）的项目管理知识体系（PMBOK）

（1）项目管理知识体系（PMBOK）以 5 个基本过程组和 10 个知识领域为基本架构。

（2）《项目管理知识体系指南（第 7 版）》提出了基于价值交付的 12 项原则和 8 个绩效域。

2）国际项目管理协会（IPMA）的能力基准

（1）IPMA ICB 4.0 将个人能力分为 3 个维度：环境能力、行为能力、技术能力。

（2）IPMA OCB 将组织的项目管理能力分为 5 项：PP&P 治理、PP&P 管理、PP&P 组织一致性、PP&P 资源、PP&P 人员能力。

3）我国工程项目管理标准

（1）我国工程项目管理标准主要有国家标准《建设工程项目管理规范》GB/T 50326—2017 和《建设项目工程总承包管理规范》GB/T 50358—2017，还有相关行业标准。

其中，《建设工程项目管理规范》GB/T 50326—2017 的主要内容包括：项目管理原理、项目管理流程、项目相关方管理、项目管理责任制度、项目管理机构、项目管理策划、采购与投标管理、合同管理、技术管理、项目目标管理、资源管理、信息与知识管理、沟通管理、风险管理、收尾管理、管理绩效评价。

（2）随着标准化管理体制改革的不断深化，工程项目管理团体标准日渐增多。其中，团体标准《建设工程施工项目经理岗位职业标准》T/CCIAT 0010—2019 对建造师执业具有重要参考价值，其主要内容包括：施工准备管理、施工过程管理、竣工验收与结算管理、工程项目管理总结评价。

2. 价值交付

1）价值交付系统需要考虑的内容

创造价值、组织治理体系、与项目有关的职能、项目环境、产品管理考虑因素。

2）价值驱动型项目管理

价值驱动型项目管理的新理念和商业价值因素见表 2-2。

表 2-2　价值驱动型项目管理的新理念和商业价值因素

项目管理新理念	商业价值因素
（1）如果做的是错误的项目，那么项目执行得再完美也无关紧要。 （2）在预算范围内按时完成的项目并不一定是成功的项目。 （3）满足进度（工期）、成本、范围和质量"铁三角"的项目并不一定在项目完成后产生必要的商业价值。 （4）拥有成熟的项目管理实践并不能保证项目完成后会有商业价值。 （5）价格是实施项目所付出的，价值是实施项目得到的。 （6）商业价值是客户认为值得付出的东西。 （7）当商业价值实现时，项目就成功了	（1）从商业角度看，一个预算超支的项目有时却是划算的。 （2）一组产生正现金流的项目，并不一定代表一家公司的总体最佳投资机会。 （3）从数学上讲，不可能同时将所有项目列为第一优先级。 （4）一个组织在同一时间做太多的项目，并不能真正完成更多的工作。 （5）从商业角度看，强迫项目团队接受不切实际的最后期限是极其有害的

3．项目群管理

1）项目群及其特征

（1）项目群是指为实现组织的战略目标、经营目标和收益提供优势，而被协调管理的一组相关项目群组件所形成的临时结构。

（2）项目群可以是战略性的、变革性的或经营性的。

2）项目群管理的先决条件和收益

（1）项目群管理的先决条件

① 项目群管理必要性评估；

② 项目群管理一致性要求；

③ 项目群角色和责任划分。

（2）项目群管理的收益

① 通过将项目群组件进行协调管理而得到内部项目群收益；

② 帮助实现战略或运营目标的外部项目群收益。

3）项目群管理实施要点

① 项目群建立；② 项目群整合；③ 项目群管理实践；④ 项目群控制；⑤ 收益管理；⑥ 项目群收尾。

4．项目组合管理

1）项目组合

项目组合结构是对项目组合内组件的一个"快照"，可以反映其所遵循的组织战略目标，项目组合结构示意图如图 2-2 所示。

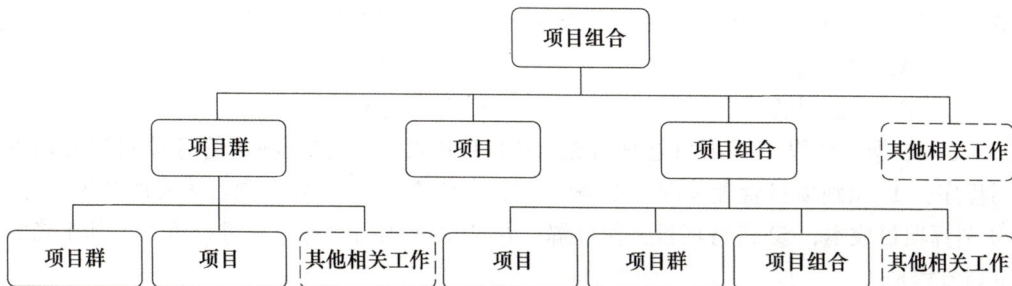

图 2-2　项目组合结构示意图

2）项目组合管理的实施要点

（1）明确项目组合的定位；

（2）识别潜在的项目组合组件；

（3）制定项目组合计划；

（4）评估筛选项目组合的组件；

（5）确认项目组合与战略目标的一致性；

（6）项目组合与绩效评估及汇报；

（7）平衡和优化项目组合。

一 单项选择题

1. 根据 IPMA ICB 4.0 的个人能力基准，可用于支持个人与环境交互的方法、工具和技术，以及引领个人、组织和社会发起或支持项目、项目群和项目组合的理论依据是指（　　）。

    A．环境能力　　　　　　　　　B．行为能力

    C．技术能力　　　　　　　　　D．组织能力

2. 根据《建设工程项目管理规范》GB/T 50326—2017，项目管理流程应包括启动、策划、实施、监控和收尾 5 个过程。下列关于项目管理流程的说法，错误的是（　　）。

    A．5 个项目过程具有明确的依存关系

    B．过程组不是项目的阶段，但与项目阶段存在一定的关系

    C．项目实施过程包括分析项目进展情况、识别必要的变更需求并实施变更

    D．项目启动过程包括确定项目范围和识别项目干系人

3. 根据《建设工程项目管理规范》GB/T 50326—2017，项目管理的基本制度是（　　）。

    A．项目组织策划制度　　　　　B．项目管理责任制度

    C．项目采购管理制度　　　　　D．项目绩效评价制度

4. 根据《建设工程项目管理规范》GB/T 50326—2017，工程项目管理责任制度的核心内容是（　　）。

    A．个人责任制度　　　　　　　B．项目经理责任制度

    C．连带责任制度　　　　　　　D．部门责任制度

5. 根据《建设工程项目管理规范》GB/T 50326—2017，项目管理流程应包括启动、策划、实施、监控和收尾五个过程。其中，明确项目范围属于项目（　　）的活动。

    A．启动过程　　　　　　　　　B．策划过程

    C．实施过程　　　　　　　　　D．监控过程

6. 根据《建设工程项目管理规范》GB/T 50326—2017，项目管理策划应遵循下列程序：① 识别项目管理范围；② 确定项目实施方法；③ 规定项目需要的各种资源；④ 测算项目成本；⑤ 进行项目工作分解；⑥ 对各个项目管理过程进行策划。其正确的策划流程是（　　）。

    A．①－②－③－④－⑤－⑥　　　B．①－③－④－②－⑤－⑥

C. ①－⑤－②－③－④－⑥ D. ①－④－③－⑤－②－⑥

7. 根据《建设工程项目管理规范》GB/T 50326—2017，企业在施工投标前，应进行投标策划，确定投标目标，并编制投标计划。下列内容中，属于企业根据招标和竞争需求编制的投标文件内容的是（   ）。

A. 有竞争力的报价　　　　　　B. 投标文件评审办法

C. 投标文件采取的格式　　　　D. 合同主要条款及签订方式

8. 根据《建设工程项目管理规范》GB/T 50326—2017，项目管理机构应按约定全面履行合同。下列工作中，属于合同实施控制日常工作的是（   ）。

A. 合同订立与评审　　　　　　B. 合同实施计划

C. 合同完善与补充　　　　　　D. 合同管理总结

9. 项目管理机构应根据项目目标管理的要求进行项目资源的计划、配置、控制，并根据授权进行考核和处置。根据项目资源管理的程序，提供并配置各种资源的紧前工作是（   ）。

A. 分析项目整体的资源状态　　B. 编制资源的相关配置计划

C. 确定资源的各种提供方式　　D. 控制项目资源的使用过程

10. 根据《建设工程项目管理规范》GB/T 50326—2017，企业应建立项目信息与知识管理制度，同时可应用项目信息化管理技术，采用专业信息系统实施（   ）。

A. 目标管理　　　　　　　　　B. 资源管理

C. 风险管理　　　　　　　　　D. 知识管理

11. 根据《建设工程施工项目经理岗位职业标准》T/CCIAT 0010—2019，下列工作中，属于施工项目经理在施工准备阶段进行的管理工作的是（   ）。

A. 分析施工风险并提出控制措施

B. 分析工程项目目标偏差并采取措施

C. 组织工程质量内部检验

D. 进行图纸会审并熟悉工程量清单

12. 根据《建设工程施工项目经理岗位职业标准》T/CCIAT 0010—2019，在施工准备阶段，施工项目经理应参加由（   ）主持召开的工地会议，并按规定会签会议纪要。

A. 施工单位　　　　　　　　　B. 建设单位

C. 监理单位　　　　　　　　　D. 设计单位

13. 传统项目管理的三重制约（"铁三角"）包括（   ）。

A. 范围、进度、成本　　　　　B. 范围、质量、成本

C. 时间、质量、成本　　　　　D. 范围、进度、质量

14. 由卫星和地面站的设计、卫星和地面站的施工、系统集成、卫星发射等多个项目组成的通信卫星系统是（   ）。

A. 一个项目　　　　　　　　　B. 一个子项目群

C. 一个项目群　　　　　　　　D. 一个项目组合

15. 关于项目群的说法，正确的是（   ）。

A. 只要愿意，可以把任何项目放在一个项目群中

B．项目群可以是战略性的、确定性的或经营性的

C．项目群由具有相互依存和相互关联的项目群组件构成

D．项目是临时的，但项目群不一定是临时的

16．下列关于项目组合的说法，正确的是（　　　）。

A．一个组织通常只能有一个项目组合

B．可以从项目组合中剔除现有的项目，也可以向其中增加新项目

C．同一个项目组合中的项目都能得到一视同仁地对待

D．项目组合中各项目之间应具有直接相关关系

17．项目组合管理应包括组织为实现战略目标所采取的一系列与资源分配相关的方法过程，包括但不限于：① 明确项目组合的定位；② 制定项目组合计划；③ 确认项目组合与战略目标的一致性；④ 识别潜在的项目组合组件。关于这四项工作的实施流程，正确的是（　　　）。

A．①－④－②－③　　　　　　　B．①－②－③－④

C．③－②－①－④　　　　　　　D．③－①－②－④

18．关于概念之间从高到低的层次结构的说法，正确的是（　　　）。

A．组织战略、项目组合、项目群、项目

B．项目组合、组织战略、项目群、项目

C．项目群、项目组合、组织战略、项目

D．组织战略、项目群、项目组合、项目

二　多项选择题

1．下列管理任务中，属于项目管理知识体系（PMBOK）的 10 大知识领域范畴的有（　　　）。

A．范围管理　　　　　　　　　　B．招聘管理

C．资源管理　　　　　　　　　　D．利益相关者管理

E．运营管理

2．根据《项目管理知识体系指南（第 7 版）》，项目管理基于价值交付的原则包括（　　　）。

A．将成本融入到过程和可交付成果中

B．聚焦于质量

C．展现领导力行为

D．成为勤勉、尊重和关心他人的管家

E．为实现预期的未来状态而驱动变革

3．根据 IPMA OCB 项目的组织能力，属于 PP&P 组织一致性能力的要素有（　　　）。

A．责权一致　　　　　　　　　　B．过程一致

C．结构一致　　　　　　　　　　D．目标一致

E．文化一致

4．根据《建设工程项目管理规范》GB/T 50326—2017，项目管理机构应按项目管

理流程实施项目管理。下列关于项目管理流程的说法，正确的有（　　）。

    A．项目管理各个过程之间相对独立，又相互联系

    B．项目管理过程包含了 PDCA 的动态管理理念

    C．当项目发生变更时，项目管理过程也发生变更

    D．大多数项目管理过程会因为应用领域不同而存在差异

    E．项目管理过程一般包括启动、策划、实施、监控和收尾过程

5．根据《建设工程项目管理规范》GB/T 50326—2017，企业应建立风险管理制度，明确各层次管理人员的风险管理责任，管理各种不确定因素对项目的影响。其中，项目施工风险管理过程包括施工全过程的（　　）。

    A．风险识别   B．风险评估

    C．风险决策   D．风险监控

    E．风险应对

6．根据《建设工程项目管理规范》GB/T 50326—2017，企业应建立采购管理制度，确定采购管理流程和实施方式，规定管理与控制的程序和方法。企业编制的采购计划应包括（　　）。

    A．采购内容   B．采购信息

    C．采购标准   D．采购措施

    E．采购后评价

7．根据《建设工程项目管理规范》GB/T 50326—2017，在项目技术管理中，项目管理机构在进行项目技术应用活动前应确定的项目技术管理措施有（　　）。

    A．技术规格书   B．施工组织设计

    C．风险分析   D．采购计划

    E．信息技术应用管理

8．根据《建设工程项目管理规范》GB/T 50326—2017，企业应建立项目收尾管理制度，明确项目收尾管理的职责和工作程序。项目管理机构应实施的项目收尾工作有（　　）。

    A．合同的信息反馈与协调   B．文件与档案管理

    C．清算合同双方的债权债务   D．评价项目管理实施效果

    E．理顺、终结所涉及的对外关系

9．根据《建设工程施工项目经理岗位职业标准》T/CCIAT 0010—2019，施工项目经理的主要职责包括（　　）。

    A．签发工程开工令   B．制定项目实施计划

    C．组织召开施工例会   D．确保工程工期和质量

    E．签发设计变更通知单

10．《项目管理知识体系指南（第7版）》提出，一个符合组织战略的价值交付系统可有多种组件，包括项目组合、项目群、项目、产品和运营，可以单独或共同使用多种组件来创造价值。下列做法中，可使价值交付系统有效运行的有（　　）。

    A．审视并了解组织的内外部环境

    B．对组织方式不同的项目实行统一的协调方式

C. 维持以前的项目群、项目或业务运营所带来的收益

D. 运用组织治理体系对价值交付系统的风险进行评估

E. 在产品的衰退阶段启动项目群或项目，创建或增强特定组件、职能或功能

11. 面对复杂多变的项目环境，价值驱动型项目管理是项目管理的发展趋势。《项目管理知识体系指南（第7版）》提出了以价值为导向的项目管理，下列关于价值驱动型项目管理理念的说法，正确的有（　　　）。

A. 价值是实施项目所付出的，价格是实施项目得到的

B. 在预算范围内按时完成的项目即是成功的项目

C. 拥有成熟的项目管理实践是项目完成后产生商业价值的保证

D. 商业价值是客户认为值得付出的东西

E. 当商业价值实现时，项目就成功了

12. 下列关于价值驱动型项目管理应考虑的商业价值因素的说法，正确的有（　　　）。

A. 从商业角度看，项目预算超支对组织来说是不划算的

B. 从数学上讲，不可能同时将所有项目列为第一优先级

C. 从商业角度看，强迫项目团队接受不切实际的最后期限是极其有害的

D. 一个组织在同一时间做更多的项目，最终可能事倍功半

E. 一组产生正现金流的项目，代表了这家公司的总体最佳投资机会

13. 下列性质中，属于项目群特征的有（　　　）。

A. 战略性　　　　　　　　　　　B. 关联性

C. 经营性　　　　　　　　　　　D. 确定性

E. 复杂性

14. 关于项目组合和项目组合管理的说法，正确的有（　　　）。

A. 项目组合是项目、项目群及其他相关工作的一个集合

B. 项目组合中的项目或项目群之间应该是相互依赖或相关的

C. 项目组合能力是指组织通过资源利用实现其战略目标的能力

D. 项目的绩效评价指标应与项目组合及其匹配的战略目标挂钩

E. 组织应对项目组合组件进行筛选及调整，确保其与资源需求相匹配

15. 项目群管理是指指导相互关联的项目群组件实现项目群目标和收益的一组协调性活动。下列关于项目群管理的先决条件和收益的说法，正确的有（　　　）。

A. 项目群经理对整个项目群战略和项目群支持负责任

B. 项目群管理应从项目层面对每个项目进行合理性分析

C. 项目群管理在组织层级上，系统、程序与过程要达到一致

D. 在项目群收尾后可能实现无形的收益

E. 项目群管理可实现符合战略或运营目标的外部项目群收益

【答案与解析】

一、单项选择题

1. A；　*2. C；　3. B；　4. B；　5. B；　6. C；　*7. A；　8. C；

*9. B;　　10. D;　*11. A;　12. B;　　13. A;　　14. C;　　*15. C;　*16. B;

17. A;　　18. A

【解析】

2.【答案】C

项目监控过程应对照项目管理策划，监督项目活动，分析项目进展情况，识别必要的变更需求并实施变更。所以 C 错误。

7.【答案】A

企业应根据招标和竞争需求编制包括下列内容的投标文件：① 响应招标要求的各项商务规定；② 有竞争力的技术措施和管理方案；③ 有竞争力的报价。选项 B、C、D 均属于招标文件中的内容。所以 A 正确。

9.【答案】B

项目资源管理应遵循下列程序：① 明确项目的资源需求；② 分析项目整体的资源状态；③ 确定资源的各种提供方式；④ 编制资源的相关配置计划；⑤ 提供并配置各种资源；⑥ 控制项目资源的使用过程；⑦ 跟踪分析并总结改进。所以 B 正确。

11.【答案】A

选项 B，分析工程项目目标偏差并采取措施，属于项目经理在施工过程阶段的管理工作。选项 C，组织工程质量内部检验，属于项目经理在竣工验收与结算阶段的管理工作。选项 D，进行图纸会审并熟悉工程量清单，属于监理机构在施工准备阶段的管理工作。所以 A 正确。

15.【答案】C

根据项目群特征，项目群由具有相互依存和相互关联的项目群组件构成，选项 A 错误。项目群可以是战略性的、变革性的或经营性的，且具有复杂性和不确定性，选项 B 错误。根据项目群的定义，项目群是指为实现组织的战略目标、经营目标和收益提供优势，而被协调管理的一组相关项目群组件所形成的临时结构，选项 D 错误。所以 C 正确。

16.【答案】B

一个组织可以根据战略级别的重点项目，拥有多个项目组合，例如互联网公司的项目运作，选项 A 错误。项目组合应对现有和潜在的项目组合组件进行评估、筛选、调整及优先级排序，以维持整个项目组合的平衡并实现组织的战略目标，选项 C 错误；项目组合中的项目或项目群之间没必要相互关联或直接相关，选项 D 错误。所以 B 正确。

二、多项选择题

1. A、C、D;　　　2. C、D、E;　　　3. B、C、E;　　　*4. A、B、E;

5. A、B、D、E;　6. A、B、C、D;　7. A、B、D;　　　*8. C、E;

*9. B、C、D;　　*10. A、C、D、E;　11. D、E;　　　12. B、C、D;

13. A、B、C、E;　*14. A、C、D、E;　*15. C、D、E

【解析】

4.【答案】A、B、E

根据《建设工程项目管理规范》GB/T 50326—2017，项目管理过程与项目的变更、项目的领域没有必然联系，选项 C、D 错误。所以 A、B、E 正确。

8.【答案】C、E

根据《建设工程项目管理规范》GB/T 50326—2017，项目收尾工作包括：① 编制项目收尾计划；② 提出有关收尾管理要求；③ 理顺、终结所涉及的对外关系；④ 执行相关标准与规定；⑤ 清算合同双方的债权债务。选项 A 属于合同实施控制的日常工作，选项 B 属于信息管理工作，选项 D 属于项目管理绩效评价工作。所以 C、E 正确。

9.【答案】B、C、D

选项 A，签发工程开工令属于项目监理机构或建设单位的主要职责。选项 E，签发设计变更通知单属于设计单位的主要职责。所以 B、C、D 正确。

10.【答案】A、C、D、E

根据《项目管理知识体系指南（第 7 版）》，价值交付系统需要考虑的内容包括：创造价值、组织治理体系、与项目有关的职能、项目环境、产品管理考虑因素。项目组织方式不同，会有不同的协调方式，选项 B 错误。所以 A、C、D、E 正确。

14.【答案】A、C、D、E

项目组合中的项目或项目群之间没必要相互关联或直接相关，选项 B 错误。所以 A、C、D、E 正确。

15.【答案】C、D、E

根据项目群角色和责任划分，项目群发起人对整个项目群战略和项目群支持负责任，选项 A 错误。根据项目群管理必要性评估，项目群管理应在组织层面进行合理性分析，宜满足需求、风险、收益和所需资源，以及拟议实施项目群管理如何与一个或多个战略和运营目标保持一致，选项 B 错误。所以 C、D、E 正确。

第3章 建设工程招标投标与合同管理

3.1 工程招标与投标

微信扫一扫
在线做题＋答疑

复习要点

1．招标方式与程序

1）招标方式

《中华人民共和国招标投标法》规定，招标分公开招标和邀请招标两种方式。

2）招标程序

公开招标与邀请招标均需要经过施工招标准备、施工招标过程和施工决标成交三个阶段。

（1）施工招标准备：主要包括组建招标组织、办理招标申请手续、进行招标策划、编制资格预审文件和招标文件等。

（2）施工招标过程：主要包括发布招标公告或发出投标邀请书、进行资格预审、发售招标文件和组织现场踏勘、开标与评标等。

① 发布招标公告或发出投标邀请书

招标公告适用于进行资格预审的公开招标，投标邀请书适用于进行资格后审的邀请招标。

② 进行资格预审

发售资格预审文件程序，资格预审文件的发售期不得少于 5 日。同时，潜在投标人或者其他利害关系人对资格预审文件有异议的，招标人应自收到异议之日起 3 日内做出答复。

组建资格审查委员会程序，资格审查委员会应由招标人代表和有关技术、经济等方面的专家组成，成员人数为 5 人以上单数，其中技术、经济等方面的专家不得少于成员总数的 2/3。

审查资格预审申请文件程序，投标人资格预审分初步审查和详细审查两个环节。

③ 发售招标文件和组织现场踏勘

《标准施工招标文件》的规定主要包括发售招标文件、组织现场踏勘、投标预备会 3 个方面。

其中，在投标预备会环节，根据《中华人民共和国招标投标法实施条例》，招标人对招标文件进行澄清或者修改的内容可能影响投标文件编制的，招标人应在投标截止时间至少 15 日前，以书面形式通知所有获取招标文件的潜在投标人；不足 15 日的，招标人应顺延提交投标文件的截止时间。

④ 开标与评标

开标与评标程序，主要包括投标文件的递交和接收、组建评标委员会、开标、评标、评标报告 5 个方面。

（3）施工决标成交：施工决标成交相关程序，主要包括确定中标人、合同谈判、签订内容 3 个方面。

2．合同计价方式

1）合同计价方式分类

工程合同计价方式可分为三种：总价、单价和成本加酬金。

（1）总价合同又可分为固定总价合同和可调总价合同。

（2）单价合同可分为固定单价合同和可调单价合同。投标单位填报的单价应为计及各种摊销费用后的综合单价，而非直接费单价。

（3）成本加酬金合同可分为成本加固定百分比酬金合同、成本加固定酬金合同、成本加浮动酬金合同和目标成本加奖罚合同。

2）合同计价方式比较与选择

（1）合同计价方式比较

不同合同计价方式比较，见表 3-1。

表 3-1　不同合同计价方式比较

合同类型	总价合同	单价合同	成本加酬金合同			
			固定百分比酬金	固定酬金	浮动酬金	目标成本加奖罚
应用范围	广泛	广泛	有局限性			酌情
建设单位造价控制	易	较易	最难	难	不易	有可能
施工单位风险	大	小	基本没有		不大	有

（2）合同计价方式选择

综合考虑工程复杂程度、工程设计深度、技术先进程度、工期紧迫程度来选择合同计价方式。

3．施工投标

1）施工投标报价策略

投标报价策略可分为基本策略和报价技巧两个层面。

（1）基本策略：承包单位根据招标项目的不同特点，并考虑自身优势和劣势，选择不同的报价。

（2）报价技巧：常用的报价技巧有不平衡报价法、多方案报价法、保本竞标法和突然降价法等。

2）施工投标文件

（1）施工投标文件内容

施工投标文件通常包括技术标书、商务标书、投标函及其他有关文件 3 部分内容。

（2）施工投标文件编制遵循的原则

① 突出专业性，而且要有针对性；

② 保证可行性，而且要经济合理；

③ 注重规范性，而且要凸显重点。

（3）施工投标文件校对和密封

主要包括施工投标文件校对、施工投标文件装订、施工投标文件密封3部分。密封的施工投标文件可在投标截止日前在招标文件载明的地点递交招标人。

4．工程总承包投标

1）工程总承包招标要求

由于工程承包范围和工作内容的变化，工程总承包招标会有些与施工招标不同的要求，承包单位在投标时应理解和熟悉这些要求的差异。

2）工程总承包投标报价工作要点

主要包括分析研读招标文件、进行现场调查及踏勘、选择联合体单位及分包单位、确定投标报价4个方面。

一 单项选择题

1. 下列表述中，属于邀请招标优点的是（　　　）。

    A．减少合同履行过程中承包商违约的风险

    B．获得有竞争性的报价

    C．可在较大范围内选择承包商

    D．较大程度避免贿标行为

2. 对于工程规模大、专业复杂的工程，建设单位管理能力有限时，应考虑采用（　　　）。

    A．施工总承包　　　　　　　　B．平行承包

    C．联合体承包　　　　　　　　D．合作体承包

3. 根据我国相关规定，潜在投标人或者其他利害关系人对资格预审文件有异议的应向招标人提出，招标人应自收到异议之日起（　　　）日内做出答复。

    A．3　　　　　　　　　　　　　B．5

    C．7　　　　　　　　　　　　　D．10

4. 在投标人资格预审初步审查环节中，审查委员会需要对投标人审查的内容通常包括（　　　）。

    A．是否具备有效的营业执照　　　B．申请人的信誉

    C．项目经理资格　　　　　　　　D．申请文件格式是否符合要求

5. 根据《中华人民共和国招标投标法》，招标人对已发出的招标文件进行必要的澄清或修改的，应当在招标文件要求提交投标文件截止时间至少（　　　）日前以书面形式通知。

    A．7　　　　　　　　　　　　　B．10

    C．15　　　　　　　　　　　　　D．20

6. 由7名成员组成的评标委员会中，技术、经济等方面的专家至少需要有（　　　）名。

    A．2　　　　　　　　　　　　　B．3

    C．4　　　　　　　　　　　　　D．5

7. 在施工评标初步评审环节中，投标文件对招标文件的响应性评审包括（　　　）。

A．工程进度计划与措施　　　　B．技术标准和要求

C．质量管理体系与措施　　　　D．投标人的财务状况

8．根据《中华人民共和国招标投标法》，中标通知书发出之日起（　　）日内，招标人与中标人订立书面合同。

A．7　　　　　　　　　　　　B．10

C．15　　　　　　　　　　　D．30

9．下列关于固定总价合同特点的说法，正确的是（　　）。

A．适用于工程规模较大的工程

B．适用于技术复杂的工程

C．适用于实施过程中发生各种不可预见因素较多的工程

D．适用于施工任务和发包范围明确的工程

10．关于单价合同的说法，正确的是（　　）。

A．在单价合同中，投标单位填报的单价应为直接费单价

B．在单价合同中，工程量清单所列工程量为估算工程量

C．单价合同适用于工期短、技术复杂的项目

D．采用单价合同形式，不利于合同双方之间合理地分担合同履行过程中的风险

11．下列不同计价方式的合同中，施工承包单位承担风险最小的是（　　）。

A．成本加固定百分比酬金合同　　B．总价合同

C．单价合同　　　　　　　　　　D．目标成本加奖罚合同

12．下列不同的计价方式的合同中，建设单位造价控制最难的是（　　）。

A．总价合同　　　　　　　　　　B．成本加固定酬金合同

C．成本加固定百分比酬金合同　　D．单价合同

13．承包单位根据招标项目的不同特点及自身优劣，会选择不同的报价策略。下列情形中，适用可报低价策略的是（　　）。

A．投标对手少的工程

B．施工条件好的工程

C．支付条件不理想的工程

D．专业要求高的技术密集型工程

14．对于缺乏竞争优势的承包单位，为获得中标机会，采用不考虑利润的报价方法是（　　）。

A．不平衡报价法　　　　　　　　B．多方案报价法

C．保本报价法　　　　　　　　　D．突然降价法

15．下列关于工程总承包投标报价工作要点的说法，正确的是（　　）。

A．对于招标文件中未具体明确的内容，可以电话、邮件等形式提请业主予以答疑或澄清

B．投标人报价单提交后，可以现场考察不周为由对工程报价提出调整

C．工程总承包投标人可按照研读评标办法、测算工程成本确定最终报价的程序确定投标报价

D．招标文件是工程总承包招标的大纲

1. 按照竞争开放程度不同,工程建设项目招标的方式有(　　)。
   A. 委托招标
   B. 公开招标
   C. 自行招标
   D. 邀请招标
   E. 上级主管部门组织招标

2. 施工招标过程中,招标人在发出招标公告或投标邀请书之后,还需要(　　)。
   A. 进行资格评审
   B. 发售招标文件
   C. 组织现场踏勘
   D. 进行资格预审
   E. 开标与评标

3. 下列关于投标人资格预审方法的说法,正确的有(　　)。
   A. 合格制会使投标竞争更加充分,增加招标成本
   B. 有限数量制不能限制投标人数量
   C. 合格制可不用进行初步审查工作
   D. 有限数量制可不用进行初步审查工作
   E. 有限数量制需要对通过审查的资格预审申请文件进行量化打分

4. 下列关于施工评标的说法,正确的有(　　)。
   A. 评标委员会对投标报价的错误予以修正后,可作为投标报价的金额
   B. 已标价工程量清单书写有错误的,投标文件中的大写金额与小写金额不一致时,以小写金额为准
   C. 投标人名称是否与营业执照一致、投标报价是否具有唯一性属于投标文件的形式评审
   D. 已标价工程量清单有计算错误的,总价金额与依据单价计算出的结果不一致时,以总价金额为准修正
   E. 项目管理机构评审将会从项目经理任职资格与业绩、技术负责人任职资格与业绩、其他主要人员等方面进行评审

5. 下列关于施工决标成交的说法,正确的有(　　)。
   A. 合同条件的完善包括工期提前奖励和工程延误罚款、保修期限等
   B. 招标人最迟应在书面合同签订后7日内向中标人和未中标的投标人退还投标保证金及银行同期存款利息
   C. 工程内容和范围即属于施工合同"标的"
   D. 合同价款支付包括工程进度款、最终结算价款支付及工程质量保证金的扣留和返还等
   E. 合同谈判准备工作包括分析发包人技术、经济实力及发包人谈判人员的身份、地位等

6. 对于承包商而言,下列关于合同计价方式的说法,正确的有(　　)。
   A. 只完成初步设计的工程可以选择成本加酬金合同
   B. 规模大且技术复杂的工程宜采用固定总价合同

C．实际与预计工程量可能有较大出入的工程，应优先选择单价合同

D．灾后恢复工程宜采用成本加酬金合同较为合适

E．同一工程合同可以采用不同的计价方式

7．在施工投标报价策略中，可选择报高价的情形的有（ ）。

A．一般房屋建筑工程　　　　　B．地下开挖工程

C．港口码头　　　　　　　　　D．大量土方工程

E．投标对手少的工程

8．下列宜采用不平衡报价法的情况有（ ）。

A．招标文件中的工程范围不明确，条款不清楚或不公正

B．能够早日结算的项目

C．经过工程量核算，预计今后工程量会增加的项目

D．技术规范要求过于苛刻的工程

E．单价与包干混合制合同中，招标人要求有些项目采用包干报价

9．施工投标文件通常包括（ ）。

A．商务标书　　　　　　　　　B．技术标书

C．投标人须知　　　　　　　　D．技术标准和要求

E．投标函及其他有关文件

10．与《标准施工招标文件》相比，《标准设计施工总承包招标文件》提出的评标办法中，在前附表增加了与工程设计有关的内容有（ ）。

A．资信业绩评分标准新增设计负责人业绩

B．设计标准和规范

C．承包人的主要人员资格要求、相关审批

D．设计部分评审

E．设计负责人的资格评审标准需符合投标人须知相应规定

【答案与解析】

一、单项选择题

1．A；　*2．A；　3．A；　4．D；　5．C；　6．D；　*7．B；　8．D；
9．D；　*10．B；　11．A；　12．C；　13．B；　14．C；　*15．D

【解析】

2．【答案】A

对于工程规模大、专业复杂的工程，建设单位管理能力有限时，应考虑采用施工总承包方式，有利于减少各专业之间因配合不当造成的窝工、返工、索赔风险。所以 A 正确。

7．【答案】B

在施工评标初步评审环节中，投标文件对招标文件的响应性评审包括投标内容、工期、工程质量、投标有效期、投标保证金、权利义务、已标价工程量清单、技术标准和要求等是否符合评标办法前附表中要求。所以 B 正确。

10.【答案】B

在单价合同中，投标单位填报的单价应为计及各种摊销费用后的综合单价，而非直接费单价，选项 A 错误。单价合同大多用于工期长、技术复杂的工程，选项 C 错误。采用单价合同形式，可以在合同双方之间较为合理地分担合同履行过程中的风险，选项 D 错误。所以 B 正确。

15.【答案】D

招标文件未明确的内容，应以书面形式提请业主答疑，选项 A 错误。报价单一旦给出，投标人无权再以情况了解不详、现场考察不周为由对工程报价提出调整要求，选项 B 错误。工程总承包投标人按研读评标办法、测算工程成本、确定最终报价、投标报价检查的程序确定投标报价，选项 C 错误。所以 D 正确。

二、多项选择题

1. B、D；	2. B、C、D、E；	*3. A、E；	*4. C、E；
*5. C、D、E；	*6. A、C、D、E；	*7. B、C、E；	8. B、C、E；
9. A、B、E；	10. A、D、E		

【解析】

3.【答案】A、E

有限数量制可以限制投标人数量，降低招标工作量和费用，选项 B 错误。合格制和有限数量制在审查标准上无本质区别，都需要进行初步审查和详细审查，选项 C、D 错误。所以 A、E 正确。

4.【答案】C、E

评标委员会对投标报价的错误予以修正后，需请投标人书面确认，作为投标报价的金额，选项 A 错误。已标价工程量清单书写有错误的，投标文件中的大写金额与小写金额不一致时，以大写金额为准，选项 B 错误。已标价工程量清单有计算错误的，总价金额与依据单价计算出的结果不一致时，以单价金额为准修正总价，单价金额小数点有明显错误的除外，选项 D 错误。所以 C、E 正确。

5.【答案】C、D、E

合同条件完善包括工期提前奖励和工程延误罚款，但保修期限属于工程保修内容，选项 A 错误。招标人最迟应在书面合同签订后 5 日内向中标人和未中标的投标人退还投标保证金及银行同期存款利息，选项 B 错误。所以 C、D、E 正确。

6.【答案】A、C、D、E

只完成初步设计，工程量清单不够明确的工程，可选择单价合同或成本加酬金合同，选项 A 正确。建设规模大且技术复杂的工程，承包风险较大，各项费用不易准确估算，因而不宜采用固定总价合同，选项 B 错误。对于实际工程量与预计工程量可能有较大出入的工程，应优先选择单价合同，选项 C 正确。对于一些紧急工程如灾后恢复工程等，要求尽快开工且工期较紧的，可能仅有实施方案，尚无施工图纸，承包单位在投标时不可能报出合理价格，因此，选择成本加酬金合同较为合适，选项 D 正确。在同一工程合同中可以采用不同的计价方式，选项 E 正确。所以 A、C、D、E 正确。

7.【答案】B、C、E

在施工投标报价策略中，可选择报高价的情形的有：施工条件差的工程（如条件艰苦、场地狭小或地处交通要道等）；专业要求高的技术密集型工程且施工单位在这方面有专长，声望也较高；总价低的小工程，以及施工单位不愿做而被邀请投标，又不便不投标的工程；特殊工程，如港口码头、地下开挖工程等；投标对手少的工程；工期要求紧的工程；支付条件不理想的工程。所以 B、C、E 正确。

3.2 工程合同管理

复习要点

1. 施工合同文件的组成及优先解释顺序

1）施工合同文件的组成

（1）施工合同文件包括：合同协议书、中标通知书、投标函及投标函附录、专用合同条款、通用合同条款、技术标准和要求、图纸、已标价工程量清单及组成施工合同的其他文件。

（2）合同协议书包括：工程概况、合同工期、质量标准、签约合同价和合同价格形式、项目经理、合同文件构成、承诺及合同生效条件等重要内容，集中约定了合同当事人的基本合同权利和义务。

2）施工合同文件的优先解释顺序

除专用合同条款另有约定外，解释合同文件的优先顺序如下：① 合同协议书；② 中标通知书；③ 投标函及投标函附录；④ 专用合同条款；⑤ 通用合同条款；⑥ 技术标准和要求；⑦ 图纸；⑧ 已标价工程量清单；⑨ 其他合同文件。

2. 施工合同订立管理

1）施工合同有关各方义务或职责

（1）发包人主要义务：① 发出开工通知；② 提供施工场地；③ 协助承包人办理证件和批件；④ 组织设计交底；⑤ 支付合同价款；⑥ 组织竣工验收。

（2）承包人主要义务：① 查勘施工现场；② 编制工程实施措施计划；③ 负责施工现场内交通道路和临时工程；④ 测设施工控制网；⑤ 提出开工申请；⑥ 完成各项承包工作；⑦ 保证工程施工和人员的安全；⑧ 负责施工场地及其周边环境与生态的保护工作；⑨ 避免施工对公众与他人的利益造成损害；⑩ 负责工程的维护和照管。

（3）监理人职责：① 审查承包人实施方案；② 发出开工通知；③ 监督管理施工过程；④ 参与工程竣工验收。

2）施工合同订立时需要明确的内容

施工现场范围和施工临时占地、发包人提供图纸的期限和数量、发包人提供的材料和工程设备、异常恶劣的气候条件范围、因物价变化引起的合同价格调整、办理保险的责任等。

3. 施工合同履行管理

1）施工进度管理

包括施工进度计划的审批、合同进度计划的修订、工期延误、提前竣工、暂停施工。

其中，工期延误包括发包人原因造成的工期延误、异常恶劣气候条件造成的工期延误、承包人原因造成的工期延误。

暂停施工包括因承包人原因暂停施工、因发包人原因暂停施工、监理人暂停施工指示、暂停施工后的复工。

2）施工质量管理

（1）承包人的质量管理：承包人应在施工场地设置专门的质量检查机构，配备专职质量检查人员，建立完善的质量检查制度。

（2）工程质量检查：包括承包人的质量检查、监理人的质量检查等内容。

（3）材料和工程设备质量要求：包括承包人提供的材料和工程设备的情形、发包人提供的材料和工程设备的情形、不合格工程的清除的情形。

（4）工程隐蔽部位覆盖前的检查：包括通知监理人检查的情形、监理人未到场检查的情形、监理人重新检查的情形。

（5）试验和检验：包括材料、工程设备、工程的试验和检验和现场材料试验。

3）工程计量与支付管理

（1）工程计量：单价子目计量、总价子目计量。

（2）预付款：包括预付款及其支付、预付款保函、预付款的扣回与还清等内容。

（3）工程进度付款：工程进度付款周期与工程计量周期相同。承包人应在每个付款周期末，按监理人批准的格式和约定的份数，向监理人提交进度付款申请单，并附相应的支持性证明文件。

（4）工程质量保证金：工程质量保证金（或称保留金）是指发包人与承包人在专用合同条款中约定，从应付工程款中预留，用以保证承包人在缺陷责任期内对工程施工质量缺陷进行维修的资金。

（5）竣工结算：工程接收证书颁发后，承包人应按专用合同条款约定的份数和期限向监理人提交竣工付款申请单，并提供相关证明材料。

（6）最终结清：缺陷责任期终止证书签发后，承包人可按专用合同条款约定的份数和期限向监理人提交最终结清申请单，并提供相关证明材料。

4）施工安全与环境保护

包括发包人的施工安全责任、承包人的施工安全责任、承包人的环境保护责任、事故处理。

5）变更管理

（1）变更的范围和内容：应进行变更的五种情形。

（2）变更程序：发包人同意承包人根据变更意向书要求提交的变更实施方案的，由监理人发出变更指示。承包人收到变更指示后，应按变更指示进行变更工作。

（3）变更估价：除专用合同条款对期限另有约定外，承包人应在收到变更指示或变更意向书后的 14 天内，向监理人提交变更报价书，报价内容应根据合同约定的估价原则，详细开列变更工作的价格组成及其依据，并附必要的施工方法说明和有关图纸。

（4）承包人的合理化建议：在履行合同过程中，承包人对发包人提供的图纸、技术要求及其他方面提出的合理化建议，均应以书面形式提交监理人。监理人应与发包人协商是否采纳建议。建议被采纳并构成变更的，应按合同约定向承包人发出变更指示。

（5）暂列金额：暂列金额只能按照监理人的指示使用，并对合同价格进行相应调整。暂列金额有剩余的，应归发包人所有。

（6）计日工：发包人认为有必要时，由监理人通知承包人以计日工方式实施变更的零星工作。

（7）暂估价：确定暂估价的三种情形。

6）竣工验收

竣工验收是指承包人完成全部合同工作后，发包人按合同要求进行的验收，包括：竣工验收申请报告、验收、单位工程验收、试运行、竣工清场、施工队伍及施工设备的撤离等内容。

7）不可抗力事件的处理

（1）不可抗力的确认：指承包人和发包人在订立合同时不可预见，在工程施工过程中不可避免发生并不能克服的自然灾害和社会性突发事件。

（2）不可抗力的通知：合同一方当事人遇到不可抗力事件，使其履行合同义务受到阻碍时，应立即通知合同另一方当事人和监理人，书面说明不可抗力和受阻碍的详细情况，并提供必要的证明。

（3）不可抗力后果的分担原则：除专用合同条款另有约定外，不可抗力导致的人员伤亡、财产损失、费用增加和（或）工期延误等后果，由合同双方按特定的原则承担。

（4）合同延迟履行期间发生的不可抗力：合同一方当事人延迟履行，在延迟履行期间发生不可抗力的，不免除其责任。

（5）避免和减少不可抗力损失：不可抗力发生后，发包人和承包人均应采取措施尽量避免和减少损失的扩大，任何一方没有采取有效措施导致损失扩大的，应对扩大的损失承担责任。

（6）因不可抗力解除合同：合同一方当事人因不可抗力不能履行合同的，应当及时通知对方解除合同。

8）索赔管理

承包人索赔，发包人索赔。

9）违约责任

承包人违约情形，发包人违约情形。

10）争议的解决

争议的解决方式，争议评审。

4．施工合同纠纷审理相关规定

（1）关于工期争议的解决：开工日期争议解决、实际竣工日期争议解决、顺延工期争议解决。

（2）关于工程量及价款争议的解决：工程量争议解决、工程计价标准及方法争议解决、工程价款利息争议解决、工程价款结算争议解决、工程质量保证金争议解决、无效合同的价款结算争议解决。

5．设计施工总承包合同文件的组成及优先解释顺序

（1）设计施工总承包合同文件包括：合同协议书、中标通知书、投标函及投标函附录、专用合同条款、通用合同条款、发包人要求、承包人建议书、价格清单及组成设计施工总承包合同的其他文件。

（2）设计施工总承包合同文件的优先解释顺序

除专用合同条款另有约定外，解释合同文件的优先顺序如下：① 合同协议书；② 中标通知书；③ 投标函及投标函附录；④ 专用合同条款；⑤ 通用合同条款；⑥ 发包人要求；⑦ 承包人建议书；⑧ 价格清单；⑨ 其他合同文件。

6．工程总承包合同订立时需明确的内容

具体内容包括：承包人文件、施工现场范围和施工临时占地、发包人提供的文件、"发包人要求"中出现错误或违法情况的责任承担、材料和工程设备、发包人提供的施工设备和临时工程、区段工程、暂列金额、不可预见物质条件、竣工后试验。

7．工程总承包合同履行要点

1）开始工作

符合专用合同条款约定的开始工作条件时，监理人获得发包人同意后，应提前7天向承包人发出开始工作通知。合同工期自开始工作通知中载明的开始工作日期起计算。

2）设计工作

（1）承包人设计义务：承包人应按合同基准日适用的法律规定及国家、行业和地方的规范和标准完成设计工作，并符合发包人要求。

（2）设计进度管理：承包人应按照发包人要求，在合同进度计划中专门列出设计进度计划，报发包人批准后执行。承包人需按照经批准后的计划开展设计工作。

（3）设计审查：包括发包人审查、有关部门的设计审查等内容。

3）工程进度管理

修订进度计划，顺延合同工期。

4）工程质量管理

质量检查，质量不合格的处理。

5）工程款支付管理

合同价格，工程进度付款。

6）竣工验收

竣工试验，区段工程验收，施工期运行，缺陷责任期。

8．专业分包合同与劳务分包合同管理

1）专业分包合同管理

（1）专业分包合同文件组成及优先解释顺序

组成专业分包合同的文件及优先解释顺序如下：① 合同协议书；② 中标通知书（如有时）；③ 分包人的投标函及报价书；④ 除总包合同工程价款之外的总包合同文件；⑤ 专用合同条款；⑥ 通用合同条款；⑦ 合同工程建设标准、图纸；⑧ 合同履行过程中，承包人和分包人协商一致的其他书面文件。

（2）专业分包合同有关各方的权利和义务

有关各方权利义务包括工程承包人权利义务与专业分包人责任义务。

（3）专业分包工程进度管理

具体内容包括开工、工期延误、暂停施工与工程竣工的管理。

（4）专业分包工程质量管理

分包工程质量应达到分包合同协议书和专用合同条款约定的工程质量标准，质量评定标准按照总包合同相应条款履行。

（5）专业分包工程计量与工程款支付

相关内容包括合同价款及调整、工程量的确认及合同价款的支付。

（6）专业分包工程安全文明施工

分包人应遵守工程建设安全生产有关管理规定，严格按照安全标准组织施工，承担由于自身安全措施不力造成事故的责任和因此发生的费用。

（7）专业分包工程变更

在分包工程实施中，监理人有时会根据总包合同作出变更指令，该变更指令由监理人作出并经承包人确认后通知分包人；有时承包人也会作出变更指令，分包人应根据以上指令，以更改、增补或省略的方式对分包工程进行变更。

（8）专业分包工程完工验收和移交

分包工程具备竣工验收条件的，分包人应向承包人提供完整的竣工资料及竣工验收报告。

（9）专业分包工程竣工结算及保修责任

应按照国家有关规定及合同内容执行。

（10）专业分包违约

具体包括承包人违约三种情况和分包人违约五种情况。

2）劳务分包合同

（1）劳务分包合同文件组成及优先解释顺序

劳务分包合同文件组成及优先解释顺序如下：① 劳务分包合同；② 劳务分包合同附件；③ 工程施工总承包合同；④ 工程施工专业承（分）包合同。

（2）劳务分包合同有关各方义务

各方权利义务包括工程承包人义务与劳务分包人义务。

（3）劳务作业人员管理

具体内容包括劳务作业人员实名制管理、安全教育以及安全生产。

（4）相关保险的办理

发包人、工程承包人、劳务分包人需为各自负责的人员、材料及设备办理保险。

（5）劳务作业计量与支付

具体内容包括：① 劳务报酬的计算方式；② 工时及工程量的确认；③ 劳务报酬的支付。

（6）施工变更的处理

施工中如发生对原工作内容进行变更的情况，工程承包人项目经理应提前 7 天以书面形式向劳务分包人发出变更通知，并提供变更的相应图纸和说明。

（7）施工配合与验收

发包人、工程承包人与劳务分包人应按照相关规定及合同进行施工配合与施工验收。

（8）不可抗力事件的处理

具体内容包括不可抗力事件的应对与不可抗力事件损失的分担原则。

9．材料设备采购合同管理

1）材料采购合同管理

（1）材料采购合同文件组成及优先解释顺序

材料采购合同文件组成及优先解释顺序如下：① 合同协议书；② 中标通知书；③ 投标函；④ 商务和技术偏差表；⑤ 专用合同条款；⑥ 通用合同条款；⑦ 供货要求；⑧ 分项报价表；⑨ 中标材料质量标准的详细描述；⑩ 相关服务计划。

（2）合同价格与支付

合同价格与支付包括：① 合同价格的构成；② 支付合同价款的类型；③ 买方扣款的权利。

（3）包装、标记、运输与交付

卖方应按要求对合同材料进行包装、标记、运输和支付。

（4）检验和验收

合同材料交付前，卖方应对其进行全面检验，并在交付合同材料时向买方提交合同材料的质量合格证书。合同材料交付后，买方应在专用合同条款约定的期限内安排对合同材料的规格、质量等进行检验。

（5）质量保证期和履约保证金

除专用合同条款和（或）供货要求等合同文件另有约定外，合同材料的质量保证期自合同材料验收之日起算，至合同材料验收证书或进度款支付函签署之日起 12 个月止（以先到的为准）。

除专用合同条款另有约定外，履约保证金自合同生效之日起生效，在合同材料验收证书或进度款支付函签署之日起 28 日后失效。

（6）违约责任

合同一方不履行合同义务、履行合同义务不符合约定或者违反合同项下所作保证的，应向对方承担继续履行、采取补救措施或者赔偿损失等违约责任。

2）设备采购合同管理

（1）设备采购合同文件组成及优先解释顺序

设备采购合同文件的组成及优先解释顺序与前述材料采购合同文件的组成及优先解释顺序基本相同，仅在于"⑨ 中标设备技术性能指标的详细描述"和"⑩ 技术服务和质保期服务计划"内容不同。

（2）合同价格与支付

具体内容包括合同价格的构成与价款支付方式。

（3）监造和交货前检验

买方和卖方应按照合同约定对合同设备进行监造和交货前检验。

（4）包装、标记、运输和交付

设备的包装、标记与材料采购合同约定基本相同，主要是在设备运输和交付方面的约定有所不同。

（5）开箱检验和安装、调试、验收

具体工作包括：① 开箱检验；② 安装、调试；③ 考核；④ 验收。

（6）技术服务和质量保证期

① 技术服务。卖方应派遣技术熟练、称职的技术人员到施工场地为买方提供技术服务。

② 质量保证期。除专用合同条款和（或）供货要求等合同文件另有约定外，合同设备整体质量保证期为验收之日起 12 个月。

（7）违约责任

卖方未能按时交付合同设备（包括仅迟延交付技术资料但足以导致合同设备安装、调试、考核、验收工作推迟）的，应向买方支付迟延交付违约金。买方未能按合同约定支付合同价款的，应向卖方支付延迟付款违约金。

一 单项选择题

1. 施工合同生效的条件是（　　）。
    A. 施工发包人和承包人的法定代表人或项目经理签字并盖章
    B. 施工发包人和承包人的法定代表人或其委托代理人签字并盖章
    C. 公证机构出具含有公证证词、公证员签名的施工合同公证书
    D. 公证机构出具含有公证机关盖章、公证员签名的施工合同公证书

2. 施工合同文件包括：① 通用合同条款；② 中标通知书；③ 图纸；④ 专用合同条款；⑤ 合同协议书；⑥ 技术标准和要求；⑦ 投标函及投标函附录；⑧ 已标价工程量清单。根据《标准施工招标文件》，除专用合同条款另有约定外，解释施工合同文件的优先顺序是（　　）。
    A. ②－⑤－⑦－④－①－③－⑥－⑧
    B. ⑤－⑦－②－①－④－⑥－③－⑧
    C. ⑤－②－⑦－④－①－⑥－③－⑧
    D. ②－⑤－⑦－①－④－⑥－③－⑧

3. 根据《标准施工招标文件》通用条款，除专用条款另有约定外，下列关于承包人主要义务的说法，正确的是（　　）。
    A. 承包人应测设并审批施工控制网
    B. 承包人应负责取得为工程建设所需修建场外设施的权利
    C. 承包人在签订合同协议书后，应对施工场地和周围环境进行查勘
    D. 承包人应按合同约定及时组织竣工验收

4. 根据《标准施工招标文件》通用条款，监理人的职责是（　　）。
    A. 要求承包人对不满足合同要求的实施方案进行修改
    B. 征得发包人同意后，在开工日期 14 天前向承包人发出开工通知
    C. 按合同约定，组织工程竣工验收
    D. 工程接收证书颁发前，负责照管和维护工程

5. 某工程实施过程中，承包人提出提前竣工的建议能够给发包人带来效益，下列说法正确的是（　　）。

    A. 应由发包人与承包人共同协商采取加快工程进度的措施

    B. 应由监理人和承包人共同协商修订合同进度计划

    C. 发包人应向承包人支付实际效益 25% 的奖金

    D. 发包人无需承担承包人由此增加的费用

6. 根据《标准施工招标文件》，下列关于工程质量保证金的说法，正确的是（　　）。

    A. 工程质量保证金总预留比例不得高于工程价款结算总额的 5%

    B. 工程质量保证金是用以保证承包人对工程在生命周期内的施工质量缺陷进行维修的资金

    C. 监理人应从第一个付款周期开始，在发包人的进度付款中，按专用合同条款的约定扣留工程质量保证金

    D. 若承包人没有完成缺陷责任，发包人有权扣留全部工程质量保证金

7. 根据《标准施工招标文件》，下列关于工程质量检查的说法，正确的是（　　）。

    A. 承包人应按合同约定对工程的关键部位进行全过程的质量检查和检验

    B. 监理人无权查阅来自承包人的施工原始记录

    C. 监理人应负责施工场地取样试验、工程复核测量和设备性能检测

    D. 监理人有权对工程所有部位及其施工工艺、材料进行检查和检验

8. 根据《标准施工招标文件》，下列关于工程隐蔽部位覆盖前，应先经过监理人检查的说法，正确的是（　　）。

    A. 承包人自检确认的工程隐蔽部位具备覆盖条件后，经监理人检查符合要求并报送建设单位后进行覆盖

    B. 监理人未按时进行检查，承包人可自行完成覆盖工作并作相应记录报送监理人

    C. 监理人检查确认质量不合格，承包人应在指示时间内修整返工后自行完成覆盖工作，并作相应记录报送监理人

    D. 监理人对质量有疑问，可要求承包人对已覆盖的部位进行揭开重新检验，增加的费用由承包人承担

9. 下列关于某工程按合同约定进行试验和检验的说法，正确的是（　　）。

    A. 如有需要，应由发包人负责提供必要的试验资料和原始记录

    B. 监理人未按合同约定派员参加试验和检验的，承包人需会同发包人进行试验和检验

    C. 若监理人对试验和检验结果有疑问，在征得发包人同意后，监理人可以重新试验和检验

    D. 监理人在必要时可以使用承包人的试验场所进行以工程质量检查为目的的复核性材料试验

10. 根据《标准施工招标文件》，下列关于预付款的说法，正确的是（　　）。

    A. 预付款的具体比例通常参照《建设工程工程量清单计价规范》GB 50500—2013 在通用合同条款中约定

B．预付款保函的担保金额可根据预付款扣回的金额相应递减

C．发包人应在预付款扣完后的 28 天内将预付款保函退还给承包人

D．包工包料工程的预付款支付比例不得低于签约合同价（扣除暂列金额）的 30%

11. 根据《标准施工招标文件》，下列关于竣工结算的说法，正确的是（ ）。

A．工程接收证书颁发后，承包人应按专用合同条款约定的份数和期限向发包人提交竣工付款申请单

B．竣工付款申请单包括竣工结算合同单价、发包人已支付承包人的工程价款等

C．承包人对发包人签认的竣工付款证书有异议的，不能要求发包人出具竣工付款申请单中承包人已同意部分的临时付款证书

D．监理人未在约定时间内核查竣工付款申请单，又未提出具体意见的，视为已经核查同意

12. 根据《标准施工招标文件》，下列关于工程施工时施工安全与环境保护的说法，正确的是（ ）。

A．承包人应对其履行合同所雇佣的全部人员的工伤事故承担责任

B．工程施工过程中发生事故的，承包人应立即通知发包人

C．移动事故现场物品时，应作出标记并及时向监理人员口头报告

D．施工安全措施计划和应对灾害的紧急预案均应报送建设单位审批

13. 根据《标准施工招标文件》，下列关于暂估价的说法，正确的是（ ）。

A．发包人在工程量清单中给定暂估价的材料和工程设备不属于依法必须招标的范围的，应由发包人按合同约定提供

B．采用招标方式的工程，中标金额与工程量清单中所列的暂估价的金额差以及相应的税金等其他费用列入合同价格

C．工程量清单中给定暂估价的专业工程不属于依法必须招标的范围的，由造价咨询机构进行估价

D．工程量清单中给定暂估价的材料、工程设备和专业工程属于依法必须招标的范围并达到规定的规模标准的，由监理人以招标的方式选择分包人

14. 某工程因改变合同工程的标高需要计算承包人报价浮动率。已知中标价为1200 万元，评标价为 1300 万元，招标控制价为 1500 万元，则承包人报价浮动率应为（ ）。

A．7.7%   B．20%

C．13.3%   D．21%

15. 由于施工过程中暴发疫情，工程被迫停工，停工期间应监理人要求照管工程的金额由（ ）承担。

A．承包人   B．发包人

C．承包人和发包人共同   D．政府有关部门

16. 根据《标准施工招标文件》，下列关于承包人索赔的说法，正确的是（ ）。

A．承包人按合同约定接受竣工付款证书，不影响其拥有的提出任何索赔的权利

B．承包人接受索赔处理结果的，发包人应在作出索赔处理结果答复后 56 天内完成赔付

C. 监理人可在审查索赔通知书时要求承包人提交全部原始记录副本

D. 承包人提出索赔的期限自缺陷责任期到期时终止

17. 某工程发包人和承包人在履行合同过程中发生争议，经核查该合同采用争议评审，下列说法正确的是（　　）。

A. 监理人应及时成立争议评审组

B. 争议评审组应由有成本管理经验的专家组成

C. 若承包人不接受评审意见，并要求提交仲裁，应在收到评审意见后的14天内将仲裁意向书面通知监理人

D. 即使发包人不接受评审意见提起了诉讼，在诉讼结束前也应暂按总监理工程师的确定执行

18. 某建设工程承包人提交了竣工验收报告，但发包人拖延验收，则该工程的实际竣工日期是（　　）。

A. 竣工验收合格的日期

B. 承包人再次提交竣工验收报告并提请发包人验收的日期

C. 承包人提交验收报告的日期

D. 发包人转移占有建设工程的日期

19. 某工程施工过程中产生设计变更，导致工程量发生变化，下列关于该部分工程价款结算的说法，正确的是（　　）。

A. 设计变更对建设工程的工程价款结算没有影响

B. 该部分工程价款结算方式由发包人意愿决定

C. 可以在设计变更发生后的14天内，向监理人提供书面报告，由监理人依据情况决定工程价款结算方式

D. 可以参照签订建设工程施工合同时当地建设行政主管部门发布的计价标准或者计价方法结算

20. 《最高人民法院关于审理建设工程施工合同纠纷案件适用法律问题的解释（一）》（法释〔2020〕25号）规定，当事人对欠付工程价款利息计付标准没有约定的，按照（　　）计息。

A. 建设行政主管部门发布的标准利率

B. 建设项目的合同额对应利率

C. 同期贷款市场报价利率

D. 当地政府发布的最低利率

21. 《最高人民法院关于审理建设工程施工合同纠纷案件适用法律问题的解释（一）》（法释〔2020〕25号）规定，若当事人签订的建设工程施工合同与招标文件、投标文件、中标通知书载明的建设工期不一致时，则（　　）。

A. 可以将招标文件、投标文件、中标通知书作为结算工程价款的依据

B. 可以将情况报送监理人，由监理人决定最终结算工程价款的依据

C. 应将发包人的意愿作为结算工程价款的依据

D. 应当将两者中建设工期更长者作为结算工程价款的依据

22. 根据《标准设计施工总承包招标文件》，部分设计文件需政府有关部门审查或

批准，下列关于有关部门设计审查的说法，正确的是（　　）。

  A. 发包人应在审查同意设计文件后 14 天内，向政府有关部门报送设计文件

  B. 针对政府有关部门提出的审查意见，发包人应重新提出"发包人要求"文件

  C. 若审查发现某些要求与法律法规相抵触，承包人应按审查意见修改设计文件

  D. 承包人因修改设计文件而增加的工作量和拖延的时间按变更对待

23. 工程总承包合同订立时，需要明确承包人文件，下列说法正确的是（　　）。

  A. 承包人文件中，最主要的是施工文件

  B. 专用合同条款需约定监理人对承包人提交文件应批准的合理期限

  C. 通用合同条款需约定承包人向监理人陆续提供文件的内容

  D. 监理人未在约定的期限内提出否定意见，承包人应书面通知监理人尽快提出意见，以便进行后续工作

24. 根据《标准设计施工总承包招标文件》，下列关于竣工后试验的说法，正确的是（　　）。

  A. 竣工后试验是指工程竣工移交后任意时间，对工程的各项功能技术指标是否达到合同规定要求而进行的试验

  B. 试验所必需的电力、设备、燃料、仪器、劳动力、材料等由发包人提供

  C. 发包人负责竣工后试验，可派遣具有适当资质和经验的工作人员自行按照操作和维修手册进行竣工后试验

  D. 承包人负责竣工后试验，应提供竣工后试验所需要的所有其他设备、仪器，派遣有资格和经验的工作人员自行进行竣工后试验

25. 根据《标准设计施工总承包招标文件》，下列关于工程进度管理的说法，正确的是（　　）。

  A. 工程实际进度与合同进度计划不符时，承包人可在通用合同条款约定的期限内向监理人提交修订合同进度计划的申请报告

  B. 监理人可以直接向承包人发出修订合同进度计划的指示

  C. 在合同履行过程中，因非承包人原因导致合同进度计划工作延误的，应给承包人延长工期和（或）增加费用，但无需支付利润

  D. 若发包人未能按照合同要求的期限对承包人文件进行审查，应通知监理人尽快代为审核，无需延长工期和（或）增加费用

26. 根据《标准设计施工总承包招标文件》，下列关于竣工试验的说法，正确的是（　　）。

  A. 承包人应提前 21 天将申请竣工试验的通知送达发包人

  B. 竣工记录应记载竣工工程的确切位置、尺寸

  C. 竣工试验包含工程设备检查和功能性试验两个阶段

  D. 竣工试验未能通过的，承包人应按照发包人的指示限期改正

27. 专业分包合同文件中最具有优先解释权的是（　　）。

  A. 中标通知书   B. 通用合同条款

  C. 合同协议书   D. 分包人的投标函及报价书

28. 根据《建设工程施工专业分包合同（示范文本）》GF—2003—0213，下列关于专业分包合同的说法，正确的是（   ）。

  A. 发包人向分包人提供具备施工条件的施工场地

  B. 分包人可直接致函发包人

  C. 就分包范围内的有关工作，承包人随时可以向分包人发出指令

  D. 分包合同价款与总承包合同相应部分价款存在连带关系

29. 根据《建设工程施工专业分包合同（示范文本）》GF—2003—0213，关于专业工程分包人责任和义务的说法，正确的是（   ）。

  A. 已竣工工程未交付承包人之前，分包人应负责已完分包工程的成品保护工作，保护期间发生损坏，修复费用由承包人承担

  B. 分包人应允许发包人授权的人员在工作时间内合理进入分包工程施工场地

  C. 分包人应为运至施工场地内用于分包工程的材料和待安装设备办理保险

  D. 未经承包人允许，分包人可以直接与发包人或监理人发生直接工作联系

30. 根据《建设工程施工劳务分包合同（示范文本）》GF—2003—0214，应由劳务分包人完成的工作是（   ）。

  A. 完成水、电、热、电信等施工管线和施工道路

  B. 与发包人、监理、设计及有关部门联系，协调现场工作关系

  C. 计量检测、试验化验的控制、监督、检查和验收

  D. 根据施工组织设计总进度计划，每月底前提交下月施工计划

31. 根据《建设工程施工劳务分包合同（示范文本）》GF—2003—0213，施工场地内自有人员生命财产和施工机械设备的保险应由（   ）办理。

  A. 劳务分包人   B. 工程承包人

  C. 发包人   D. 专业分包人

32. 下列关于劳务分包合同不可抗力事件处理的说法，正确的是（   ）。

  A. 工程承包人提供给劳务分包人使用的机械设备损坏，由劳务分包人承担

  B. 不可抗力事件持续发生，劳务分包人应每隔14天向工程承包人项目经理通报一次受害情况

  C. 工程承包人和劳务分包人的人员伤亡由工程承包人负责

  D. 工程本身的损害，由工程承包人承担

33. 下列关于材料采购合同有关条款的说法，正确的是（   ）。

  A. 买方支付预付款后，如卖方未履行合同义务，则买方有权收回预付款

  B. 买方签发收货清单即代表对合同材料的接受

  C. 合同材料运输的运输工具及线路安排应由买方选择

  D. 合同材料交付给买方之前包括运输在内的所有风险均由买方承担

34. 除专用合同条款和（或）供货要求等合同文件另有约定外，材料采购合同材料的质量保证期的起算点是（   ）。

  A. 合同生效之日   B. 进度款支付函签署之日

  C. 合同材料验收之日   D. 合同材料验收证书签署之日

35. 下列关于设备采购合同的说法，正确的是（   ）。

A. 合同设备交货前，卖方应会同买方代表根据合同约定对合同设备进行交货前检验并出具交货前检验记录，有关费用由买方承担

B. 买方监造人员在监造中如发现合同设备及其关键部件不符合合同约定的标准，则有权提出意见和建议

C. 买方监造人员对合同设备的监造以及买方代表参与交货前检验及签署交货前检验记录的行为，视为对合同设备质量的确认

D. 开箱检验的检验结果可以免除或影响卖方依照合同约定对买方负有的包括合同设备质量在内的任何义务或责任

36. 在设备采购合同中，买方在收到卖方提交的买方签署的质量保证期届满证书或已生效的结清款支付函正本一份并经审核无误后 28 日内，向卖方支付合同价格的（　　）。

A. 20%　　　　　　　　　　　　B. 15%

C. 10%　　　　　　　　　　　　D. 5%

二 多项选择题

1. 根据《标准施工招标文件》通用条款，除专用条款另有约定外，发包人的主要义务包括（　　）。

A. 在开工日期 7 天前向承包人发出开工通知

B. 向承包人提供施工场地内的地下管线和地下设施等有关资料

C. 承担运输超大件或超重件所需的道路和桥梁临时加固改造费用和其他有关费用

D. 组织设计单位向承包人和监理人进行设计交底

E. 发包人应按合同约定及时组织竣工预验收

2. 根据《标准施工招标文件》，承包人应编制的工程实施措施计划包括（　　）。

A. 施工组织设计和施工进度计划

B. 工程信息安全管理措施文件

C. 施工安全管理措施计划

D. 环境保护措施计划

E. 施工材料采购措施计划

3. 《标准施工招标文件》通用条款规定，监理人应按合同约定向承包人发出指示。监理人发出的指示产生效力的条件有（　　）。

A. 监理人的指示盖有监理人授权的施工场地机构章

B. 监理人的指示由专业监理工程师签字

C. 监理人的指示由发包人签字批准

D. 监理人的指示由总监理工程师按合同约定授权的监理人员签字

E. 监理人的指示由发包人加盖公章

4. 下列关于承包人、发包人办理保险的责任，错误的有（　　）。

A. 保险人做出保险责任变动，承包人应立即通知发包人和监理人

B．承包人需要变动保险合同条款时，应先征得监理人同意

C．采用平行发包时，工程保险和第三者责任保险由承包人代表办理

D．发包人是工程施工的最直接责任人，负责投保并承担办理保险费用

E．具体投保内容、保险金额、保险费率、保险期限等有关内容在专用合同条款中约定

5．下列工期延误的情况中，承包人有权要求发包人延长工期和增加费用，并支付合理利润的有（　　）。

A．在施工过程中因遇到特大暴雨，导致工期延误

B．发包人未按时提供图纸，导致工期延误

C．施工过程中发现文物、古迹，导致工期延误

D．发包人未及时提供施工方案，导致工期延误

E．监理人对工程隐蔽部位重新检查导致工期延误，经检验证明工程质量符合合同要求

6．根据《标准施工招标文件》，关于暂停施工及暂停施工后复工的说法，正确的有（　　）。

A．暂停施工期间发包人应负责妥善保护工程并提供安全保障

B．承包人收到复工通知后，应自行根据施工现场情况复工

C．当工程具备复工条件时，监理人应立即向承包人发出复工通知

D．若因监理人逾期不予批准承包人提出的继续施工请求影响到整个工程，可视为发包人违约

E．若监理人逾期未答复承包人暂停施工的书面请求，视为同意承包人的暂停施工请求

7．根据《标准施工招标文件》，施工过程中的材料和工程设备既可以由承包人提供，又可以由发包人提供，下列说法正确的有（　　）。

A．对承包人提供的材料和工程设备，应由监理人进行材料的抽样检验和工程设备的检验测试

B．对承包人提供的材料和工程设备，承包人应按合同约定将各项材料和工程设备的供货人及品种等报送监理人审批

C．对于发包人提供的材料和工程设备，承包人应根据进度安排向发包人报送要求交货的日期计划

D．对于发包人提供的材料和工程设备，发包人应在材料和工程设备到货7天前通知承包人

E．对于发包人提供的材料和工程设备，承包人应会同监理人共同进行验收

8．根据《标准施工招标文件》，除专用合同条款另有约定外，在履行合同中发生下列情形，应进行变更的有（　　）。

A．改变已批准的施工工艺或顺序

B．改变合同工程的基线

C．改变合同中任何一项工作的施工时间

D．取消合同中某项工作，转由发包人实施

E．改变合同中任何一项工作的质量

9．根据《标准施工招标文件》，下列关于工程计量的说法，错误的有（　　　）。

A．单价子目已完成工程量按批准的支付分解报告确定

B．物价波动时，总价子目的计量支付应相应进行调整

C．单价子目依据已标价工程量清单中单价子目工程量计算工程价款

D．除合同约定的变更外，总价子目表中标明的工程量需现场计量

E．总价子目表中标明的工程量是承包人用于结算的最终工程量

10．根据《标准施工招标文件》，下列关于工程进度付款的说法，正确的有（　　　）。

A．由发包人向承包人出具签认的进度付款证书

B．工程进度款的支付应按期中结算价款总额计，不低于60%，不高于80%

C．发包人应在监理人收到进度付款申请单后的28天内将进度应付款支付给承
包人

D．对于发包人未按照规范支付进度款的，承包人有权获得延迟支付的利息

E．政府机关、事业单位、国有企业建设工程进度款支付应不高于已完成工程
价款的80%

11．根据《标准施工招标文件》，下列事件属于不可抗力的有（　　　）。

A．施工期间发生海啸　　　　　　　B．施工期间暴发瘟疫

C．施工期间发包人破产　　　　　　D．施工期间土地被政府征用

E．施工期间发生战争

12．某工程因在施工过程中改变施工工艺而产生变更，下列说法正确的有（　　　）。

A．承包人应以变更指示为参考，依照现场实际情况灵活进行变更工作

B．变更意向书应要求承包人提交包括拟实施变更工作的计划及预计增加的费
用等内容

C．承包人致电监理人，向监理人提出变更建议，阐明要求变更的依据，并附
必要的图纸和说明

D．监理人收到承包人书面建议后，应与发包人共同研究，确认存在变更的，
应在收到建议后的14天内作出变更指示

E．当工程变更导致清单项目的工程量偏差超过15%时，可调整综合单价

13．根据《标准施工招标文件》，下列关于竣工验收的说法，正确的有（　　　）。

A．竣工验收是承包人主体工程完工后发包人按合同要求进行的验收

B．国家验收是整个工程正式交付投运后，政府有关部门根据法律、规范、规
程和政策要求，针对发包人全面组织实施的验收

C．发包人验收后不同意接收工程的，承包人在完成不合格工程的返工重作或
补救工作后应重新提交竣工验收申请报告

D．发包人验收后同意接收工程的，应在监理人收到竣工验收申请报告后的28
天内，由监理人向承包人出具经发包人签认的工程接收证书

E．已签发单位工程接收证书的单位工程由发包人负责照管

14．承包人可以向监理人报送竣工验收申请报告的条件包括（　　　）。

A．监理人已经出具质量评估报告

B. 已按合同约定的内容和份数备齐了符合要求的竣工资料

C. 已按监理人的要求编制了在缺陷责任期内完成的尾工（甩项）工程和缺陷修补工作清单以及相应的施工计划

D. 发包人已支付竣工结算价款

E. 竣工验收资料清单已经档案管理部门验收合格

15. 下列费用中，由承包人承担的有（   ）。

A. 竣工清场费　　　　　　　B. 工程及工程设备试运行费

C. 安全文明施工费　　　　　D. 不合格工程清除时增加的费用

E. 勘察设计费

16. 某工程由于施工过程中暴发洪水不能按期竣工，下列说法正确的有（   ）。

A. 承包人需要支付逾期竣工违约金

B. 应合理延长工期

C. 若承包人由于灾害原因不能继续履行合同，可以及时通知发包人解除合同

D. 若发包人要求赶工，赶工费用由发包人和承包人共同承担

E. 若洪水持续暴发，承包人只需向监理人提交中间报告即可

17. 某永久性生活用房工程因在施工过程中遭遇 4 级地震导致已运至施工场地的材料和工程设备出现损害，根据《标准施工招标文件》，承包人可以向发包人提出索赔，下列说法正确的有（   ）。

A. 承包人应在事件发生后 28 天内向监理人递交索赔意向通知书

B. 若承包人未在规定时间内发出索赔意向通知书，须在 7 天内尽快递交，并以书面形式说明逾期原因

C. 地震影响结束后 14 天内，承包人应向监理人递交最终索赔通知书

D. 承包人有权要求发包人延长工期

E. 承包人可以向发包人索赔费用

18. 根据《标准施工招标文件》，下列关于承包人违约的说法，错误的有（   ）。

A. 违约情况发生时，发包人应向承包人发出整改通知，要求其在指定的期限内改正

B. 当承包人无法继续履行或明确表示不履行或实质上已停止履行合同时，发包人可通知承包人立即解除合同

C. 当承包人违约时，承包人应承担其违约所引起的费用增加

D. 承包人收到整改通知仍不纠正违约行为的，发包人可向承包人发出解除合同通知

E. 若发包人与原承包人解除合同，应免除发包人根据合同约定享有的向原承包人进行索赔的权利

19. 承包人有权请求发包人返还工程质量保证金的情形包括（   ）。

A. 经验收，合同工程质量未达到合同约定的标准

B. 当事人未约定工程质量保证金返还期限，且自建设工程通过竣工验收之日起已满 2 年

C. 合同工程在施工过程中发生严重安全事故

D. 经核查发现合同工程施工过程中使用的工程材料未按照规定使用

E. 当事人未约定工程质量保证金返还期限，且自承包人提交工程竣工验收报告 90 日后起满 2 年

20. 根据《标准设计施工总承包招标文件》，下列关于设计工作开展的说法，正确的有（   ）。

A. 合同基准日之后，法律规定及国家、行业和地方的规范和标准发生重大变化，承包人也应以基准日前的设计为准

B. 承包人应按照发包人要求，在合同进度计划中专门列出设计进度计划，报监理人批准后执行

C. 因承包人原因影响设计进度的，发包人委托的监理人有权要求承包人提交修正的进度计划

D. 因承包人原因影响设计进度的，发包人有权要求承包人增加投入资源并加快设计进度

E. 承包人的设计与合同约定有偏离时，应与发包人、监理人一同召开会议予以说明

21. 某工程总承包项目，承包人在阅读发包人要求时，发现其存在错误，下列说法正确的有（   ）。

A. 承包人应及时致电通知发包人，要求发包人修改

B. 发包人对"发包人要求"中错误的修改，按变更对待

C. 发包人对错误坚持不做修改，若其造成损失，发包人应向承包人支付合理利润

D. 若因发包人提供的试验和检验标准错误导致承包人费用增加，发包人应向承包人支付合理利润

E. 若发包人对错误不予改正，承包人有权解除合同

22. 发包人与承包人签订了工程总承包合同，在合同履行过程中，下列说法正确的有（   ）。

A. 因发包人原因造成监理人未能按时发出开始工作通知，承包人有权提出价格调整要求

B. 因发包人原因影响设计进度的，按变更处理

C. 承包人的设计文件提交监理人后，发包人应组织设计审查

D. 发包人审查后认为设计文件不符合合同约定，监理人应以书面形式通知承包人，说明不符合要求的具体内容

E. 合同约定范围内的工作需政府有关部门审批时，若政府有关部门审批迟延造成费用增加，由承包人承担

23. 根据《标准设计施工总承包招标文件》，下列关于工程款支付管理的说法，正确的有（   ）。

A. 合同价格包括承包人依据合同约定应支付的规费、利润和税金

B. 除专用条款另有约定外，工程进度付款按季度支付

C. 合同价格包括签约合同价以及按照合同约定进行的调整

D．价格清单列出的数量为要求承包人实施工程的实际或准确工作量

E．支付分解报告包括勘察设计费、材料和工程设备费、技术服务培训费，及其他工程价款

24．根据《标准设计施工总承包招标文件》，下列关于竣工验收的说法，正确的有（　　）。

A．在全部工程竣工前承包人可自行进行区段工程验收

B．工程竣工验收完成后，发包人任何时间在使用中发现任何已接收的工程存在新的缺陷，承包人应负责修复，直至检验合格为止

C．区段工程的验收成果和结论作为全部工程竣工验收申请报告的附件

D．施工期运行是指合同工程全部竣工，经发包人验收合格，证明能确保安全后投入运行

E．在施工期运行中发现工程或工程设备损坏或存在缺陷的，承包人应在缺陷责任期内对已交付使用的工程承担缺陷责任

25．下列关于专业分包合同的说法，正确的有（　　）。

A．承包人与分包人应就分包工程向发包人承担连带责任

B．发包人负责协调分包人与同一施工场地的其他分包人之间的交叉配合

C．承包人应提供总包合同（有关承包工程的价格内容除外）供分包人查阅

D．已竣工工程未交付承包人之前，分包人应负责已完分包工程的成品保护工作

E．承包人向分包人预付工程款的时间和数额，开工后按约定的时间和比例逐次扣回

26．根据《建设工程施工专业分包合同（示范文本）》GF—2003—0213，分包人应完成的工作有（　　）。

A．按照分包合同约定，对分包工程进行设计（分包合同有约定时）、施工、竣工和保修

B．自行确保分包工程的施工所要求的施工场地和通道等，满足施工运输的需要，保证施工期间的畅通

C．提供合同专用条款中约定的设备和设施，承担因此发生的费用

D．分包人需按照合同专用条款约定的时间，完成规定的设计内容

E．分包人必须为从事危险作业的职工办理意外伤害保险

27．下列关于专业分包合同工程量确认的说法，正确的有（　　）。

A．承包人在自行计量或由监理人计量前48h应通知分包人

B．承包人接到分包人提交的已完工程量报告后7天内自行按设计图纸计量或报经监理人计量

C．分包人未按分包工程专用合同条款约定的时间向承包人提交已完工程量报告，承包人不予计量

D．分包人收到通知后不参加计量，计量结果无效

E．对分包人自行超出设计图纸范围和因分包人原因造成返工的工程量，承包人也不予计量

28．下列关于专业分包违约的说法，正确的有（　　）。

A．承包人不按分包合同的约定支付工程预付款属于承包人违约

B．分包人将其承包的分包工程转包或再分包属于分包人违约

C．承包人不按分包合同的约定支付工程竣工结算价款属于承包人违约

D．分包人与发包人或监理人发生直接工作联系不属于分包人违约

E．因分包人原因工程质量达不到约定的质量标准不属于分包人违约

29．某建设工程发包人与乙公司签订了工程承包合同，乙公司又与劳务分包人丙公司签订了劳务分包合同。下列关于丙公司应承担义务的说法，正确的有（　　）。

A．办理包括各种证件、批件、规费的工作手续

B．应服从乙公司转发的发包人指令

C．应对其作业内容的实施、完工负责

D．应与发包人及有关部门建立工作联系

E．应安排技术档案资料的收集整理及交工验收

30．下列关于材料采购合同中材料检验和验收的说法，正确的有（　　）。

A．合同材料交付后，可以由买方对合同材料进行检验

B．合同材料交付后，可以由专用合同条款约定的拥有资质的第三方检验机构对合同材料进行检验

C．合同材料交付后，对合同材料的检验需买方和卖方均在场

D．签署合同材料验收证书即意味着免除卖方在质量保证期内的保证责任

E．买方应在检验日期 3 日前将检验的时间和地点通知卖方

31．下列关于材料采购合同有关条款的说法，正确的是（　　）。

A．卖方应按合同约定在材料包装上以不可擦除的、明显的方式作出必要的标记

B．除非因买方使用不当，否则卖方应对材料在质量保证期内的质量问题负责，进行修补及退换

C．如果卖方不履行合同约定的义务，买方有权扣划相应金额的履约保证金

D．卖方应对合同材料进行妥善包装，买方需要将包装物退还给卖方

E．买方签发收货清单后双方无需进行后续的检验和验收

32．下列关于设备采购合同有关条款的说法，正确的有（　　）。

A．买方或买方安排第三方负责合同设备的安装、调试工作，卖方提供技术服务

B．由于买方原因未能达到技术性能考核指标时，为买方进行考核的机会不超过两次

C．由于卖方原因未能达到技术性能考核指标时，为卖方进行考核的机会不超过三次

D．除专用合同条款另有约定外，考核中合同设备运行需要的用水、用电、其他动力和原材料（如需要）等均由卖方承担

E．合同设备在考核中未达到考核指标的，买卖双方应在考核完成后 7 日内或专用合同条款另行约定的时间内签署验收款支付函

33．下列关于设备采购合同中违约责任的说法，正确的有（　　）。

A. 从迟交的第一周到第四周，每周迟延交付违约金为迟交合同设备价格的 0.5%
B. 从迟交的第五周到第八周，每周迟延交付违约金为迟交合同设备价格的 1%
C. 从迟交第九周起，每周迟延交付违约金为迟交合同设备价格的 1.5%
D. 迟延付款违约金的计算基数为迟延付款金额，比例和时间规定另行规定
E. 买方未能按合同约定支付合同价款的，应向卖方支付延迟付款违约金

【答案与解析】

一、单项选择题

1. B;   2. C;   *3. C;   *4. A;   *5. B;   *6. C;   *7. D;   *8. B;
*9. D;   *10. B;   *11. D;   *12. A;   *13. B;   *14. B;   15. B;   *16. C;
*17. D;   18. C;   19. D;   20. C;   21. A;   *22. D;   *23. B;   *24. B;
*25. B;   *26. B;   27. C;   28. C;   *29. B;   30. D;   31. A;   32. D;
*33. A;   34. C;   *35. B;   36. D

【解析】

3.【答案】C

承包人应将施工控制网点的资料报送监理人审批，选项 A 错误。发包人负责取得为工程建设所需修建场外设施的权利，选项 B 错误。发包人应按合同约定及时组织竣工验收，选项 D 错误。所以 C 正确。

4.【答案】A

监理人应在开工日期 7 天前向承包人发出开工通知，选项 B 错误。监理人应按合同约定组织工程竣工预验收，选项 C 错误。工程接收证书颁发前，承包人应负责照管和维护工程，选项 D 错误。所以 A 正确。

5.【答案】B

承包人提出提前竣工的建议能够给发包人带来效益的，应由监理人与承包人共同协商采取加快工程进度的措施和修订合同进度计划，选项 A 错误，选项 B 正确。发包人应向承包人支付专用合同条款约定的相应奖金。专用合同条款使用说明中建议，奖励金额可为发包人实际效益的 20%，具体奖励金额应以实际合同约定为准，选项 C 错误。发包人应承担承包人由此增加的费用，选项 D 错误。所以 B 正确。

6.【答案】C

工程质量保证金总预留比例不得高于工程价款结算总额的 3%，选项 A 错误。工程质量保证金是用以保证承包人在缺陷责任期内对工程施工质量缺陷进行维修的资金，选项 B 错误。若承包人没有完成缺陷责任，发包人有权扣留与未履行责任剩余工作所需金额相应的工程质量保证金余额，无权扣留全部，选项 D 错误。所以 C 正确。

7.【答案】D

承包人应按合同约定对工程的所有部位进行全过程的质量检查和检验，选项 A 错误。承包人应为监理人查阅施工原始记录提供方便，选项 B 错误。承包人应按监理人指示，进行施工场地取样试验、工程复核测量和设备性能检测，选项 C 错误。所以 D 正确。

8.【答案】B

经监理人检查确认质量符合隐蔽要求，并在检查记录上签字后，承包人才能进行覆盖，选项 A 错误。承包人应在监理人指示的时间内修整返工后，由监理人重新检查，选项 C 错误。经检验证明工程质量符合合同要求的，由发包人承担由此增加的费用；不符合合同要求的，由承包人承担由此增加的费用，选项 D 错误。所以 B 正确。

9.【答案】D

应由承包人负责提供必要的试验资料和原始记录，选项 A 错误。承包人可自行试验和检验，选项 B 错误。由监理人与承包人共同进行重新检验，选项 C 错误。所以 D 正确。

10.【答案】B

预付款的具体比例通常参照《建设工程工程量清单计价规范》GB 50500—2013 在专用合同条款中约定，选项 A 错误。发包人应在预付款扣完后的 14 天内将预付款保函退还给承包人，选项 C 错误。包工包料工程的预付款支付比例不得低于签约合同价（扣除暂列金额）的 10%，不得高于 30%，选项 D 错误。所以 B 正确。

11.【答案】D

竣工付款申请单应向监理人提交，选项 A 错误。竣工付款申请单包括的是竣工结算合同总价，选项 B 错误。承包人对发包人签认的竣工付款证书有异议的，发包人可出具竣工付款申请单中承包人已同意部分的临时付款证书，选项 C 错误。所以 D 正确。

12.【答案】A

工程施工过程中发生事故的，承包人应立即通知监理人，监理人应立即通知发包人，选项 B 错误。需要移动现场物品时，应作出标记和书面记录，选项 C 错误。施工安全措施计划和应对灾害的紧急预案均应报送监理人审批，选项 D 错误。所以 A 正确。

13.【答案】B

发包人在工程量清单中给定暂估价的材料和工程设备不属于依法必须招标的范围的，应由承包人按合同约定提供，选项 A 错误。工程量清单中给定暂估价的专业工程不属于依法必须招标的范围的，由监理人进行估价，选项 C 错误。工程量清单中给定暂估价的材料、工程设备和专业工程属于依法必须招标的范围并达到规定的规模标准的，由发包人和承包人以招标的方式选择分包人，选项 D 错误。所以 B 正确。

14.【答案】B

对于招标工程，承包人报价浮动率 $L = （1 - 中标价 / 招标控制价）\times 100\% = （1 - 1200/1500）\times 100\% = 20\%$。所以 B 正确。

16.【答案】C

承包人按合同约定接受了竣工付款证书后，应被认为已无权再提出在合同工程接收证书颁发前所发生的任何索赔，选项 A 错误。发包人应在作出索赔处理结果答复后 28 天内完成赔付，选项 B 错误。提出索赔的期限自接受最终结清证书时终止，选项 D 错误。所以 C 正确。

17.【答案】D

发包人和承包人应在开工日后的 28 天内或在争议发生后，协商成立争议评审组，选项 A 错误。争议评审组由有合同管理和工程实践经验的专家组成，选项 B 错误。若承包人不接受评审意见，并要求提交仲裁，应在收到评审意见后的 14 天内将仲裁或起诉意向书面通知另一方，并抄送监理人，选项 C 错误。所以 D 正确。

22.【答案】D

发包人应在审查同意设计文件后 7 天内，向政府有关部门报送设计文件，选项 A 错误。审查发现某些要求与法律法规相抵触时，发包人需重新提出"发包人要求"文件，承包人应根据新提出的"发包人要求"修改设计文件，而不是根据审查意见修改设计文件，选项 B、C 错误。所以 D 正确。

23.【答案】B

承包人文件中最主要的是设计文件，选项 A 错误。需在专用合同条款中约定承包人向监理人陆续提供文件的内容，选项 C 错误。工程实施过程中，监理人未在约定的期限内提出否定意见，视为已获批准，承包人可以继续进行后续工作，选项 D 错误。所以 B 正确。

24.【答案】B

竣工后试验在工程竣工移交后在缺陷责任期内投入运行期间，选项 A 错误。发包人负责竣工后试验，发包人应在承包人的技术指导下，进行竣工后试验，选项 C 错误。承包人负责竣工后试验，承包人应在发包人在场的情况下进行竣工后试验，选项 D 错误。所以 B 正确。

25.【答案】B

期限在专用条款中约定，选项 A 错误。在合同履行过程中，因非承包人原因导致合同进度计划工作延误的，应给承包人延长工期和（或）增加费用，并支付合理利润，选项 C 错误。承包人有权要求发包人延长工期和（或）增加费用，并支付合理利润，选项 D 错误。所以 B 正确。

26.【答案】B

承包人应提前 21 天将申请竣工试验的通知送达监理人，选项 A 错误。竣工试验包含工程设备检查和功能性试验、工程试验或区段工程试验及其他竣工试验三个阶段，选项 C 错误。某项竣工试验未能通过的，承包人应按照监理人的指示限期改正，选项 D 错误。所以 B 正确。

29.【答案】B

已竣工工程未交付承包人之前，分包人应负责已完分包工程的成品保护工作，保护期间发生损坏，分包人自费予以修复，选项 A 错误。分包人应允许承包人、发包人、项目监理机构及其三方中任何一方授权的人员在工作时间内，合理进入分包工程施工场地或材料存放的地点，选项 B 正确。承包人应为运至施工场地内用于分包工程的材料和待安装设备办理保险，选项 C 错误。未经承包人允许，分包人不得以任何理由与发包人或监理人发生直接工作联系，选项 D 错误。所以 B 正确。

33.【答案】A

买方签发收货清单不代表对合同材料的接受，双方还应按合同约定进行后续的检验和验收，选项 B 错误。卖方应自行选择适宜的运输工具及线路安排合同材料运输，选项 C 错误。合同材料交付给买方之前包括运输在内的所有风险均由卖方承担，选项 D 错误。所以 A 正确。

35.【答案】B

合同设备交货前，卖方应会同买方代表根据合同约定对合同设备进行交货前检验并出具交货前检验记录，有关费用由卖方承担，选项A错误。买方监造人员对合同设备的监造以及买方代表参与交货前检验及签署交货前检验记录的行为，不视为对合同设备质量的确认，选项C错误。开箱检验的检验结果不能对抗在合同设备的安装、调试、考核、验收中及质量保证期内发现的合同设备质量问题，也不能免除或影响卖方依照合同约定对买方负有的包括合同设备质量在内的任何义务或责任，选项D错误。所以B正确。

二、多项选择题

*1. B、D；	2. A、C、D；	*3. A、D；	*4. B、C、D；
*5. B、E；	*6. C、D、E；	*7. B、D、E；	8. A、B、C、E；
*9. A、B、C、D；	*10. C、D；	11. A、B、D、E；	*12. D、E；
*13. C、E；	14. B、C；	*15. A、B、D；	*16. B、C；
*17. A、E；	*18. A、E；	19. B、E；	*20. C、D；
*21. B、D、E；	*22. A、B、C、D；	*23. C、E；	*24. C、E；
*25. A、C、D、E；	26. A、D、E；	*27. B、C、E；	28. A、B、C；
29. B、C；	30. A、B、E；	*31. A、B、C；	*32. A、C、E；
33. A、B、C、E			

【解析】

1.【答案】B、D

发包人应委托监理人发出开工通知，选项A错误。承担运输超大件或超重件所需的道路和桥梁临时加固改造费用和其他有关费用，应该由承包人承担，选项C错误。发包人组织竣工验收，选项E错误。所以B、D正确。

3.【答案】A、D

《标准施工招标文件》通用条款规定，监理人应按合同约定向承包人发出指示，监理人的指示应盖有监理人授权的施工场地机构章，并由总监理工程师或总监理工程师按合同约定授权的监理人员签字。所以A、D正确。

4.【答案】B、C、D

承包人需要变动保险合同条款时，应事先征得发包人同意，选项B错误。工程施工采用平行发包方式时，由发包人办理工程保险和第三者责任保险，选项C错误。承包人是工程施工的最直接责任人，由承包人负责投保，选项D错误。

5.【答案】B、E

选项A，只能要求发包人延长工期。选项C，不能要求发包人支付合理利润。选项D，提供施工方案不在发包人的职责范围内。所以B、E正确。

6.【答案】C、D、E

暂停施工期间承包人应负责妥善保护工程并提供安全保障，选项A错误。承包人收到复工通知后，应在监理人指定的期限内复工，选项B错误。所以C、D、E正确。

7.【答案】B、D、E

承包人应会同监理人进行材料的抽样检验和工程设备的检验测试，选项A错误。对于发包人提供的材料和工程设备，承包人应根据合同进度计划安排，向监理人报送要求发包人交货的日期计划，选项 C 错误。所以 B、D、E 正确。

9.【答案】A、B、C、D

单价子目已完成工程量按月计量，选项 A 错误。总价子目的计量和支付不因正常的物价波动而进行调整，选项 B 错误。单价子目依据实际完成工程量计算工程价款，选项 C 错误。除合同约定的变更外，总价子目表中标明的工程量通常不进行现场计量，选项 D 错误。

10.【答案】C、D

经发包人审查同意后，由监理人向承包人出具经发包人签认的进度付款证书，选项 A 错误。工程进度款的支付应按期中结算价款总额计，不低于 60%，不高于 90%，选项 B 错误。政府机关、事业单位、国有企业建设工程进度款支付应不低于已完成工程价款的 80%，选项 E 错误。所以 C、D 正确。

12.【答案】D、E

选项 A，承包人应按变更指示进行变更工作。选项 B，变更意向书应要求承包人提交包括拟实施变更工作的计划、措施和竣工时间等内容的实施方案，不包含费用。选项 C，变更建议应为书面形式。所以 D、E 正确。

13.【答案】C、E

竣工验收是指承包人完成全部合同工作后，发包人按合同要求进行的验收，选项 A 错误。国家验收是政府有关部门根据法律、规范、规程和政策要求，针对发包人全面组织实施的整个工程正式交付投运前的验收，选项 B 错误。监理人收到竣工验收申请报告后的 56 天内，由监理人向承包人出具经发包人签认的工程接收证书，选项 D 错误。所以 C、E 正确。

15.【答案】A、B、D

安全文明施工费、勘察设计费由发包人承担，C、E 选项错误；A、B、D 正确。

16.【答案】B、C

由于不可抗力导致不能按期竣工的，承包人不需支付逾期竣工违约金，选项 A 错误。若发包人要求赶工，赶工费用由发包人承担，选项 D 错误。若不可抗力持续发生，承包人应及时向发包人和监理人提交中间报告，选项 E 错误。所以 B、C 正确。

17.【答案】A、E

承包人未在前述 28 天内发出索赔意向通知书的，丧失要求追加付款和（或）延长工期的权利，选项 B 错误。地震影响结束后 28 天内，承包人应向监理人递交最终索赔通知书，选项 C 错误。根据永久工程遭遇不可抗力后果的分担原则，承包人只能向发包人索赔费用，不能索赔工期，选项 D 错误。所以 A、E 正确。

18.【答案】A、E

违约情况发生时，监理人可向承包人发出整改通知，要求其在指定的期限内改正，选项 A 错误。若发包人与原承包人解除合同，发包人可另行组织人员或委托其他承包人施工，但发包人的这一行动也不影响其根据合同约定享有的索赔权利，选项 E 错误。

20.【答案】C、D

承包人应按合同基准日适用的法律规定及国家、行业和地方的规范和标准完成设计工作，并符合发包人要求。基准日之后，前述版本发生重大变化的，承包人应向发包人或监理人提出遵守新规定的建议，选项 A 错误。承包人应按照发包人要求，在合同进度计划中专门列出设计进度计划，报发包人批准后执行，选项 B 错误。承包人的设计与合同约定有偏离时，应在提交设计文件的通知中予以说明，选项 E 错误。所以 C、D 正确。

21. 【答案】B、D、E

承包人应认真阅读、复核发包人要求，发现错误的，应及时书面通知发包人，选项 A 错误。承包人复核时将发现的错误通知发包人后，发包人坚持不做修改的，对确实存在错误造成的损失，应补偿承包人增加的费用和（或）顺延合同工期，是否支付利润应视情况而定，选项 C 错误。所以 B、D、E 正确。

22. 【答案】A、B、C、D

因政府有关部门审批迟延造成费用增加，由发包人承担，选项 E 错误。所以 A、B、C、D 正确。

23. 【答案】C、E

合同价格包括承包人依据法律规定或合同约定应支付的规费和税金，选项 A 错误。除专用条款另有约定外，工程进度付款按月支付，选项 B 错误。价格清单列出的任何数量仅为估算的工作量，不视为要求承包人实施工程的实际或准确工作量，选项 D 错误。所以 C、E 正确。

24. 【答案】C、E

选项 A，在全部工程竣工前承包人提出经发包人同意时，可进行区段工程验收。选项 B，应在缺陷责任期内。选项 D，施工期运行是指合同工程尚未全部竣工，其中某项或某几项区段工程或工程设备安装已竣工，根据专用合同条款约定，需要投入施工期运行的，经发包人验收合格，证明能确保安全后，才能在施工期投入运行。所以 C、E 正确。

25. 【答案】A、C、D、E

承包人应负责整个施工场地的管理工作，协调分包人与同一施工场地的其他分包人之间的交叉配合，选项 B 错误。所以 A、C、D、E 正确。

27. 【答案】B、C、E

承包人在自行计量或由监理人计量前 24h 应通知分包人，分包人为计量提供便利条件并派人参加，选项 A 错误。分包人收到通知后不参加计量，计量结果有效，作为工程价款支付的依据，选项 D 错误。所以 B、C、E 正确。

31. 【答案】A、B、C

卖方应对合同材料进行妥善包装，以满足合同材料运至施工场地及在施工场地保管的需要。包装应采取防潮、防晒、防锈、防腐蚀、防振动及防止其他损坏的必要保护措施，且买方无需将包装物退还给卖方，选项 D 错误。买方签发收货清单不代表对合同材料的接受，双方还应按合同约定进行后续的检验和验收，选项 E 错误。所以 A、B、C 正确。

32. 【答案】A、C、E

由于买方原因未能达到技术性能考核指标时，为买方进行考核的机会不超过三次，选项 B 错误。除专用合同条款另有约定外，考核中合同设备运行需要的用水、用电、其他动力和原材料（如需要）等均由买方承担，选项 D 错误。所以 A、C、E 正确。

3.3 工程承包风险管理及担保保险

复习要点

1. 工程承包风险管理

1）工程承包常见风险

就施工承包而言，项目本身的风险主要有施工组织管理风险、施工进度延误风险、施工质量安全风险、工程分包风险、工程款支付及结算风险等；外部环境风险主要有市场风险、政策风险、社会风险、自然环境风险等。

2）工程承包风险管理计划

（1）项目风险管理计划编制依据

项目风险管理计划编制依据应包括下列内容：① 工程范围说明；② 招标投标文件与工程合同；③ 工作分解结构；④ 项目管理策划结果；⑤ 项目管理机构风险管理制度；⑥ 其他相关信息和历史资料。

（2）项目风险管理计划内容

项目风险管理计划应包括下列内容：① 风险管理目标；② 风险管理范围；③ 可使用的风险管理方法、措施、工具和数据；④ 风险跟踪要求；⑤ 风险管理责任和权限；⑥ 必需的资源和费用预算。

3）工程承包风险管理程序

工程承包风险管理包括风险识别、风险评估、风险应对、风险监控等环节。

（1）风险识别

根据《建设工程项目管理规范》GB/T 50326—2017，项目管理机构应在工程项目实施前识别工程实施过程中的各种风险，并编制项目风险识别报告。

（2）风险评估

风险评估应在风险识别的基础上进行。项目管理机构应根据风险因素发生的概率和损失量，确定风险量并进行分级。风险评估后应出具风险评估报告。

（3）风险应对

针对工程承包负面风险，可采取的风险应对策略有：风险规避、风险减轻、风险转移及风险自留。

（4）风险监控

工程承包单位应收集和分析与工程承包风险相关的各种信息，获取代表风险程度和水平的风险信号，预测未来风险和提出预警，并将风险预警纳入工程进展报告。

2. 工程担保

常见的工程担保有投标担保、履约担保、预付款担保、工程款支付担保、工程质量保证金等。

1）投标担保

投标担保是指投标人在投标活动中，随同投标文件一起向招标人提交的担保。

2）履约担保

履约担保是指中标人在签订合同前向招标人提交的保证履行合同义务和责任的

担保。

3）预付款担保

预付款担保的主要作用在于保证承包人能够按合同规定进行施工，偿还发包人已支付的全部预付金额。

4）工程款支付担保

工程款支付担保是指为保证发包人履行合同约定的工程款支付义务，由担保人向承包人提供的担保。

5）工程质量保证金

工程质量保证金是指发承包双方在施工合同中约定，从应付工程款中预留，用以保证承包人在缺陷责任期内对工程施工质量缺陷进行维修的资金。

3．工程保险

1）工程保险种类

（1）建筑工程一切险

建筑工程一切险是指以建设工程为标的，对建设工程整个施工期间工程本身、施工机具和工地设备因自然灾害或意外事故造成的物质损失给予赔偿的保险。

购买建筑工程一切险要明确：① 投保人和被保险人；② 保险期限；③ 保险项目和责任范围；④ 免责范围。

（2）安装工程一切险

安装工程一切险是指以各种大型机器、设备安装工程为标的，对承保机械和设备在安装过程中因自然灾害或意外事故所造成的物质损失、费用损失承担赔偿责任的保险。

购买安装工程一切险要明确：① 投保人和被保险人；② 保险期限；③ 保险项目和责任范围；④ 免责范围。

（3）第三者责任险

《标准施工招标文件》通用合同条款规定，在缺陷责任期终止证书颁发前，承包人应以承包人和发包人的共同名义投保第三者责任险，其保险费率、保险金额等有关内容在专用合同条款中约定。

（4）工程设计责任险

工程设计责任险是指以工程设计单位因设计工作疏忽或过失而引发工程质量事故造成损失或费用应承担的经济赔偿责任为保险标的的职业责任保险。

购买工程设计责任险要明确：① 投保人和被保险人；② 保险期限；③ 保险项目和责任范围；④ 免责范围。

（5）施工人员工伤保险

工伤保险是为保障因工作遭受事故伤害或者患职业病的职工获得医疗救治和经济补偿，促进工伤预防和职业康复，分散用人单位工伤风险而设立的保险。

（6）意外伤害保险

意外伤害保险是指当被保险人在保险期限内遭受意外伤害造成死亡、残疾、支出医疗费或暂时丧失劳动能力时，保险人依照合同规定给付保险金的人身保险。

2）工程保险的选择

工程保险的选择主要包括投保险种的选择与保险人的选择。

（1）投保险种的选择

针对工程施工承包风险，承包人需要考虑是否通过投保方式进行转移，以及需要投保哪些险种。

（2）保险人的选择

保险人的选择主要考虑三方面因素：安全可靠性、服务质量及保险成本。

3）工程保险理赔

（1）保险事故报案

工程保险事故发生时，投保人应按照保险单规定的条件和期限及时向保险人报告。

（2）提供索赔证据

进行保险索赔时必须提供必要的有效证明，作为索赔依据。在通常情况下，可作为索赔证明的有保险单、工程承包合同、事故照片、事故检验人出具的鉴定报告及保险单中所规定的索赔证明文件。

（3）合理定损理算

定损理算是指保险专业人员根据保险事故现场查勘情况，确定事故损失情况，并根据保险合同的有关规定确定保险赔付金额的过程。

一 单项选择题

1. 下列关于风险评估的说法，正确的是（　　）。
   A. 风险评估应在风险监控的基础上进行
   B. 通常采用专家预测、趋势外推法预测、敏感性分析和盈亏平衡分析及决策树等方法进行风险损失量估计
   C. 风险等级只由风险损失量决定
   D. 风险等级只由风险发生的概率决定

2. 下列风险应对策略中，属于风险转移策略的是（　　）。
   A. 施工单位合理安排工期，避开可能发生的自然灾害对质量的影响
   B. 建设单位在工程发包时，要求承包单位提供履约担保
   C. 施工单位在施工中有针对性地制定质量事故应急预案
   D. 建设单位在工程预算价格中预留一定比例的不可预见费

3. 在进行工程承包风险评估时，可用于估计风险因素发生的概率的方法是（　　）。
   A. 趋势外推法预测　　　　　　　B. 会议评审法
   C. 决策树法　　　　　　　　　　D. 盈亏平衡分析

4. 将不利风险事件发生的可能性和（或）影响降低到可接受范围内的风险应对策略是（　　）。
   A. 风险自留　　　　　　　　　　B. 风险减轻
   C. 风险规避　　　　　　　　　　D. 风险转移

5. 工程承包单位收集和分析与工程承包风险相关的各种信息，获取代表风险程度和水平的风险信号，预测未来风险和提出预警，并将风险预警纳入工程进展报告指的是（　　）。

A. 风险识别　　　　　　　　　　B. 风险应对

C. 风险评估　　　　　　　　　　D. 风险监控

6. 《标准施工招标文件》通用合同条款规定，承包人应保证其履约担保在发包人颁发工程接收证书前一直有效。发包人应在工程接收证书颁发后（　　）天内将履约担保退还给承包人。

A. 7　　　　　　　　　　　　　　B. 14

C. 28　　　　　　　　　　　　　D. 30

7. 《建设工程质量保证金管理办法》规定，工程质量保证金总预留比例不得高于工程价款结算总额的（　　）。

A. 2%　　　　　　　　　　　　　B. 3%

C. 5%　　　　　　　　　　　　　D. 10%

8. 根据《建设工程质量保证金管理办法》，在工程竣工前，承包人已缴纳履约保证金的，发包人不得同时预留（　　）。

A. 工程款支付担保　　　　　　　B. 投标保证金

C. 工程质量保证金　　　　　　　D. 预付款担保

9. 根据我国保险制度，下列关于建设工程第三者责任险的说法，正确的是（　　）。

A. 免责范围包括因原材料缺陷或工艺不善引起的保险财产本身的损失

B. 责任范围与建筑工程一切险和安装工程一切险的责任范围相同

C. 责任范围不包括赔偿被保险人因此而支付的诉讼费用

D. 以承包人和发包人的共同名义投保

10. 下列关于工程保险的说法，正确的是（　　）。

A. 建筑工程一切险保险期限为 1 年

B. 发包人可以不用参加工伤保险

C. 安装工程一切险的保险项目不包括清除残骸费用

D. 建筑施工企业鼓励企业为从事危险作业的职工办理意外伤害保险，支付保险费

二　多项选择题

1. 根据《建设工程项目管理规范》GB/T 50326—2017，项目风险管理计划应包括（　　）。

A. 风险管理范围　　　　　　　　B. 确定风险源的类型和数量

C. 分析各种风险损失量　　　　　D. 收集风险信息

E. 可使用的风险管理方法、工具

2. 在进行项目风险识别时，应该考虑的方面有（　　）。

A. 项目管理团队的能力　　　　　B. 自然条件与社会条件

C. 风险因素发生的概率　　　　　D. 市场情况

E. 项目相关方影响

3. 项目风险管理计划编制依据应包括（　　）。

A．工作分解结构 　　　　　B．风险跟踪要求

C．工程范围说明 　　　　　D．风险管理责任

E．项目管理机构风险管理制度

4. 下列措施属于风险转移的有（　　　　）。

A．合理安排施工工期、进度计划，避开可能发生的自然灾害

B．设立质量缺陷风险基金

C．以联合体形式承包工程

D．签订合同时明确计价方式

E．进行工程分包

5. 履约担保的形式包括（　　　　）。

A．预付款担保 　　　　　B．工程款支付担保

C．保函 　　　　　　　　D．担保书

E．保证金

6. 下列关于工程担保的说法，正确的有（　　　　）。

A．招标人在招标文件中要求投标人提交投标保证金的，投标保证金有效期应与投标有效期一致

B．招标人最迟应在书面合同签订后 10 日内向中标人和未中标的投标人退还投标保证金及银行同期存款利息

C．履约担保是指中标人在签订合同前向招标人提交的保证履行合同义务和责任的担保

D．工程款支付担保是由担保人向承包人提供的担保，发包人应在签订施工合同时向承包人提交工程款支付担保

E．工程质量保证金从应付工程款中预留，实质上是为保证承包人履行施工合同而进行的一种担保

7. 下列关于工程担保的说法，正确的有（　　　　）。

A．工程质量保证金总预留比例不得高于工程价款结算总额的 2%

B．招标人已收取投标保证金的，应自收到投标人书面撤回通知之日起 5 日内退还

C．预付款一般应在开工前 7 天支付，额度和预付办法在专用合同条款中约定

D．发包人应在收到承包人要求提供资金来源证明的书面通知后 14 天内，向承包人提供能够按照合同约定支付合同价款的相应资金来源证明

E．合同约定由承包人以银行保函替代工程质量保证金的，保函金额不得高于工程价款结算总额的 3%

8. 建筑工程一切险保单中的除外责任通常包括（　　　　）。

A．维修保养或正常检修的费用

B．自然磨损、内在或潜在缺陷、物质本身变化或其他渐变原因造成的保险财产自身的损失和费用

C．设计错误引起的损失和费用

D．因超负荷、超电压、碰线等电气原因所造成的电气设备或电气用具本身的

损失

E．货物盘点时发现的盘亏损失

9．下列关于工程保险的说法，正确的有（　　　）。

A．安装工程一切险的保险项目通常不包括土建工程项目

B．建筑工程一切险要求投保人以发包人和承包人的共同名义投保

C．只有发包人、总承包人才能作为安装工程一切险的被保险人

D．第三者责任险一般附加在建筑工程一切险和安装工程一切险中

E．发包人应为其现场机构雇佣的全部人员缴纳工伤保险费

10．在工程保险中，承包人应以发包人和承包人的共同名义向双方同意的保险人投保的保险有（　　　）。

A．第三者责任险　　　　　　　　　B．施工人员工伤保险

C．意外伤害保险　　　　　　　　　D．建筑工程一切险

E．安装工程一切险

【答案与解析】

一、单项选择题

*1．B；　　*2．B；　　3．B；　　4．B；　　5．D；　　6．C；　　7．B；　　*8．C；
*9．D；　　*10．D

【解析】

1．【答案】B

风险评估应在风险识别的基础上进行，选项 A 错误。风险损失量估计通常采用专家预测、趋势外推法预测、敏感性分析和盈亏平衡分析及决策树等方法，选项 B 正确。风险等级由风险损失量和风险发生的概率共同决定，选项 C、D 错误。所以 B 正确。

2．【答案】B

风险转移是指将风险转移给他人承担，以避免风险损失。风险转移可分为保险转移和非保险转移两种方式。其中担保转移属于非保险转移，如承包商履约担保、业主工程款支付担保等。选项 A 为风险规避，选项 C 为风险减轻，选项 D 为风险自留。所以 B 正确。

8．【答案】C

在工程竣工前，承包人已缴纳履约保证金的，发包人不得同时预留工程质量保证金；采用工程质量保证担保、工程质量保险等其他保证方式的，发包人不得再预留工程质量保证金。所以 C 正确。

9．【答案】D

建筑工程一切险的免责范围包括因原材料缺陷或工艺不善引起的保险财产本身的损失，选项 A 错误。第三者责任险的责任期间与建筑工程一切险和安装工程一切险的责任期间相同，选项 B 错误。第三者责任险的责任范围包括赔偿被保险人因此而支付的诉讼费用，选项 C 错误。所以 D 正确。

10.【答案】D

建筑工程一切险保险期限是从投保工程动工之日起直至工程验收之日止。具体时间由投保人与保险人协商确定，选项 A 错误。《标准施工招标文件》通用合同条款规定，发包人应依照有关法律规定参加工伤保险，选项 B 错误。安装工程一切险的保险项目包括清除残骸费用，选项 C 错误。《中华人民共和国建筑法》规定，建筑施工企业鼓励企业为从事危险作业的职工办理意外伤害保险，支付保险费。所以 D 正确。

二、多项选择题

*1．A、E；　　　*2．A、B、D、E；　　*3．A、C、E；　　　*4．D、E；

5．C、D、E；　　6．A、C、D、E；　　*7．B、C、E；　　8．A、B、C、E；

*9．B、D、E；　　*10．A、D、E

【解析】

1.【答案】A、E

项目风险管理计划应包括下列内容：① 风险管理目标；② 风险管理范围；③ 可使用的风险管理方法、措施、工具和数据；④ 风险跟踪要求；⑤ 风险管理责任和权限；⑥ 必需的资源和费用预算。选项 B 属于项目风险识别，选项 C 属于项目风险评估，选项 D 属于项目风险监控。所以 A、E 正确。

2.【答案】A、B、D、E

项目管理机构应综合考虑以下方面识别项目风险：① 工程本身条件及合同约定条件；② 自然条件与社会条件；③ 市场情况；④ 项目相关方影响；⑤ 项目管理团队的能力。选项 C 为项目风险评估内容。所以 A、B、D、E 正确。

3.【答案】A、C、E

项目风险管理计划编制依据应包括下列内容：① 工程范围说明；② 招投标文件与工程合同；③ 工作分解结构；④ 项目管理策划结果；⑤ 项目管理机构风险管理制度；⑥ 其他相关信息和历史资料。选项 B、D 为项目风险管理计划内容。所以 A、C、E 正确。

4.【答案】D、E

选项 A 为风险规避，选项 B 为风险自留，选项 C 为风险减轻，选项 D、E 均为风险转移措施。所以 D、E 正确。

7.【答案】B、C、E

根据《建设工程质量保证金管理办法》，工程质量保证金总预留比例不得高于工程价款结算总额的 3%，选项 A 错误。根据《建设工程施工合同（示范文本）》GF—2017—0201 要求，发包人应在收到承包人要求提供资金来源证明的书面通知后 28 天内，向承包人提供能够按照合同约定支付合同价款的相应资金来源证明，选项 D 错误。所以 B、C、E 正确。

9.【答案】B、D、E

安装工程一切险的保险项目通常包括：安装项目（包括被安装的设备价、运费、保费、关税等和安装费）、土建工程项目、施工用机器及设备（需附清单）、清除残骸费用、专业费用，选项 A 错误。建筑工程一切险以发包人和承包人的共同名义投保，被保险人包括发包人、总承包人、分包人、发包人聘用的监理人员、与工程有密切关系的单位或个人，如贷款银行等，安装工程一切险的投保人和被保险人同建筑工程一切险，选项 C 错误。所以 B、D、E 正确。

10.【答案】A、D、E

《标准施工招标文件》通用合同条款规定，承包人应以发包人和承包人的共同名义向双方同意的保险人投保建筑工程一切险、安装工程一切险和第三者责任险。所以 A、D、E 正确。

第4章 建设工程进度管理

4.1 工程进度影响因素与进度计划系统

复习要点

1. 工程设计和施工进度的主要影响因素（图4-1和图4-2）

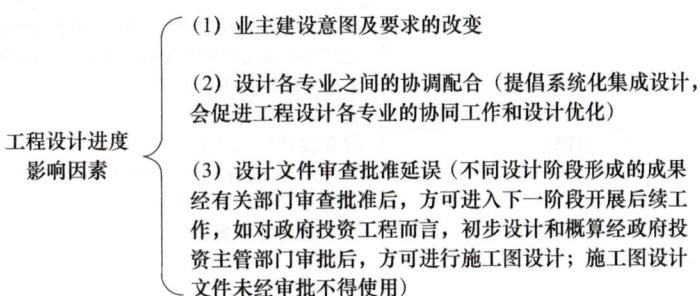

工程设计进度影响因素
- （1）业主建设意图及要求的改变
- （2）设计各专业之间的协调配合（提倡系统化集成设计，会促进工程设计各专业的协同工作和设计优化）
- （3）设计文件审查批准延误（不同设计阶段形成的成果经有关部门审查批准后，方可进入下一阶段开展后续工作，如对政府投资工程而言，初步设计和概算经政府投资主管部门审批后，方可进行施工图设计；施工图设计文件未经审批不得使用）

图 4-1 工程设计进度的主要影响因素

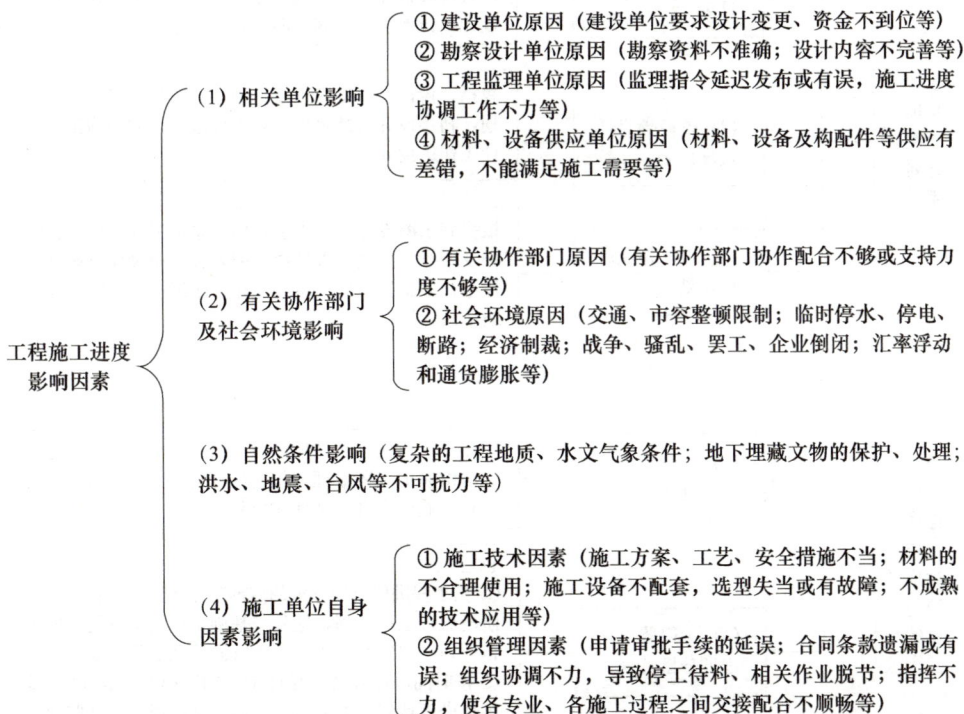

工程施工进度影响因素

- （1）相关单位影响
  - ①建设单位原因（建设单位要求设计变更、资金不到位等）
  - ②勘察设计单位原因（勘察资料不准确；设计内容不完善等）
  - ③工程监理单位原因（监理指令延迟发布或有误，施工进度协调工作不力等）
  - ④材料、设备供应单位原因（材料、设备及构配件等供应有差错，不能满足施工需要等）

- （2）有关协作部门及社会环境影响
  - ①有关协作部门原因（有关协作部门协作配合不够或支持力度不够等）
  - ②社会环境原因（交通、市容整顿限制；临时停水、停电、断路；经济制裁；战争、骚乱、罢工、企业倒闭；汇率浮动和通货膨胀等）

- （3）自然条件影响（复杂的工程地质、水文气象条件；地下埋藏文物的保护、处理；洪水、地震、台风等不可抗力等）

- （4）施工单位自身因素影响
  - ①施工技术因素（施工方案、工艺、安全措施不当；材料的不合理使用；施工设备不配套，选型失当或有故障；不成熟的技术应用等）
  - ②组织管理因素（申请审批手续的延误；合同条款遗漏或有误；组织协调不力，导致停工待料、相关作业脱节；指挥不力，使各专业、各施工过程之间交接配合不顺畅等）

图 4-2 工程施工进度的主要影响因素

2．工程进度计划系统（图4-3～图4-6）

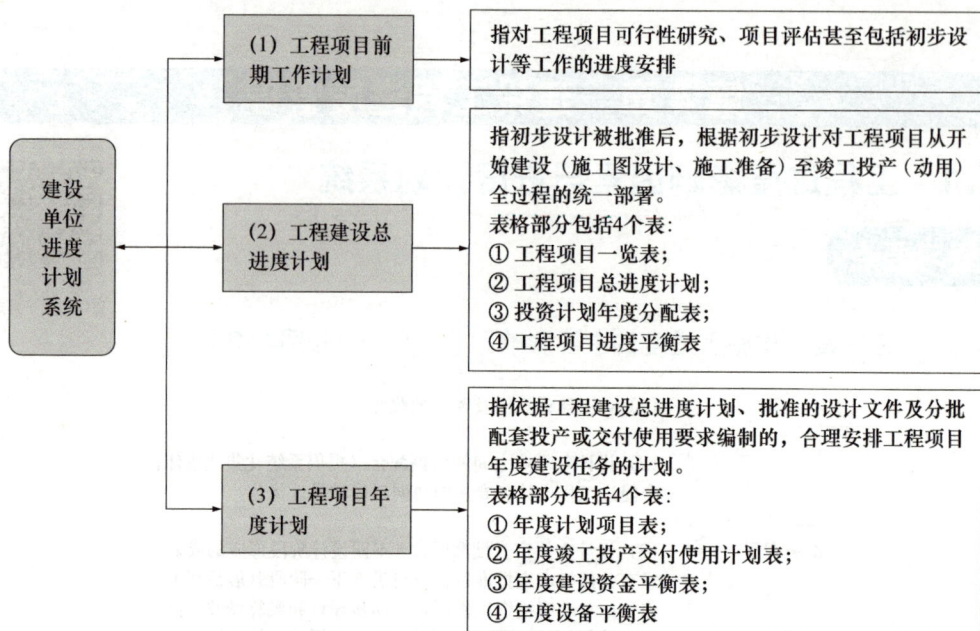

建设单位进度计划系统	（1）工程项目前期工作计划	指对工程项目可行性研究、项目评估甚至包括初步设计等工作的进度安排
	（2）工程建设总进度计划	指初步设计被批准后，根据初步设计对工程项目从开始建设（施工图设计、施工准备）至竣工投产（动用）全过程的统一部署。 表格部分包括4个表： ① 工程项目一览表； ② 工程项目总进度计划； ③ 投资计划年度分配表； ④ 工程项目进度平衡表
	（3）工程项目年度计划	指依据工程建设总进度计划、批准的设计文件及分批配套投产或交付使用要求编制的，合理安排工程项目年度建设任务的计划。 表格部分包括4个表： ① 年度计划项目表； ② 年度竣工投产交付使用计划表； ③ 年度建设资金平衡表； ④ 年度设备平衡表

图 4-3　建设单位进度计划系统

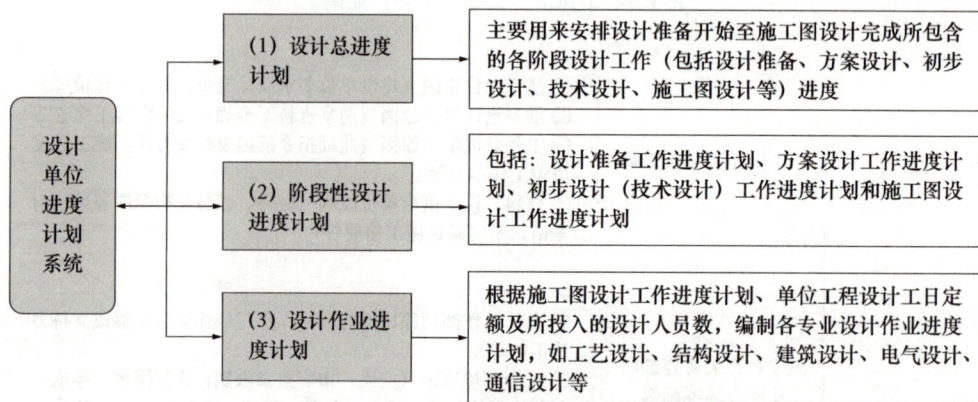

设计单位进度计划系统	（1）设计总进度计划	主要用来安排设计准备开始至施工图设计完成所包含的各阶段设计工作（包括设计准备、方案设计、初步设计、技术设计、施工图设计等）进度
	（2）阶段性设计进度计划	包括：设计准备工作进度计划、方案设计工作进度计划、初步设计（技术设计）工作进度计划和施工图设计工作进度计划
	（3）设计作业进度计划	根据施工图设计工作进度计划、单位工程设计工日定额及所投入的设计人员数，编制各专业设计作业进度计划，如工艺设计、结构设计、建筑设计、电气设计、通信设计等

图 4-4　设计单位进度计划系统

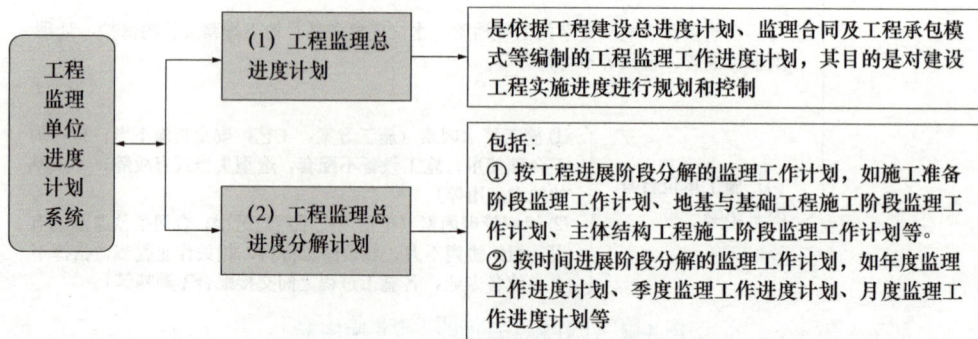

工程监理单位进度计划系统	（1）工程监理总进度计划	是依据工程建设总进度计划、监理合同及工程承包模式等编制的工程监理工作进度计划，其目的是对建设工程实施进度进行规划和控制
	（2）工程监理总进度分解计划	包括： ① 按工程进展阶段分解的监理工作计划，如施工准备阶段监理工作计划、地基与基础工程施工阶段监理工作计划、主体结构工程施工阶段监理工作计划等。 ② 按时间进展阶段分解的监理工作计划，如年度监理工作进度计划、季度监理工作进度计划、月度监理工作进度计划等

图 4-5　工程监理单位进度计划系统

施工单位进度计划系统

按项目组成编制

(1) 施工总进度计划 → 指根据施工部署中施工方案和施工项目开展程序，对承包范围内所有单位工程作出时间上的安排

(2) 单位工程施工进度计划 → 指在既定施工方案的基础上，根据规定的工期和各种资源供应条件，遵循各施工过程的合理施工顺序，对单位工程中各施工过程作出时间和空间上的安排

(3) 分部分项工程进度计划 → 指针对工程量较大或施工技术比较复杂的分部分项工程，在依据工程具体情况所制定的施工方案基础上，对其各施工过程作出时间上的安排，是为了保证单位工程施工进度计划的顺利实施

按时间进展编制 → 包括年度施工计划、季度施工计划和月（旬）作业计划，从而形成一个旬保月、月保季、季保年的计划体系

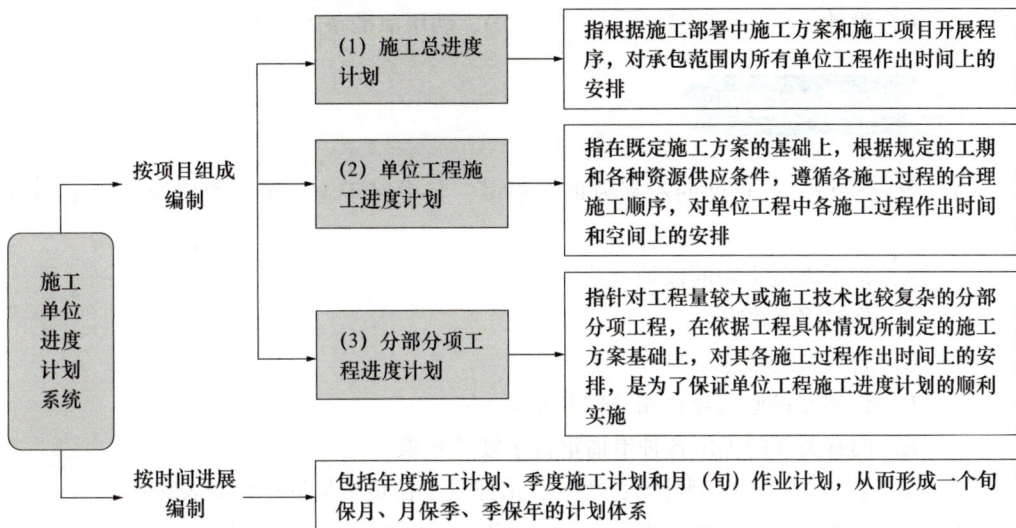

图 4-6　施工单位进度计划系统

3. 工程进度计划表达形式（表4-1）

表 4-1　横道计划与网络计划的表达形式及各自优缺点

	横道图	网络图
优点	（1）直观表明各项工作的开始时间和完成时间、持续时间，以及整个工程项目总工期。 （2）编制简单、使用方便	（1）明确反映各项工作间相互关系。 （2）反映关键工作和关键线路。 （3）反映工作机动时间（时差）。 （4）反映工程费用与工期关系，便于施工进度计划的优化和动态更新
缺点	（1）不能明确反映各项工作间的关系。 （2）不能反映关键工作和关键线路。 （3）不能反映工作机动时间（时差）。 （4）不能反映工程费用与工期间关系，不便于施工进度计划的优化和动态更新	（1）不能直观地表明各项工作的开始时间和完成时间、持续时间，以及整个工程项目总工期。 （2）需要较为专业的知识

一　单项选择题

1. 工程设计进度的影响因素主要分为业主建设意图及要求的改变、设计文件审查批准延误和（　　　）。

　　A. 施工单位未按设计图纸施工　　　B. 隐蔽工程的处置

　　C. 设计各专业之间的协调配合　　　D. 监理对设计指挥不合理

2. 影响施工进度的不利因素中，（　　　）是最大的干扰因素。

　　A. 资金因素　　　　　　　　　　　B. 技术因素

　　C. 自然与社会环境因素　　　　　　D. 人为因素

3. 建设工程项目总进度目标应在项目（　　　）阶段确定。

　　A. 决策　　　　　　　　　　　　　B. 设计准备

C. 设计 D. 动用前准备

二 多项选择题

1. 影响建设工程进度的不利因素有很多，其中属于施工单位组织管理因素的有（　　）。

   A. 地下埋藏文物的保护及处理

   B. 临时停水停电

   C. 施工安全措施不当

   D. 计划安排原因导致相关作业脱节

   E. 向有关部门提出各种申请审批手续的延误

2. 在工程项目进度控制计划系统中，由建设单位负责编制的计划表包括（　　）。

   A. 工程项目进度平衡表　　　　B. 年度计划形象进度表

   C. 年度建设资金平衡表　　　　D. 工程项目总进度计划表

   E. 项目动用前准备工作计划表

3. 下列关于横道图进度计划特点的说法，正确的有（　　）。

   A. 能直接显示工作的开始和完成时间

   B. 便于进行资源优化和调整

   C. 计划调整工作量大

   D. 可将工作简要说明直接放在横道上

   E. 有严谨的时间参数计算，可使用电脑自动编制

4. 下列关于网络进度计划图的说法正确的有（　　）。

   A. 一个网络图表示一项计划任务

   B. 单代号网络图以箭线及其两端节点的编号表示工作

   C. 双代号网络图是以节点及其编号表示工作

   D. 单代号网络图中，箭线表示工作之间的逻辑关系

   E. 网络图最基本的表示方法有双代号网络图和单代号网络图两种

【答案与解析】

一、单项选择题

*1. C;　　*2. D　　*3. A

【解析】

1.【答案】C

工程设计是一种多专业协作配合的智力性劳动，工程设计进度管理中会存在多种影响因素，主要为业主建设意图及要求的改变、设计各专业之间的协调配合和设计文件审查批准延误。所以C正确。

2.【答案】D

影响施工进度的因素有很多，有人为因素，技术因素，设备、材料及施工机具因

90

素，资金因素，自然与社会环境等方面的因素。其中，人为因素是最大的干扰因素。所以 D 正确。

3.【答案】A

建设工程项目的总进度目标是整个项目的进度目标，在项目定义（项目决策阶段）时确定。其控制属于业主方项目管理的任务，总承包模式下，由总承包方协助业主进行项目总进度目标的控制。所以 A 正确。

二、多项选择题

*1. D、E；　　　　*2. A、C、D；　　　　*3. A、C、D；　　　　4. A、D、E

【解析】

1.【答案】D、E

影响工程施工进度因素中施工单位自身因素中组织管理因素有：向有关部门提出各种申请审批手续的延误；合同签订时遗漏条款、表达失当；计划安排不周密，组织协调不力，导致停工待料、相关作业脱节；指挥不力，使各专业、各施工过程之间交接配合不顺畅等。选项 A 属于自然条件影响因素，选项 B 属于社会环境影响因素，选项 C 属于施工单位自身因素中的技术因素。所以 D、E 正确。

2.【答案】A、C、D

建设单位编制的进度计划包括工程项目前期工作计划、工程项目建设总进度计划和工程项目年度计划。其中工程项目建设总进度计划包括：① 工程项目一览表；② 工程项目总进度计划表；③ 投资计划年度分配表；④ 工程项目进度平衡表。工程项目年度计划包括：① 年度计划项目表；② 年度竣工投产交付使用计划表；③ 年度建设资金平衡表；④ 年度设备平衡表。而年度计划形象进度表和项目动用前准备工作计划表为施工单位编制的进度计划。所以 A、C、D 正确。

3.【答案】A、C、D

横道图进度计划法的优点包括：（1）能够直观地表明各项工作的开始时间，结束时间和持续时间，以及整个工程项目总工期，一目了然，易于理解；（2）编制简单、使用方便。

缺点包括：（1）各项工作间的逻辑关系不易表达清楚；（2）适用于手工编制计划；（3）没有通过严谨的进度计划时间参数计算，不能确定关键工作、关键路线与时差；（4）计划调整只能用手工方式进行，工作量较大，不能应用计算机技术；（5）难以适应大的进度计划系统。选项 B、E 为网络进度计划特点。所以 A、C、D 正确。

4.2　流水施工进度计划

复习要点

1. 施工组织方式及特点（表4-2）

表 4-2　施工组织方式及特点

依次施工	平行施工	流水施工
工作面利用不充分，工期较长	工作面利用充分，工期短	工作面尽可能利用，工期较短

依次施工	平行施工	流水施工
按专业组成工作队则各工作队施工不连续，资源使用不均衡	按施工对象按专业组建工作队则各工作队施工不连续，资源使用不均衡	专业队连续施工，资源较为均衡
由一个工作队完成任务则不能实现专业化，生产率和质量较差	由一个工作队完成任务则不能实现专业化，生产率和质量较差	各工作队专业化施工，生产率和质量较好
单位时间投入资源量较少	单位时间投入资源量较多	单位时间投入资源量较均衡
施工现场组织管理较简单	施工现场组织管理较复杂	施工现场组织管理较有利

2．流水施工表达方式及特点（表4-3）

表4-3　流水施工表达方式及特点

表达方式	横道图表达	垂直图表达
横轴	每个过程或专业工作队在各施工段的流水施工时间	施工过程所处空间位置或里程
纵轴	施工过程或专业工作队	流水施工时间
优点	绘图简单，施工过程及先后顺序清楚，时间空间形象直观	施工过程及先后顺序表达清楚，时间空间形象直观，斜率直观反映施工速度
适用	适用广泛	线性工程

3．流水施工参数分类及规定（表4-4）

表4-4　流水施工参数分类及规定

流水参数		参数定义
工艺参数	施工过程	将工程对象按照工艺过程划分为若干过程，可粗可细
	流水强度	施工过程（专业队）单位时间内完成的工程量
空间参数	工作面	供专业队人、机施工的空间
	施工段	为充分利用工作面而将工程在平面上划分劳动量大致相等的施工区间。 要求：各段上劳动量大致相等；每段有足够工作面；界限尽可能与结构界限吻合；避免窝工和降效；分段又分层
时间参数	流水节拍	一个专业队在一个施工段的施工时间。 由施工方法、施工机械及工作面允许的人工、机械数量决定
	流水步距	相邻专业队相继开始施工最小间隔（不包括搭接、间歇时间）确定要求：确保工艺先后顺序；专业队连续施工；最大限度搭接
	流水施工工期	第一个专业队开始时间到最后一个专业队完成时间

4．流水施工方式分类、特点及工期计算（表4-5）

表 4-5　流水施工方式分类、特点及工期计算

表达方式	有节奏			非节奏
	等节奏	异节奏		
		等步距异节奏	异步距异节奏	
特点	所有施工过程在各个施工段上的流水节拍均相等	同一施工过程在各个施工段上的流水节拍均相等，不同施工过程流水节拍为倍数关系		各施工过程在各施工段上的流水节拍不全相等
	相邻施工过程的流水步距相等，等于流水节拍	相邻施工过程的流水步距相等，等于流水节拍的最大公约数	相邻施工过程流水步距不尽相等	
	专业工作队数等于施工过程数	专业工作队数大于施工过程数	专业工作队数等于施工过程数	
	各专业工作队在各施工段上连续作业。施工段之间没有空闲时间	各专业工作队在施工段上连续作业。施工段之间没有空闲时间	各专业工作队能够在施工段上连续作业。施工段之间可能有空闲时间	
流水工期	$T=(m+n-1)K+\sum Z-\sum C$	$T=(m+N-1)K+\sum Z-\sum C$	$T=\sum K+\sum t_n+\sum Z-\sum C$ 其中 K 的计算按照累加数列错位相减取大差的方式计算	

一　单项选择题

1．专业工作队在各个施工段上的劳动量要大致相等，其相差幅度不宜超过（　　）。

A．5%　　　　　　　　　　　　B．10%

C．15%　　　　　　　　　　　D．20%

2．某工程划分为 3 个施工过程、4 个施工段，组织加快成倍节拍流水施工，流水节拍分别为 4 天、2 天和 4 天，应派（　　）个专业工作队参与施工。

A．2　　　　　　　　　　　　B．3

C．4　　　　　　　　　　　　D．5

3．某基础工程包含开挖基槽、浇筑混凝土垫层、砌筑砖基础三项工作，分三个施工段组织流水施工，每项工作均由一个专业班组施工，各工作在各施工段上的流水节拍分别是 4 天、1 天和 2 天，混凝土垫层和砌筑砖基础之间有 1 天的技术间歇。在保证各专业班组连续施工的情况下，完成该基础施工的工期是（　　）天。

A．8　　　　　　　　　　　　B．12

C．18　　　　　　　　　　　D．22

4．某工程有 3 个施工过程，分为 4 个施工段组织流水施工。流水节拍分别为 2 天、3 天、4 天、3 天；4 天、2 天、3 天、5 天；3 天、2 天、2 天、4 天，则流水施工工期为（　　）天。

A．17　　　　　　　　　　　　B．19

C．20　　　　　　　　　　　D．21

5. 某等节奏流水施工，其中施工过程 $m = 3$，施工段 $n = 4$，流水节拍 $t = 2$，其中施工过程①和施工过程②间隔一天，则该流水施工总工期为（   ）天。

    A．10　　　　　　　　　　　　B．11

    C．12　　　　　　　　　　　　D．13

6. 建设工程组织流水施工时，某专业工作队在单位时间内所完成的工程量称为（   ）。

    A．流水节拍　　　　　　　　　B．流水步距

    C．流水强度　　　　　　　　　D．流水节奏

7. 某分部工程有 3 个施工过程，各分为 3 个施工段组织加快的成倍节拍流水施工，各施工过程在各施工段上的流水节拍分别为 6 天、4 天、6 天，则专业工作队数应为（   ）个。

    A．3　　　　　　　　　　　　B．5

    C．6　　　　　　　　　　　　D．8

8. 某分部工程有 2 个施工过程，各分为 4 个施工段组织流水施工，流水节拍分别为 2 天、4 天、3 天、4 天和 3 天、5 天、4 天、5 天，则流水步距和流水施工工期分别为（   ）。

    A．2 天和 19 天　　　　　　　　B．3 天和 20 天

    C．4 天和 20 天　　　　　　　　D．5 天和 19 天

二　多项选择题

1. 流水施工的主要特点有（   ）。

    A．按照工艺顺序进行施工　　　B．工作队实现专业化施工

    C．需要大量人力资源　　　　　D．施工进度无法控制

    E．能够充分利用工作面

2. 等步距异节奏流水施工的特点有（   ）。

    A．每一个施工过程在各施工段上的流水节拍相等

    B．不同施工过程之间的流水节拍互为倍数

    C．专业工作队数目等于施工过程数目

    D．流水步距彼此相等

    E．专业工作队连续均衡作业

3. 建设工程组织加快成倍节拍流水施工的特点有（   ）。

    A．同一施工过程的各施工段上的流水节拍成倍数关系

    B．相邻施工过程的流水步距相等

    C．专业工作队数等于施工过程数

    D．各专业工作队在施工段上可连续工作

    E．施工段之间可能有空闲时间

4. 组织流水施工的时间参数有（   ）。

    A．流水节拍　　　　　　　　　B．流水步距

C. 流水段数　　　　　　　　D. 施工过程数

E. 流水施工工期

5. 下列流水施工参数中，属于工艺参数的有（　　　）。

A. 流水步距　　　　　　　　B. 工作面

C. 流水强度　　　　　　　　D. 施工过程

E. 施工段

6. 下列关于流水施工表达方式的说法，正确的有（　　　）。

A. 横道图不能准确表达工作的时差

B. 垂直图中斜向线段的斜率表示施工过程的进展速度

C. 流水施工不宜使用网络计划表达

D. 垂直图中的施工段表达不清楚

E. 横道图中的时间和空间状况形象直观

7. 下列关于固定节拍流水施工特点的说法，正确的有（　　　）。

A. 全部施工过程在各个施工段上的流水节拍均相等

B. 相邻专业工作队之间的流水步距不尽相等

C. 专业工作队的数量等于施工过程的数量

D. 各施工段之间没有空闲时间

E. 流水施工工期等于施工段数与流水节拍的乘积

【答案与解析】

一、单项选择题

*1. C；　*2. D；　*3. C；　*4. D；　*5. D；　*6. C；　7. D；　*8. B

【解析】

1.【答案】C

本题考查流水段划分原则。同一专业工作队在各个施工段上的劳动量应大致相等，相差幅度不宜超过 15%。所以 C 正确。

2.【答案】D

本题考查加快成倍节拍流水施工的专业队数的计算。首先计算流水步距，即流水节拍的最大公约数 2 天；其次计算专业队数，第一个过程 4/2＝2 队，第二个过程 2/2＝1 队，第三个过程 4/2＝2 队，因此专业队为 2＋1＋2＝5 队。所以 D 正确。

3.【答案】C

本题考查异步距异节奏流水施工工期计算。采用累加数列错位相减取大差法计算异步距异节奏流水步距，再计算流水施工工期。开挖基槽与浇筑混凝土垫层之间的流水步距为 10 天，浇筑混凝土垫层与砌筑砖基础之间的流水步距为 1 天，流水施工工期 ＝（10＋1）＋（2＋2＋2）＋1＝18 天。所以 C 正确。

4.【答案】D

本题考查非节奏流水施工工期计算。首先，按照累加数列错位相减取大差的方法，先计算相邻施工过程流水步距分别为 3 天、7 天，$T = \sum K + \sum t_n + \sum Z - \sum C = 3 +$

95

$7 + 11 = 21$ 天。所以 D 正确。

5.【答案】D

本题考查等节奏流水施工工期计算。

流水施工总工期 $= T = (m + n - 1) K + \sum Z - \sum C = (3 + 4 - 1) \times 2 + 1 = 13$ 天。所以 D 正确。

6.【答案】C

本题考查流水施工参数的概念。专业工作队在单位时间内完成的工程量为流水强度，属于工艺参数；专业工作队在某一个施工段上工作时间为流水节拍；相邻两个专业工作队相继开始进入现场的时间间隔为流水步距；流水节奏没有这个概念。所以 C 正确。

8.【答案】B

本题考查非节奏流水施工步距和工期的计算。利用潘特考夫斯基方法，累加错位斜减取大差法，得到流水步距为 3 天，流水施工工期为 20 天，所以 B 正确。

二、多项选择题

*1. A、B、E;　　　*2. A、B、D、E;　　*3. B、D;　　　　　*4. A、B、E;
*5. C、D;　　　　　*6. A、B、E;　　　*7. A、C、D

【解析】

1.【答案】A、B、E

本题考查流水施工特点。流水施工特点主要有：充分利用了工作面；工期较短；实现了专业化，专业队按照工艺顺序能够连续施工；资源较为均衡；生产率和质量较好；施工现场组织较有利。所以 A、B、E 正确。

2.【答案】A、B、D、E

等步距异节奏流水施工特点：① 同一施工过程在其各个施工段上的流水节拍均相等；② 不同施工过程的流水节拍不等，但其值为倍数关系；③ 相邻专业工作队的流水步距相等，且等于流水节拍的最大公约数；④ 专业工作队数目大于施工过程数目；⑤ 各个专业工作队在施工段上能够连续作业，施工段之间没有空闲时间。所以 A、B、D、E 正确。

3.【答案】B、D

加快成倍节拍流水施工的特点：同一施工过程在各个施工段上的流水节拍均相等，不同施工过程流水节拍为倍数关系；相邻施工过程的流水步距相等，等于流水节拍的最大公约数；专业工作队数大于施工过程数；各专业工作队在施工段上连续作业，施工段之间没有空闲时间。所以 B、D 正确。

4.【答案】A、B、E

流水施工工艺参数有施工过程、流水强度；空间参数有工作面、施工段；时间参数有流水节拍、流水步距和流水施工工期。所以 A、B、E 正确。

5.【答案】C、D

本题考查流水施工工艺参数。流水工艺参数有施工过程和流水强度；空间参数有工作面、施工段；时间参数有流水节拍、流水步距和流水施工工期。所以 C、D 正确。

6.【答案】A、B、E

本题考查流水施工表达方式。横道图形象直观，可以看出每个工作的开始时间和完成时间，但看不出工作的时差、关键工作和关键线路。因此用横道图表达流水施工，可以看出专业队的时间状况，也可以看到施工段空间状况。所以 A、E 正确。垂直图中斜向线段的斜率表达各施工过程的进展速度，横行表达施工段状况，因此 B 正确、D 错误。流水施工需要表达的是工序之间的工艺及组织逻辑关系，用网络图表示不太直观，但依然可以表达出来，因此 C 错误。

7.【答案】A、C、D

本题考查固定节拍流水特点。选项 B 应为"相等"。选项 D 应为流水施工工期等于施工过程数与施工段数减 1 的和乘以流水节拍，再加上第一层内的全部间歇时间（包括第一层与其次层之间的层间间歇时间），再减去第一层内的全部搭接时间。所以 A、C、D 正确。

4.3 工程网络计划技术

复习要点

1. 工程网络计划编制程序和方法（表4-6）

表 4-6　工程网络计划编制程序和方法

编制阶段	阶段工作内容	内容重点
计划编制准备阶段	调查研究	为确定合理的进度目标，编制科学的进度计划提供依据
	确定网络计划目标	（1）时间目标。 （2）时间－资源目标（"资源有限、工期最短""工期固定、资源均衡"）。 （3）时间－成本目标（限定工期下最低成本的工期安排或最低成本的工期安排）
网络图绘制阶段	工程项目分解	根据实际情况划分工作的粗细程度
	确定逻辑关系	根据工艺或组织关系确定工作间逻辑关系
	绘制网络图	双代号网络图绘图规则： （1）按已定逻辑绘制。为了避免相邻两项同时开始或进行的工作具有相同的节点，可以引用虚工作，用虚箭线表示，虚工作既不消耗时间，也不消耗资源。 （2）禁止出现循环回路。 （3）网络图中节点必须有编号，编号禁止重复，箭尾节点编号小于箭头节点编号。箭线应该自左向右方向。 （4）禁止出现双箭头和无箭头连线。 （5）严禁出现没有箭尾和箭头节点的箭线。 （6）严禁在箭头上引入或引出箭线。 （7）避免箭线交叉，当不可避免时，可采用过桥法或指向法处理。 （8）网络图只有一个起点节点和终点节点
		单代号网络图绘图规则： 与双代号网络图绘图规则基本相同。 区别有：当多项开始工作时，应增设虚工作作为起点节点。多项结束工作时，应增设虚工作，作为终点节点
时间参数计算阶段	计算时间参数	见表 4-7～表 4-10
	确定关键工作和关键线路	见表 4-11～表 4-12

编制阶段	阶段工作内容	内容重点
网络计划 优化阶段	优化网络计划	（1）工期优化 不改变工作逻辑关系条件下，通过压缩关键工作的持续时间来达到优化目标。注意不能将关键工作压缩成非关键工作，若有多条关键线路，应将各关键线路的总持续时间压缩相同数字
		（2）费用优化 不断地在网络计划中找出直接费用率（或组合直接费用率）最小的关键工作，缩短其持续时间，同时考虑间接费用随工期缩短而减少的数值，最后求得工程总成本最低时的最优工期安排
		（3）资源优化 通过改变工作的开始和完成时间，使资源按照时间的分布符合优化目标。资源优化分为两种："资源有限、工期最短"，即满足资源限制时，使工期延长最少的过程；"工期固定、资源均衡"，即调整计划安排，工期保持不变时，使资源尽可能均衡
	编制正式 网络计划	—

2．双代号网络计划时间参数计算（表4-7～表4-10）

表4-7　双代号网络计划时间参数计算

时间参数	计算方法
最早开始时间、最早完成时间	从起点节点开始，顺着箭头以此计算。 （1）网络计划起点节点为开始节点的工作，最早开始时间＝0。 （2）最早完成时间＝最早开始时间＋该工作持续时间。 （3）其他工作最早开始时间＝max{紧前工作最早完成时间}
计算工期、计划工期	计算工期＝max{终点节点为完成节点工作的最早完成时间}。 未规定要求工期时：计划工期＝计算工期。 规定要求工期时：计划工期不应超过要求工期
最迟完成时间、最迟开始时间	从网络计划终点节点逆着箭头方向计算。 （1）网络计划终点节点为完成节点，最迟完成时间＝计划工期。 （2）工作最迟开始时间＝最迟完成时间－持续时间。 （3）其他工作最迟完成时间＝min{紧后工作最迟开始时间}
总时差	总时差＝最迟开始时间－最早开始时间。 或总时差＝最迟完成时间－最早完成时间
自由时差	（1）有紧后工作 自由时差＝min{紧后工作最早开始时间－本工作最早完成时间}。 （2）无紧后工作 自由时差＝计划工期－本工作最早完成时间

表4-8　单代号网络时间参数计算

时间参数	计算方法
最早开始时间、最早完成时间	从起点节点开始，顺着箭头依次计算。 （1）网络计划起点节点为开始节点的工作，未规定时，最早开始时间＝0。

时间参数	计算方法
最早开始时间、最早完成时间	（2）最早完成时间＝最早开始时间＋工作持续时间。 （3）其他工作的最早开始时间＝max｛紧前工作最早完成时间｝
计算工期	计算工期＝终点节点所代表的最早完成时间
相邻工作间的时间间隔	两项工作之间的时间间隔＝紧后工作的最早开始时间－本工作最早完成时间
计划工期	未规定要求工期时：计划工期＝计算工期
总时差	从网络计划的终点节点开始逆着箭线方向按节点编号从大到小进行。 （1）终点节点代表的总时差＝计划工期－计算工期。 （2）其他工作总时差＝min（本工作与紧后工作的时间间隔＋紧后工作总时差）
自由时差	（1）工作自由时差＝计划工期－本工作最早完成时间。 （2）其他工作自由时差＝min（本工作与紧后工作之间的时间间隔）
最迟完成时间、最迟开始时间	（1）根据总时差计算 ① 工作最迟完成时间＝本工作最早完成时间＋总时差。 ② 工作最迟开始时间＝本工作最早开始时间＋总时差。 （2）根据计划工期计算 从网络计划终点节点逆着箭线，按编号从大到小依次进行。 ① 终点节点代表工作最迟完成时间＝计划工期。 ② 工作最迟开始时间＝本工作最迟完成时间－持续时间。 ③ 其他工作的最迟完成时间＝min｛各紧后工作最迟开始时间｝

表 4-9　双代号时标网络计划时间参数计算

时间参数	计算方法
计算工期	计算工期＝终点节点时标值－起点节点时标值
相邻两项工作时间间隔	波形线的水平投影长度＝工作与紧后工作的时间间隔
最早开始时间、最早完成时间	工作箭线左端节点中心对应的时标值＝该工作的最早开始时间。 工作箭线中没有波形线时： 工作箭线实线部分右端点所对应的时标值＝该工作的最早完成时间
总时差	从终点节点开始逆箭线方向进行。 （1）以终点节点为完成节点的工作，总时差＝计划工期－工作最早完成时间。 （2）其他工作的总时差＝min｛其紧后工作的总时差＋本工作与该紧后工作之间的时间间隔｝
自由时差	（1）终点节点为完成节点的工作，自由时差＝计划工期－工作最早完成时间。 （2）其他工作的自由时差＝该工作箭线中波形线的水平投影长度，或 min｛紧接的虚箭线中波形线水平投影长度｝
最迟开始时间、最迟完成时间	（1）工作的最迟开始时间＝本工作的最早开始时间＋总时差。 （2）工作的最迟完成时间＝本工作的最早完成时间＋总时差

表 4-10　单代号搭接网络计划时间参数计算

时间参数	计算方法
最早开始时间、最早完成时间	从网络计划的起点节点开始，顺着箭线方向依次进行计算
	起点节点代表虚拟工作： 最早开始时间＝最早完成时间＝0

时间参数	计算方法
最早开始时间、最早完成时间	与网络计划起点节点相联系的工作： 最早开始时间＝0
	网络计划起点节点相联系的工作： 最早完成时间＝最早开始时间＋持续时间
	其他工作： FTS：紧后工作的最早开始时间＝本工作的最早结束时间＋FTS。 STS：紧后工作的最早开始时间＝本工作的最早开始时间＋STS。 FTF：紧后工作的最早开始时间＝本工作的最早结束时间＋FTF－紧后工作持续时间。 STF：紧后工作的最早开始时间＝本工作的最早开始时间＋STF－紧后工作持续时间
	最早完成时间＝最早开始时间＋持续时间
两项工作间的时间间隔	FTS： 时间间隔＝紧后工作最早开始时间－本工作最早结束时间－FTS
	STS： 时间间隔＝紧后工作最早开始时间－本工作最早开始时间－STS
	FTF： 时间间隔＝紧后工作最早结束时间－本工作最早结束时间－FTF
	STF： 时间间隔＝紧后工作最早结束时间－本工作最早开始时间－STF
	混合搭接：min｛时间间隔｝
总时差	总时差＝计划工期－计算工期
自由时差	自由时差＝min｛本工作与紧后工作之间时间间隔｝。 终点节点自由时差＝计划工期－终点节点代表工作的最早完成时间
最迟完成时间、最迟开始时间	工作最迟完成时间＝最早完成时间＋总时差。 工作最迟开始时间＝最早开始时间＋总时差

3. 关键工作及关键线路确定方法（表4-11、表4-12）

表4-11　双代号网络计划关键工作及关键线路判定表

判定方法	判定步骤
用总时差判定	（1）总时差最小的工作为关键工作。 （2）关键线路是将关键工作首尾相连，关键线路上各项工作持续时间之和最大，且等于计算工期。关键线路上可能有虚工作存在。一般用粗箭线或者双线箭线标出
标号法判定	（1）标号法计算过程 ①起点节点标号值为零。 ②完成节点的标号值＝max｛开始节点的标号值＋工作持续时间｝ ③按照从小到大的顺序逐个计算，用标号值及源节点对该节点进行双标号。 ④计算工期是网络计划终点节点标号值。 ⑤关键路线从终点节点开始，逆着箭线方向按源节点确定。 （2）关键节点、关键工作、关键线路的关系 关键线路上的节点成为关键节点。关键工作两端的节点必为关键节点，但两端为关键节点的工作不一定是关键工作。

判定方法	判定步骤
标号法判定	（3）关键节点特性 ① 开始节点和完成节点均为关键节点的工作，不一定是关键工作。 ② 以关键节点为完成节点的工作，其总时差和自由时差必然相等。 ③ 关键节点的最迟时间与最早时间的差值最小。当计划工期等于计算工期时，关键节点的最早时间与最迟时间必然相等
时标网络判定	从终点节点开始，逆着箭线方向进行判定，凡自始至终不出现波形线的线路即为关键线路

表 4-12　单代号网络计划关键工作及关键线路判定表

判定方法	判定步骤
用工作总时差判定	（1）总时差最小的工作为关键工作。 （2）将这些关键工作相连，并保证相邻两项关键工作之间的时间间隔为零而构成的线路就是关键线路
用时间间隔判定（含搭接网络）	从终点节点开始，逆箭线方向依次找出相邻两项工作之间时间间隔全部为零的线路，为关键线路

一 单项选择题

1. 各工作间逻辑关系表及相应双代号网络图见表 4-13 和图 4-7 所示，图中虚箭线的作用是（　　）。

表 4-13　各工作间逻辑关系表

工作	A	B	C	D
紧前工作	—	—	A	A、B

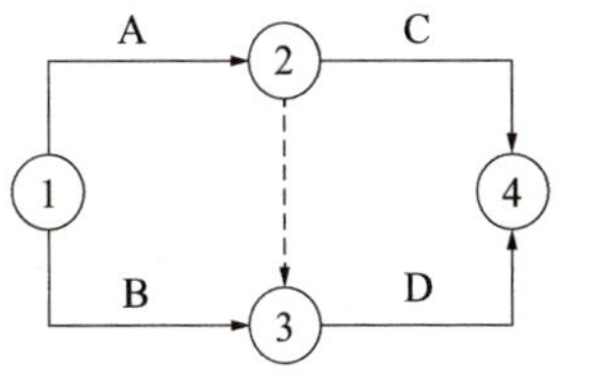

图 4-7　相应双代号网络图

A. 联系
B. 区分
C. 断路
D. 指向

2. 下列关于网络计划中节点的说法，正确的是（　　）。
A. 节点内可以用工作名称代替编号
B. 所有节点编号不能重复
C. 节点在网络计划中只表示事件，即前后工作的交接点
D. 所有节点均既有向内又有向外的箭线

3. 修一条堤坝的护坡时，一定要等土堤自然沉降完成后开始。用单代号搭接网络计划表达堤坝填筑和堤坝护坡的逻辑关系时，应采用的搭接关系是（　　）。
A. 完成到开始（FTS）
B. 完成到完成（FTF）
C. 开始到开始（STS）
D. 开始到完成（STF）

4. 某工程双代号网络计划如图 4-8 所示（单位：天），其计算工期是（　　）天。

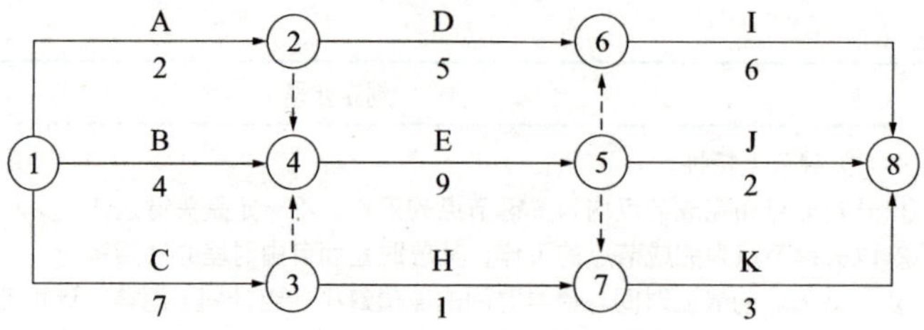

图 4-8 某工程双代号网络计划

A. 11   B. 13
C. 15   D. 22

5. 某工程网络计划如图 4-9 所示（单位：天），工作 D 的最迟开始时间是第（   ）天。

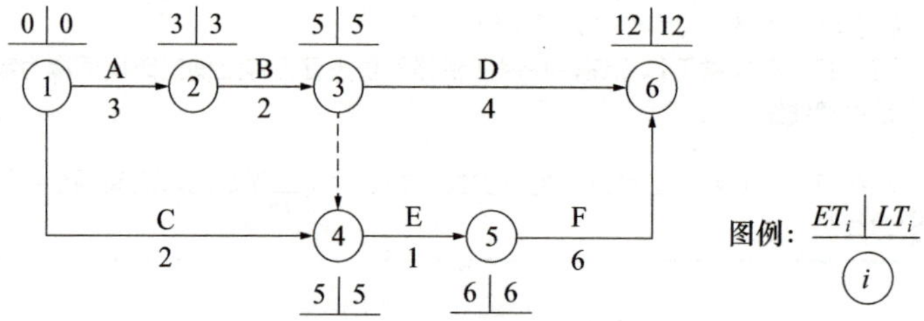

图例：$\dfrac{ET_i \mid LT_i}{i}$

图 4-9   某工程网络计划

A. 3   B. 5
C. 6   D. 8

6. 某双代号网络计划如图 4-10 所示（单位：天），则工作 E 的自由时差为（   ）天。

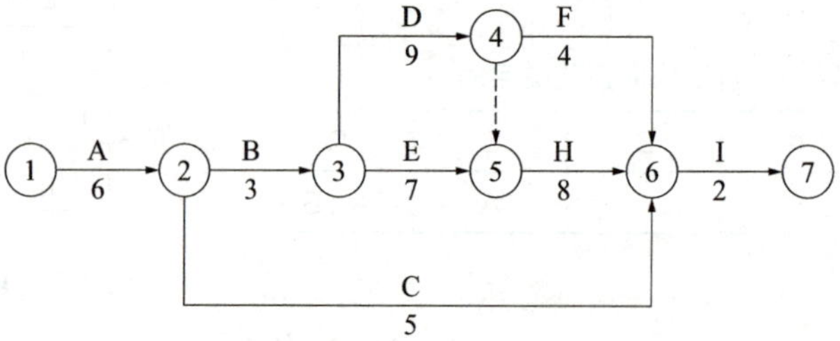

图 4-10   某双代号网络计划

A. 0   B. 4
C. 2   D. 15

7. 某工作持续时间 2 天，有两项紧前工作和三项紧后工作，紧前工作的最早开始时间分别是第 3 天、第 6 天（计算坐标系），对应的持续时间分别是 5 天、1 天；紧后工作的最早开始时间分别是第 15 天、第 17 天、第 19 天，对应的总时差分别是 3 天、2 天、0 天。该工作的总时差是（   ）天。

A. 8   B. 9
C. 10   D. 13

8. 下列关于双代号网络计划的工作最迟开始时间的说法，正确的是（   ）。

A. 最迟开始时间等于各紧后工作最迟开始时间的最大值

B．最迟开始时间等于各紧后工作最迟开始时间的最小值

C．最迟开始时间等于各紧后工作最迟开始时间的最大值减去持续时间

D．最迟开始时间等于各紧后工作最迟开始时间的最小值减去持续时间

9．某工程单代号搭接网络计划如图 4-11 所示，节点中下方数字为工作的持续时间，其中关键工作有（　　）。

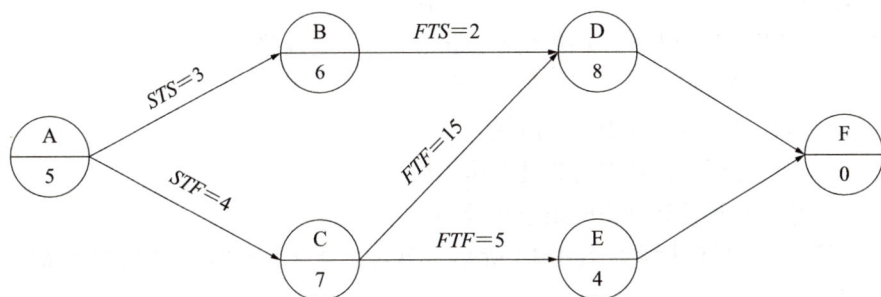

图 4-11　某工程单代号搭接网络计划

A．工作 A 和工作 B
B．工作 B 和工作 D

C．工作 C 和工作 D
D．工作 C 和工作 E

10．单代号网络计划时间参数计算中，相邻两项工作之间的时间间隔（$LAG_{i,j}$）是（　　）。

A．紧后工作最早开始时间和本工作最早开始时间之差

B．紧后工作最早开始时间和本工作最早完成时间之差

C．紧后工作最早完成时间和本工作最早开始时间之差

D．紧后工作最迟完成时间和本工作最早完成时间之差

11．下列关于双代号时标网络计划的说法，正确的是（　　）。

A．能在图上直接显示各项工作的最迟开始与完成时间

B．工作间的逻辑关系可以设法表达，但不易表达清楚

C．没有虚箭线，绘图比较简单

D．工作自由时差可以通过比较与其紧后工作间波形线的长度得出

12．某双代号时标网络计划如图 4-12 所示（单位：天），工作 F、工作 H 的最迟完成时间分别为（　　）。

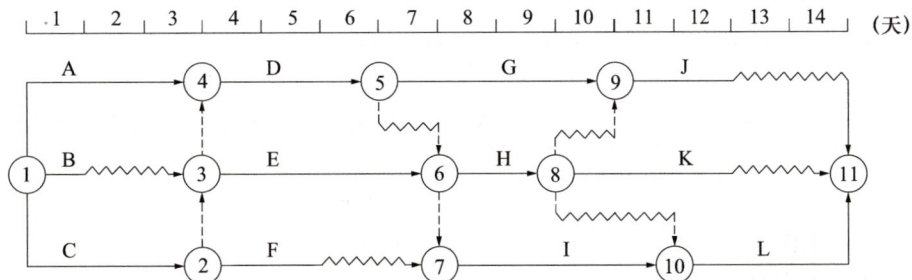

图 4-12　某双代号时标网络计划

A．第 7 天、第 9 天
B．第 7 天、第 11 天

C. 第 8 天、第 9 天　　　　　　　　D. 第 8 天、第 11 天

13. 单代号搭接网络计划中，某工作持续时间 3 天，有且仅有一个紧前工作，紧前工作最早第 2 天开始，工作持续时间 5 天，该工作与紧前工作间的时距是 $FTF=2$ 天。该工作的最早开始时间是第（　　）天。

A. 0　　　　　　　　　　　　　　B. 3

C. 5　　　　　　　　　　　　　　D. 6

14. 在工程网络计划中，关键线路是指（　　）的线路。

A. 双代号时标网络计划中无波形线

B. 双代号网络计划中无虚箭线

C. 单代号网络计划中由关键工作组成

D. 单代号搭接计划中时距总和最小

15. 某工程网络计划如图 4-13 所示（单位：天），该网络计划的关键线路有（　　）条。

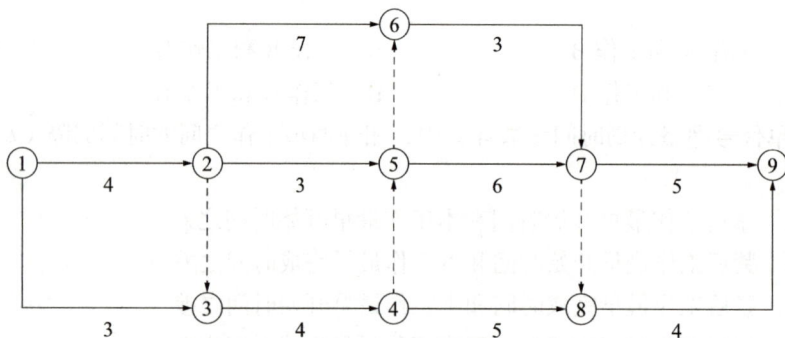

图 4-13　某工程网络计划

A. 1　　　　　　　　　　　　　　B. 2

C. 3　　　　　　　　　　　　　　D. 4

二　多项选择题

1. 某工程工作逻辑关系见表 4-14，C 工作的紧后工作有（　　）。

表 4-14　某工程工作逻辑关系

工作	A	B	C	D	E	F	G	H
紧前工作	—	—	A	A、B	C	B、C	D、E	C、F、G

A. 工作 D　　　　　　　　　　　　B. 工作 E

C. 工作 F　　　　　　　　　　　　D. 工作 G

E. 工作 H

2. 某双代号网络计划如图 4-14 所示，绘图的错误有（　　）。

A. 有多个起点节点　　　　　　　　B. 有多个终点节点

C．节点编号有误　　　　　　　D．存在循环回路

E．有多余虚工作

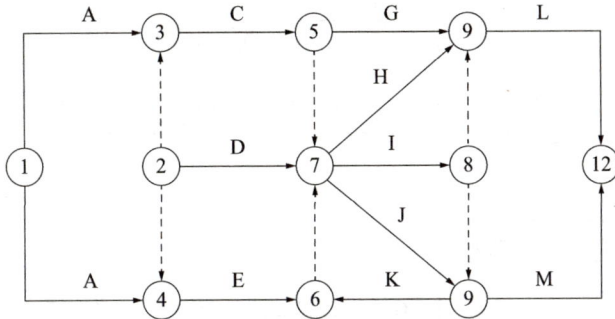

图 4-14　某双代号网络计划

3．某工程网络计划中，工作 N 的自由时差为 5 天，计划执行过程中检查发现，工作 N 的工作时间延长了 3 天，其他工作均正常，此时（　　　）。

A．工作 N 的总时差不变，自由时差减少 3 天

B．总工期不会延长

C．工作 N 的最迟完成时间推迟 3 天

D．工作 N 的总时差减少 3 天

E．工作 N 将会影响紧后工作

4．某双代号网络计划如图 4-15 所示（图中粗实线为关键工作），若计划工期等于计算工期，则自由时差一定等于总时差且不为零的工作有（　　　）。

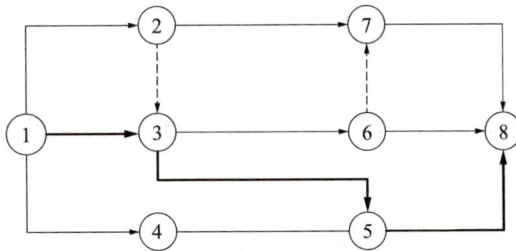

图 4-15　某双代号网络计划

A．①－②　　　　　　　　　　B．③－⑤

C．④－⑤　　　　　　　　　　D．⑥－⑧

E．②－⑦

5．某工程双代号网络计划如图 4-16 所示（单位：天），已标明各项工作的最早开始时间（ES_{i-j}）、最迟开始时间（LS_{i-j}）和持续时间（D_{i-j}）。该网络计划表明（　　　）。

A．工作 B 的总时差和自由时差相等

B．工作 D 的总时差和自由时差相等

C．工作 C 和工作 E 均为关键工作

D．工作 G 的总时差、自由时差分别为 2 天、0 天

E．工作 J 的总时差和自由时差相等

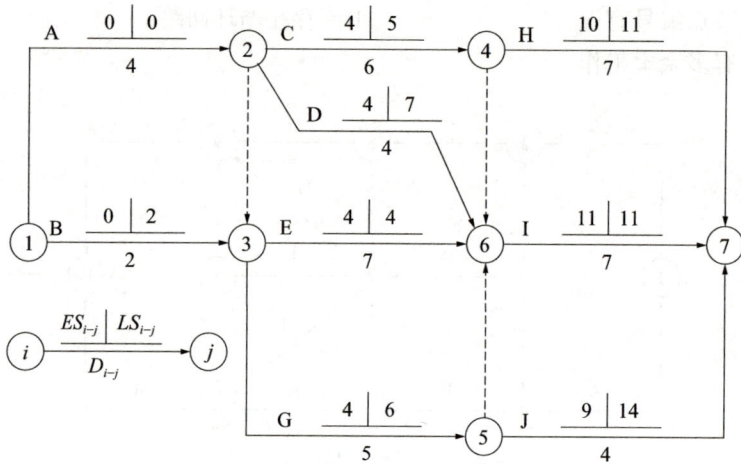

图 4-16　某工程双代号网络计划

6. 某工程双代号时标网络计划如图 4-17 所示（时间：周），下列各项工作的总时差计算中，正确的有（　　）。

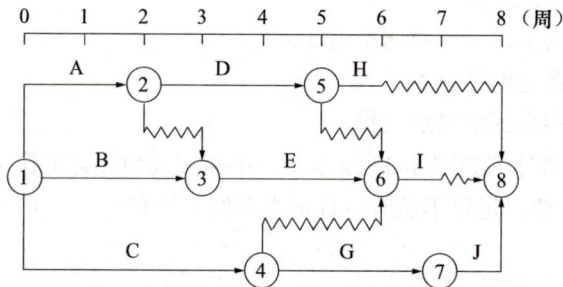

图 4-17　某工程双代号时标网络计划

A. 工作 A 的总时差是 2 周　　　B. 工作 B 的总时差是 3 周
C. 工作 C 的总时差是 0 周　　　D. 工作 D 的总时差是 1 周
E. 工作 E 的总时差是 1 周

7. 某单代号搭接网络计划如图 4-18 所示（单位：天），其时间参数正确的有（　　）。

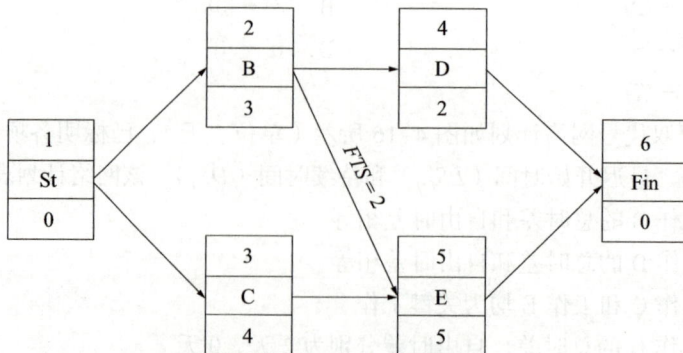

图 4-18　某单代号搭接网络计划

A. $FF_B = 2$ B. $TF_C = 1$

C. $LS_D = 8$ D. $LS_E = 5$

E. $LF_C = 5$

8. 网络计划中工作的自由时差是指该工作（　　）。

   A. 最迟完成时间与最早完成时间的差

   B. 与其所有紧后工作自由时差与间隔时间和的最小值

   C. 所有紧后工作最早开始时间的最小值与本工作最早完成时间的差值

   D. 与所有紧后工作间波形线段水平长度的最小值

   E. 与所有紧后工作间间隔时间的最小值

9. 下列关于工程网络计划中工作最迟完成时间计算的说法，正确的有（　　）。

   A. 等于其所有紧后工作最迟开始时间的最小值

   B. 等于其完成节点的最迟时间

   C. 等于其最早完成时间与总时差的和

   D. 等于其所有紧后工作最迟完成时间的最小值

   E. 等于其所有紧后工作间隔时间的最小值

10. 网络进度计划的工期调整可通过（　　）来实现。

   A. 调整关键工作持续时间　　　　B. 增减工作项目

   C. 缩短非关键工作的持续时间　　D. 调整工作间的逻辑关系

   E. 增加非关键工作的时差

11. 下列关于双代号网络计划中线路的说法，正确的有（　　）。

   A. 长度最短的线路称为非关键线路

   B. 线路中各节点应从小到大连续编号

   C. 一个网络图中可能有一条或多条关键线路

   D. 线路中各项工作持续时间之和就是该线路的长度

   E. 没有虚工作的线路称为关键线路

12. 某双代号网络计划如图 4-19 所示（单位：天），其关键工作有（　　）。

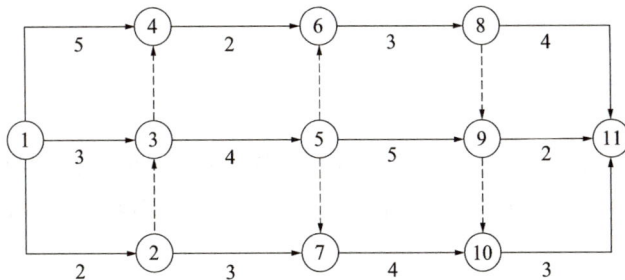

图 4-19　某双代号网络计划

   A. 工作 3-5   B. 工作 1-4

   C. 工作 7-10   D. 工作 5-9

   E. 工作 8-11

13. 工程网络计划中，关键工作是指（　　）的工作。

A．时标网络计划中无波形线

B．与紧后工作之间间隔时间为零

C．最早开始时间与最迟开始时间相差最小

D．总时差最小

E．双代号网络计划中两端节点均为关键节点

14．工程网络计划中，关键线路是指（　　　）的线路。

A．双代号网络计划中无虚箭线

B．双代号时标网络计划中无波形线

C．单代号网络计划中关键工作之间时间间隔均为零

D．双代号网络计划中由关键节点组成

E．单代号网络计划中工作自由时差均为零

15．某工程双代号网络计划中各项工作最早开始时间和最迟开始时间如图 4-20 所示，该图表明（　　　）。

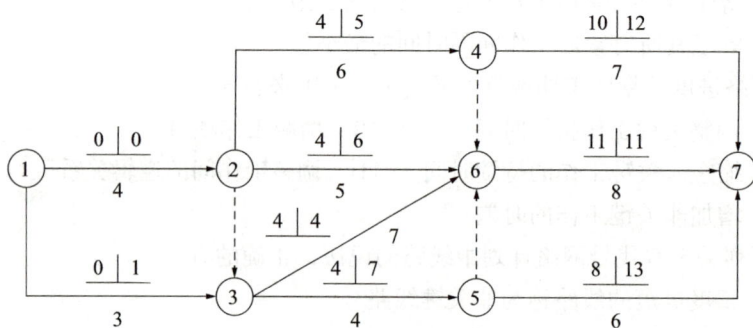

图 4-20　某工程双代号网络计划

A. 工作 1-3 的自由时差为 1　　　　B. 工作 2-4 的自由时差为 1

C. 工作 2-6 的总时差为 2　　　　　D. 工作 3-6 为关键工作

E. 工作 5-7 的总时差为 5

【答案与解析】

一、单项选择题

*1. A;　　*2. B;　　*3. A;　　*4. D;　　*5. D;　　*6. C;　　*7. A;　　*8. D;

*9. C;　　*10. B;　　*11. D;　　*12. B;　　*13. D;　　*14. A;　　*15. B

【解析】

1.【答案】A

虚箭线既不占用时间，也不消耗资源，一般起着工作之间的联系、区分和断路三个作用。图中虚箭线表达工作 A 与工作 D 的联系。所以 A 正确。

2.【答案】B

不能用工作名称代替编号，选项 A 错误。所有节点编号不能重复，选项 B 正确。节点是网络图中箭线的连接点，在单代号网络计划中表示一项工作，在双代号网络中表

示工作的开始或结束，以及工作之间的连接状态，选项 C 错误。起点节点只有外向箭线，终点节点只有内向箭线，选项 D 错误。所以 B 正确。

3.【答案】A

修一条堤坝的护坡时，一定要等土堤自然沉降后才能修护坡，这种搭接关系就是 FTS。所以 A 正确。

4.【答案】D

关键线路为①→③→④→⑤→⑥→⑧，计算工期为 $7+9+6=22$ 天。所以 D 正确。

5.【答案】D

工作 D 的最迟完成时间 = 6 号节点的参数即 12 天，持续时间是 4 天，故其最迟开始时间是 $12-4=8$。所以 D 正确。

6.【答案】C

工作 E 的最早完成时间为 $6+3+7=16$，工作 E 的紧后工作 H 的最早开始时间为 $6+3+9=18$，因此工作 E 的自由时差为工作 H 的最早开始时间减去工作 E 的最早完成时间，即 $18-16=2$ 天。所以 C 正确。

7.【答案】A

最早开始时间 $= \max\{3+5, 6+1\} = 8$，最早完成时间 $= 8+2=10$，最迟完成时间 $= \min\{15+3, 17+2, 19+0\} = 18$，总时差 $= 18-10 = 8$ 天。所以 A 正确。

8.【答案】D

最迟开始时间等于最迟完成时间减去其持续时间，即各紧后工作最迟开始时间的最小值减去持续时间。所以 D 正确。

9.【答案】C

本题考查单代号搭接网络计划时间参数计算。首先计算各工作的最早开始时间和最早结束时间，在计算工作 C 的最早开始时间时出现负值，应增加虚拟的起先节点，将其与工作 A 和工作 C 节点用虚箭线相连，重新计算工作 A 和工作 C 的时间参数。再计算相邻工作之间的时间间隔，最终从结束节点返回，整条线路中自始至终无时间间隔的线路就是虚拟起始工作→C→D→F，即关键线路，C、D 两项工作为关键工作。所以 C 正确。

10.【答案】B

相邻两项工作之间的时间间隔等于紧后工作最早开始时间和本工作最早完成时间之差。所以 B 正确。

11.【答案】D

时标网络计划能在图上直接显示出各项工作的最早开始时间与最早完成时间、工作的自由时差及关键线路，但无法显示最迟开始和最迟完成时间，选项 A 错误。工作间的逻辑关系容易表达清楚，选项 B 错误。时标网络计划中虚工作必须以垂直方向的虚箭线表示，选项 C 错误。工作自由时差为波形线的最小值。所以 D 正确。

12.【答案】B

工作 F 的最早完成时间为第 5 天，总时差为 2 天，最迟完成时间为 $5+2=7$。工作 H 的最早完成时间为第 9 天，总时差为 2 天，工作 H 的最迟完成时间为 $9+2=11$。

工作 F、H 的最迟完成时间分别为第 7 天、第 11 天。所以 B 正确。

13.【答案】D

紧前工作最早开始时间为第 2 天，工作持续时间 5 天，即紧前工作的最早完成时间为 $2+5=7$；由于该工作与紧前工作的 $FTF=2$ 天，即紧前工作的最早完成时间与该工作的最早完成时间间隔只有 2 天，即该工作的最早完成时间为 $7+2=9$，该工作的持续时间为 3 天，因此该工作的最早开始时间 = 最早完成时间 - 工作持续时间 $=9-3=6$。所以 D 正确。

14.【答案】A

本题考查网络计划中关键线路的概念，在工程网络计划中，关键线路的概念正确的有：① 除单代号搭接网络计划外，其他各种工程网络计划中总持续时间最长的线路；② 在双代号网络计划中，由总时差最长的工作（关键工作）连接的线路；③ 在双代号网络计划中，由关键节点组成，且保证箭头关键节点最早时间等于箭尾关键节点最早时间加两节点间工作持续时间的线路；④ 在单代号网络计划中相邻工作时间间隔均为零的线路；⑤ 在双代号时标网络计划中无波形线的线路。特殊留意：在双代号网络计划中不能单独用关键节点判定；在单代号中不能单独用关键工作判定；在单代号搭接网络计划中不能用持续时间之和最长判定关键线路。所以 A 正确。

15.【答案】B

本题考查标号法。利用标号法在给定的网络图上确定的关键线路是：1-2-3-4-5-7-9 和 1-2-6-7-9 两条，所以 B 正确。

二、多项选择题

*1. B、C、E;	*2. A、C、D;	*3. B、D;	*4. C、D;
*5. A、B、D、E;	*6. A、C、E;	*7. B、C、D、E;	*8. C、D、E;
*9. A、B、C;	*10. A、B、D;	*11. C、D;	*12. A、D;
*13. C、D;	*14. B、C;	*15. A、C、D、E	

【解析】

1.【答案】B、C、E

由表格，C 作为 E、F、H 的紧前工作，则 E、F、H 为 C 的紧后工作。所以 B、C、E 正确。

2.【答案】A、C、D

本题考查双代号网络绘图规则。图中有①、②两个起始节点，选项 A 正确。有两个⑨节点，节点编号有误，选项 C 正确。⑥、⑦、⑨构成循环回路，选项 D 正确。所以 A、C、D 正确。

3.【答案】B、D

工作 N 拖延 3 天，自由时差为 5 天，工作 N 延长时间比自由时差小，因此不影响紧后工作最早开始时间和总工期，选项 B 正确，选项 E 错误。工作 N 的总时差应等于计划工期与工作最早完成时间之差，由于工作最早完成时间增加 3 天，工作总时差减少 3 天，选项 D 正确，选项 A、C 错误。所以 B、D 正确。

4.【答案】C、D

以关键节点为完成节点的非关键工作，总时差等于自由时差，且不为零。所以 C、

D 正确。

5.【答案】A、B、D、E

网络关键线路为 A→E→I，A、E、I 为关键工作，选项 C 错误。当关键节点为完成节点时，总时差等于自由时差，②、③、⑥、⑦为完成节点的工作如 B、D、J 的总时差等于自由时差，选项 A、B、E 正确。总时差为最迟开始时间减去最早开始时间，因此 G 的总时差为 $6-4=2$ 天，自由时差为紧后工作的最早开始时间减去本工作的最早结束时间，因此 G 的自由时差为 $9-(5+4)=0$ 天，选项 D 正确。所以 A、B、D、E 正确。

6.【答案】A、C、E

本题考查双代号时标网络总时差的计算。根据 $TF_j = \min(TF_i + LAG_{i,j})$，从图上看出，工作 I 有 1 周的波形，$TF_I = 1$ 周，$LAG_{I,E} = 0$，因此 $TF_E = 1$ 周；工作 D 有两个紧后工作 H 和 I，$TF_H = 2$ 周，$LAG_{D,H} = 0$，$LAG_{D,I} = 1$，$TF_D = \min(TF_H + LAG_{D,H}, TF_I + LAG_{D,I}) = \min(2, 2) = 2$ 周；工作 C 所在线路无波形，工作 C 总时差为 0 周；工作 B 紧后工作为 E，$LAG_{B,E} = 0$，$TF_D = 1$ 周；工作 A 有两个紧后工作 D 和 E，$LAG_{A,D} = 0$，$LAG_{A,E} = 1$，$TF_A = 2$ 周。所以 A、C、E 正确。

7.【答案】B、C、D、E

由计算可知，工作 B 的最早开始时间 $ES_B = 0$，最早结束时间 $EF_B = 3$，最晚开始时间 $LS_B = 0$，最晚结束时间 $LF_B = 3$，总时差 $TF_B = 0$，自由时差 $FF_B = 0$；工作 C 的最早开始时间 $ES_C = 0$，最早结束时间 $EF_C = 4$，最晚开始时间 $LS_C = 1$，最晚结束时间 $LF_C = 5$，总时差 $TF_C = 1$，自由时差 $FF_C = 1$；工作 D 的最早开始时间 $ES_D = 3$，最早结束时间 $EF_D = 5$，最晚开始时间 $LS_D = 5$，最晚结束时间 $LF_D = 10$，总时差 $TF_D = 5$，自由时差 $FF_D = 5$；工作 E 的最早开始时间 $ES_E = 5$，最早结束时间 $EF_E = 10$，最晚开始时间 $LS_E = 5$，最晚结束时间 $LF_E = 10$，总时差 $TF_E = 0$，自由时差 $FF_E = 0$。所以 B、C、D、E 正确。

8.【答案】C、D、E

选项 A 描述的是总时差，选项 B 是错误概念，选项 C、D、E 描述的是自由时差。所以 C、D、E 正确。

9.【答案】A、B、C

选项 D 错误，应等于其所有紧后工作最迟开始时间的最小值。

选项 E 错误，其所有紧后工作最迟完成时间的最小值＝自由时差。

10.【答案】A、B、D

工期优化是在不改变网络计划中各项工作之间逻辑关系的前提下，通过压缩关键工作的持续时间来达到优化目标，且不能将关键工作压缩成非关键工作。调整的内容包括：关键线路的长度；非关键线路的时差；增减工作项目；调整逻辑顺序；重估某些工作持续时间；调整资源投入。所以 A、B、D 正确。

11.【答案】C、D

总时间最长的线路称为关键线路，一般用双线或粗线标注，选项 A 错误。不必须要连续编号，选项 B 错误。关键线路可以有多条，选项 C 正确。线路中各项工作持续时间之和就是该线路的总持续时间，选项 D 正确。自始至终全部由关键工作组成的线路为关键线路，或线路上总的工作持续时间最长的线路为关键线路，关键线路上可能存在虚工作，选项 E 错误。所以 C、D 正确。

12.【答案】A、D

根据标号法，关键线路为①→③→⑤→⑨→⑩→⑪。所以 A、D 正确。

13.【答案】C、D

关键工作指的是网络计划中总时差最小的工作，或最早开始时间与最迟开始时间的差值最小的工作。所以 C、D 正确。

14.【答案】B、C

双代号网络计划的关键线路中可以有虚箭线，由关键节点组成的线路不一定是关键线路，关键线路是自始至终没有波形线的线路，关键工作之间时间间隔均为零。所以 B、C 正确。

15.【答案】A、C、D、E

本题考查双代号网络计划时间参数的计算。

按给定选项逐项进行计算在判定。

$$FF_{1,3} = \min\{ES_{3,5}-EF_{1,3},\ ES_{3,6}-EF_{1,3}\} = \min\{4-(0+3),\ 4-(0+3)\} = 1$$
$$FF_{2,4} = \min\{ES_{4,7}-EF_{2,4},\ ES_{6,7}-EF_{2,4}\} = \min\{10-(4+6),\ 11-(4+6)\} = 0$$
$$TF_{2,6} = LS_{2,6}-ES_{2,6} = 6-4 = 2$$
$$TF_{3,6} = LS_{3,6}-ES_{3,6} = 4-4 = 0,\ 所以是关键工作。$$
$$TF_{5,7} = LS_{5,7}-ES_{5,7} = 13-8 = 5$$

所以 A、C、D、E 正确。

4.4 施工进度控制

复习要点

1. 施工进度监测及控制系统（表4-15）

表 4-15 施工进度监测及控制系统

系统过程	工作内容
监测系统过程	（1）收集整理实际进度数据 通过进度报表、现场检查、协调会议收集数据。 （2）实际进度与计划进度比较
控制系统过程	（1）分析进度偏差产生原因 非承包商原因可以申请延长工期。 （2）分析进度偏差对后续工作及总工期的影响 ①偏差未超过 FF 时，则偏差既不影响后续工作也不会影响总工期。 ②偏差超过 FF，但未超过 TF 时，则偏差影响后续工作，但不会影响总工期。 ③偏差超过 TF 时，则偏差既影响后续工作也影响总工期。 （3）确定后续工作及总工期的限制条件 （4）调整施工进度计划

2．实际进度与计划进度比较方法（表4-16）

表 4-16　实际进度与计划进度比较方法

常用方法	比较方式
横道图比较法	（1）将实际进度与计划进度的横道线进行比较。 （2）适合匀速进展任务
S曲线比较法	（1）横轴表示时间，纵轴表示累计完成任务量，将实际进度累计完成任务量与计划进度累计完成任务量进行比较。 （2）实际进展点落在S曲线左侧代表超前，右侧代表滞后，落在计划S曲线上代表一致。 （3）横轴表达超前或滞后时间；纵轴表达超前滞后工作量 可对后期进展进行预测
前锋线比较法	（1）利用时标网络将实际进展点与检查日期相连得到的折线。 （2）实际进展点落在检查日期右侧代表工作滞后，左侧超前，重合代表一致。 （3）可以利用总时差和自由时差的关系分析工作的超前或滞后对后续工作和总工期的影响

3．常见进度措施（表4-17）

表 4-17　常见进度措施对照表

类别		要点	举例
压缩工作持续时间	组织措施	（1）与人有关。 （2）与编制进度的工作流程有关。 （3）与进度会议有关	（1）组织更多施工队伍。 （2）定义项目进度计划系统组成。 （3）召开进度会议
	技术措施	（1）与设计和施工技术选择有关。 （2）与是否进行施工技术更改有关	（1）改进施工技术。 （2）分析技术的更改对进度影响的必要性
	经济措施	（1）与资源、资金有关。 （2）与激励有关	（1）编制资源需求计划。 （2）实行包干奖励
	其他配套措施	与管理有关	（1）改善外部配合条件。 （2）改善施工环境。 （3）组织有利调度
改变工作逻辑关系		改变某些工作开始完成时间缩短工期	
		通过改变逻辑关系（平行、搭接、流水）缩短工期	

一　单项选择题

1．根据《建设工程项目管理规范》GB/T 50326—2017，进度控制的工作包括：① 编制进度计划及资源需求计划；② 采取纠偏措施或调整计划；③ 分析计划执行的情况；④ 实施跟踪检查，收集实际进度数据。其正确的顺序是（　　）。

A．④－②－③－①　　　　　B．②－①－③－④

C．①－④－③－②　　　　　D．③－①－④－②

2．当利用S曲线比较实际进度与计划进度时，如果检查日期实际进展点落在计划S曲线的右侧，则该实际进展点与计划S曲线在横坐标方向的距离表示工程项目（　　）。

A．实际进度超前的时间　　　B．实际进度拖后的时间

C．实际超额完成的任务量　　　　D．实际拖欠的任务量

3．当工程网络计划的计算工期超过要求工期时，为满足要求工期，对网络计划进行可进行的调整方式为（　　）。

A．减少工作的自由时差　　　　B．压缩关键工作的持续时间

C．增加工作的自由时差　　　　D．增加关键工作的持续时间

4．某项目由于电梯设备采购延误导致总体工程进度延误，项目经理部研究决定调整项目采购负责人，该纠偏措施属于项目目标控制的（　　）。

A．组织措施　　　　　　　　　B．合同措施

C．经济措施　　　　　　　　　D．技术措施

5．下列建设工程项目进度控制措施中，属于其他配套措施的是（　　）。

A．增加工作面

B．实行包干奖励

C．分析施工方案对工程进度的影响

D．对比分析工程物资采购模式

二　多项选择题

1．下列施工进度控制工作中，属于监测系统过程的有（　　）。

A．分析产生进度偏差的原因

B．收集反映工程实际进度的有关数据

C．调整施工进度计划

D．分析进度偏差对后续工作及总工期的影响

E．实际进度与计划进度比较分析

2．某工程双代号时标网络计划执行至第 6 周末和第 10 周末检查进度时，实际进度前锋线如图 4-21 所示。下列分析结论中，正确的有（　　）。

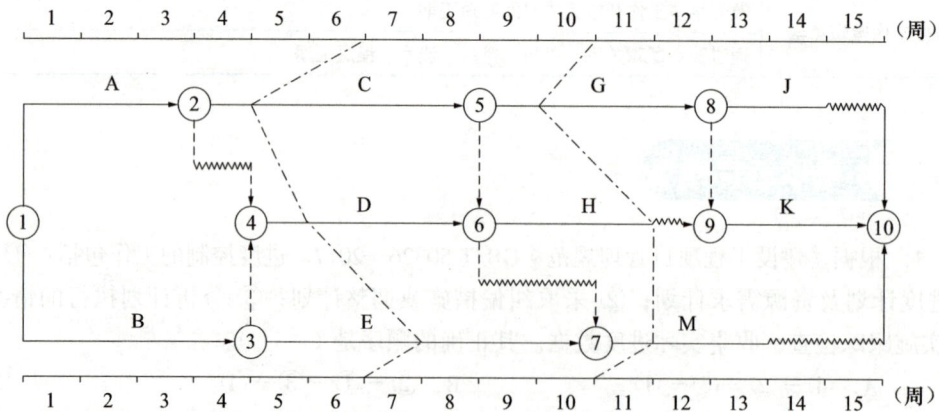

图 4-21　实际进度前锋线

A．第 6 周末检查进度时，工作 C 拖后 2 周，影响工期 2 周

B．第 6 周末检查进度时，工作 D 拖后 1 周，影响工期 1 周

C. 第 6 周末检查进度时，工作 E 提前 1 周，不影响工期

D. 第 10 周末检查进度时，工作 G 拖后 1 周，不影响工期

E. 第 10 周末检查进度时，工作 H 已提前完成，不影响工期

3. 某工作计划进度与实际进度如图 4-22 所示，下列说法中正确的有（   ）。

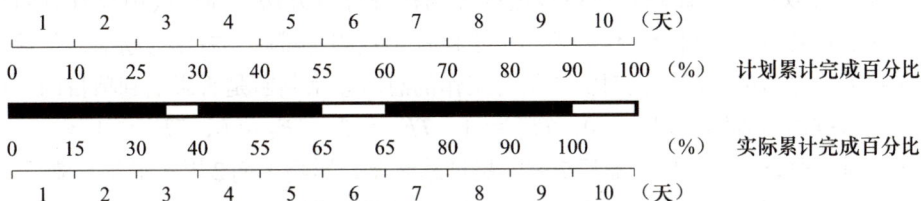

图 4-22　某工作计划进度与实际进度

A. 第 1 天至第 2 天的实际进度为匀速进展

B. 工作的计划进度为匀速进展

C. 工作的实际进度拖后 1 天

D. 第 8 天实际完成工作量与计划完成工作量相同

E. 工作实际进展中累计停工 1.5 天

4. 为压缩某些工作的持续时间，下列措施中属于组织措施的有（   ）。

A. 编制资源需求计划　　　　　B. 实行包干奖励

C. 增加工作面组织多队伍参与　D. 采用更先进的施工机械

E. 采取多班制施工方式

【答案与解析】

一、单项选择题

*1. C;　　*2. B;　　*3. B;　　4. A;　　*5. D

【解析】

1.【答案】C

进度控制的工作及其顺序：编制进度计划及资源需求计划；实际进度跟踪检查并搜集进度数据；分析计划执行情况；采取纠偏措施或调整计划。所以 C 正确。

2.【答案】B

S 曲线横轴代表时间轴，当实际进展点落在 S 曲线右侧时，代表工作进度拖后，因此实际进展点与计划 S 曲线的横坐标距离代表拖后的时间。所以 B 正确。

3.【答案】B

关键工作的持续时间缩短才会改变项目的工期，增减工作的自由时差不会影响项目工期，增加关键工作的持续时间会使项目工期延长，达不到缩短工期目的。所以 B 正确。

5.【答案】D

选项 A 为组织措施，选项 B 为经济措施，选项 C 为技术措施，选项 D 为配套措施。所以 D 正确。

二、多项选择题

1．B、E；　　　　　*2．A、C、E；　　　　*3．A、D、E；　　　　*4．C、E

【解析】

2．【答案】A、C、E

本题考查双代号时标网络前锋线进度计划检查分析方法。前锋线中检查时间与实际工作落点位置偏差来判断工作偏差，位于检查点左侧为滞后，右侧为超前，偏差距离为工作超前或滞后的时间。同时需要结合工作的总时差来判断是否影响到项目的工期。

首先根据图示判断，$TF_C = 0$，$TF_D = 1$，$TF_E = 2$，$TF_G = 0$，$TF_H = 1$。

第 6 周末检查时，工作 C 滞后 2 周，超过总时差，影响工期 2 周；工作 D 滞后 1 周，等于总时差，不影响工期；工作 E 超前 1 周，不影响工期。

第 10 周末检查时，工作 G 滞后 1 周，超过总时差，影响工期 1 周；工作 H 超前 1 周，不影响工期。

所以 A、C、E 正确。

3．【答案】A、D、E

本题考查横道图的进度执行情况分析方法。

选项 A：由于第 1 天实际完成任务量为 15%，第 2 天实际完成任务量为 30%－15% ＝ 15%，两天完成的任务量相同，所以这两天是匀速进展。

选项 B：由于每天计划完成的任务量不相等，而工作的时间相同，所以计划进度不是匀速的。

选项 C：到第 9 天时，实际进度已完成 100%，比计划提前 1 天完成全部任务。

选项 D：第 8 天计划完成任务量是 80%－70% ＝ 10%；而实际完成任务量是 90%－80% ＝ 10%。

选项 E：从计划开始到第 9 天结束，横道图中没涂黑的累计时间为 1.5 天，即为实际进展的累积停工时间。

所以 A、D、E 正确。

4．【答案】C、E

本题考查进度控制措施的分类，选项 C、E 为组织措施，选项 A、B 为经济措施，选项 D 为技术措施。所以 C、E 正确。

第 5 章　建设工程质量管理

5.1　工程质量影响因素及管理体系

复习要点

1. 建设工程固有特性

固有特性包括明示特性和隐含特性。明示特性指由相关标准规定和合同约定的明确要求；隐含特性指客体隐含的内在要求；建设工程固有特性包括了实用性、安全性、可靠性、经济性、美观性和环境协调性。

2. 工程质量形成过程

工程质量形成过程包括：工程投资决策；工程勘察设计；工程施工；工程竣工验收；工程保修。其中，工程投资决策是影响工程质量的关键阶段；工程勘察设计是通过工程勘察、设计使已确定的质量目标和水平具体化，是影响工程质量的决定性阶段；工程施工直接影响工程的最终质量，是工程质量控制的关键阶段；工程竣工验收体现了工程质量水平的最终结果；工程保修对于促进工程建设各方加强质量管理，保护用户及消费者的合法权益起到重要的保障作用。

3. 工程质量影响因素

工程质量影响因素包括：人因影响；工程材料影响；机械设备影响；方法或工艺影响；环境影响。其中，在工程质量管理中，人的因素起着决定性作用；加强材料质量控制，是控制工程质量的重要基础。

4. 全面质量管理的思想

全面质量管理是一个组织以质量为中心，以全员参与为基础，目的在于通过让顾客满意和组织所有成员及社会受益而达到长期成功的管理途径。

5. 全面质量管理的特点

树立"三全一多样"的管理理念，具体包括管理内容的全面性、管理范围的全面性、参加管理人员的全面性和管理方法的多样性。

6. 全面质量管理的基础工作

全面质量管理的基础工作包括：标准化工作、计量和理化工作、质量信息工作、质量教育工作和质量责任制等。其中，标准化工作包括技术标准、管理标准、工作标准，它是一个完整的标准化管理体系；计量和理化工作是保证化验分析、测试计量的量值准确和统一，确保技术标准的贯彻执行，保证零部件互换和产品质量的重要手段。

7. 工程质量管理体系的性质、特点和构成

工程质量管理体系只用于特定的工程项目质量管理，涉及工程项目实施过程所有的质量责任主体。管理目标是工程项目质量目标，是一次性的质量工作体系，其有效性一般由项目管理的总组织者进行自我评价与诊断，不需进行第三方认证。

8．工程质量管理体系的建立

1）工程质量管理体系的建立原则

建立原则包括：① 分层次规划原则；② 目标分解原则；③ 质量责任制原则；④ 系统有效性原则。

2）工程质量管理体系的建立程序

建立程序包括：① 确立工程质量责任的网络架构；② 制定工程质量管理制度；③ 分析工程质量管理界面；④ 编制工程质量计划。

9．工程质量管理体系的运行

运行环境指为系统运行提供支持的管理关系、组织制度和资源配置的条件，具体包括：① 项目合同结构；② 质量管理资源配置；③ 质量管理组织制度。

在系统内部的管理制度设计时，必须予以高度的重视，防止重要管理制度的缺失、制度本身的缺陷、制度之间的矛盾等现象出现，才能为系统的运行注入动力机制、约束机制、反馈机制和持续改进机制。

一 单项选择题

1. 工程建设活动中，影响工程实体质量的决定性阶段是（　　）。

    A．工程投资决策　　　　　　　B．工程勘察设计

    C．工程施工　　　　　　　　　D．工程竣工验收

2. 工程质量的形成过程是循序渐进的，直接影响工程最终质量的阶段是（　　）。

    A．工程投资决策　　　　　　　B．工程勘察设计

    C．工程施工　　　　　　　　　D．工程竣工验收

3. 工程质量影响因素中可变性最大的因素是（　　）。

    A．工程材料影响　　　　　　　B．方法或工艺影响

    C．人因影响　　　　　　　　　D．环境影响

4. 4M1E 是影响工程质量的因素，其中控制工程质量的重要基础是（　　）。

    A．人因　　　　　　　　　　　B．工程材料

    C．方法或工艺　　　　　　　　D．机械设备

5. 影响工程能否最终形成生产能力，体现了工程质量水平最终结果的工程质量形成过程是（　　）。

    A．工程勘察设计　　　　　　　B．工程施工

    C．工程竣工验收　　　　　　　D．工程保修

6. 全面质量管理强调组织以质量为中心，以（　　）为基础。

    A．全员参与　　　　　　　　　B．改进生产

    C．检查检验　　　　　　　　　D．制造过程

7. 质量管理的发展大致可分为质量检验阶段、统计质量控制阶段、全面质量管理阶段。属于统计质量控制阶段特点的是（　　）。

    A．用最经济的生产成本为消费者提供完全满意的优质产品

    B．通过让顾客满意和组织所有成员及社会受益而达到长期成功

C. 由检查员对产品进行检验，剔除不合格品

D. 对生产过程中的各道工序均用统计方法进行质量管理

8. 在企业范围内组建 QC 小组，充分调动全员积极参与质量管理的兴致，该措施符合全面质量管理的（　　）特点。

  A. 管理内容的全面性   B. 管理范围的全面性

  C. 参加管理人员的全面性 D. 管理方法的多样性

9. 标准化工作包括了技术标准、管理标准、工作标准，它是一个完整的标准化管理体系，属于技术标准的是（　　）。

  A. 质量管理标准   B. 方法标准

  C. 通用工作标准   D. 工作程序

10. 所有计量器具准许投入使用或进行流转的必要条件是具有（　　）。

  A. 说明书   B. 操作手册

  C. 安全指导书   D. 合格证或标志

11. 工程质量管理体系是围绕（　　）为对象建立的工作系统。

  A. 建设单位   B. 施工单位

  C. 项目监理机构   D. 工程项目

12. 工程质量管理体系是工程项目管理组织的一个目标控制体系，其质量责任界面包括了静态界面和动态界面，属于动态界面确定依据的是（　　）。

  A. 法律法规和标准规范

  B. 施工单位内部职能分工

  C. 设计与施工单位之间的衔接配合关系

  D. 合同条件的具体要求

13. 工程质量管理体系的运行，实质上就是系统功能的发挥过程，也是质量活动职能和效果的管理过程，属于系统有序运行基本保证的是（　　）。

  A. 项目合同结构   B. 质量管理资源配置

  C. 质量管理组织制度   D. 管理关系

14. 在项目实施的各个阶段，不同的层面、不同的范围和不同的质量责任主体之间开展质量控制，不断寻求改进机会、研究改进措施，保证建设工程项目质量控制系统的不断完善。该机制属于工程质量管理体系运行机制中的（　　）。

  A. 动力机制   B. 约束机制

  C. 反馈机制   D. 持续改进机制

15. 工程质量管理体系持续改进机制所应用的原理是（　　）。

  A. 动态控制   B. 及时响应

  C. 全面监控   D. PDCA 循环

二　多项选择题

1. 建设工程固有特性包括明示特性和隐含特性。属于建设工程固有特性中实用性的有（　　）。

A. 工艺流程合理、技术先进　　　B. 平面、空间布置合理

C. 以利生产、方便生活　　　　　D. 满足强度、刚度、稳定性要求

E. 使用有效性

2. 建设工程必须满足使用有效性、使用耐久性且维修方便，造型新颖，满足强度、刚度和稳定性的要求。可用于描述这些要求的建设工程固有特性的有（　　　）。

A. 美观性　　　　　　　　　　　B. 实用性

C. 可靠性　　　　　　　　　　　D. 经济性

E. 安全性

3. 影响工程质量的因素可归纳为人、材料、机械、方法及环境五大方面，属于方法或工艺影响因素的有（　　　）。

A. 质量评价标准　　　　　　　　B. 施工方案

C. 质量检验措施　　　　　　　　D. 技术措施

E. 施工方法

4. 全面质量管理目的在于通过让顾客满意和组织所有成员及社会受益而达到长期成功的管理途径，属于全面质量管理基本特点的有（　　　）。

A. 管理内容的全面性　　　　　　B. 顾客要求的多样性

C. 参加管理人员的全面性　　　　D. 管理范围的全面性

E. 管理方法的多样性

5. 计量和理化工作是保证化验分析、测试计量的量值准确和统一，确保技术标准的贯彻执行，保证零部件互换和产品质量的重要手段。为了确保计量器具的质量，对企业所有的计量器具，必须按照国家检定规程规定的检定项目和方式进行检定。属于严格执行计量器具检定的有（　　　）。

A. 入库检定　　　　　　　　　　B. 入室检定

C. 周期检定　　　　　　　　　　D. 随时检定

E. 返还检定

6. 下列关于质量教育与责任制的说法，属于保证和提高产品质量、搞好全面质量管理最可靠的基础的有（　　　）。

A. 广大员工牢固地树立了"质量第一"的思想

B. 广大员工有强烈的质量意识

C. 广大员工对全面质量管理的重要性有充分认识

D. 广大员工掌握使用计量器具的技能

E. 广大员工具备了一定的质量管理知识和技能

7. 工程质量管理体系的建立原则对于质量目标的规划、分解和有效实施控制是非常重要的，下列选项属于建立原则的有（　　　）。

A. 分层次规划原则　　　　　　　B. 目标分解原则

C. 质量责任制原则　　　　　　　D. 系统有效性原则

E. 综合全面原则

8. 属于工程质量管理体系运行机制中约束能力表现的有（　　　）。

A. 组织及个人的经营理念　　　　B. 质量意识

C. 职业道德及技术能力的发挥　　D. 公平的竞争

E. 及时作出处置

9. 与建筑企业或其他组织机构按照 GB/T 19000 族标准建立的质量管理体系相比，属于工程项目质量管理系统特点的有（　　）。

A. 工程质量管理体系用于建筑企业的质量管理

B. 工程质量管理体系是针对某一个建筑企业服务的

C. 工程质量管理体系的管理目标是工程项目质量目标

D. 工程质量管理体系是一个一次性的质量工作体系

E. 工程质量管理体系的有效性需要进行第三方认证

【答案与解析】

一、单项选择题

1. B;　　2. C;　　3. C;　　4. B;　　5. C;　　6. A;　　*7. D;　　8. C;

*9. B;　　10. D;　　11. D;　　*12. C;　　*13. C;　　14. D;　　15. D

【解析】

7.【答案】D

全面质量管理阶段，质量管理宗旨为用最经济的生产成本为消费者提供完全满意的优质产品，选项 A 错误。全面质量管理的目的在于通过让顾客满意和组织所有成员及社会受益而达到长期成功的管理途径，选项 B 错误。质量检验阶段是以检查为中心的质量保证，由检查员对产品进行检验，剔除不合格品，选项 C 错误。统计质量控制阶段对生产过程中的各道工序均用统计方法进行质量管理，同时也进行售后服务及用户意见反馈，以改进生产，控制产品合格率，选项 D 正确。所以 D 正确。

9.【答案】B

技术标准包括产品标准、基础标准、方法标准、安全卫生与环境保护标准。所以 B 正确。

12.【答案】C

工程质量管理体系的质量责任界面，包括静态界面和动态界面。一般说静态界面根据法律法规、合同条件、组织内部职能分工来确定。动态界面主要是指项目实施过程中设计单位之间、施工单位之间、设计与施工单位之间的衔接配合关系及其责任划分，必须通过分析研究，确定管理原则与协调方式。所以 C 正确。

13.【答案】C

质量管理组织制度为质量管理系统各个环节的运行，提供必要的行动指南、行为准则和评价基准的依据，是系统有序运行的基本保证。所以 C 正确。

二、多项选择题

1. A、B、C;　　2. A、C、E;　　*3. B、D、E;　　4. A、C、D、E;

5. A、B、C、E;　　6. A、B、C、E;　　7. A、B、C、D;　　*8. A、B、C;

*9. C、D

3.【答案】B、D、E

方法或工艺是指施工方法、施工工艺、施工方案和技术措施等。施工方案的合理性、施工方法或工艺的先进性、技术措施是否适当，均会对工程质量产生较大影响。所以 B、D、E 正确。

8.【答案】A、B、C

约束机制取决于各质量责任主体内部的自我约束能力和外部的监控效力。约束能力表现为组织及个人的经营理念、质量意识、职业道德及技术能力的发挥；监控效力取决于项目实施主体外部对质量工作的推动和检查监督。所以 A、B、C 正确。

9.【答案】C、D

工程质量管理体系只用于特定的工程项目质量管理，选项 A 错误。工程质量管理体系涉及工程项目实施过程所有的质量责任主体，选项 B 错误。工程质量管理体系有效性一般由项目管理的总组织者进行自我评价与诊断，不需进行第三方认证，选项 E 错误。所以 C、D 正确。

5.2 施工质量抽样检验和统计分析方法

复习要点

1. 抽样检验缘由

抽样检验缘由包括：① 破坏性检验，无法采取全数检验方式；② 全数检验有时会耗时长，在经济上也未必合算；③采取全数检验方式，未必能绝对保证 100% 的合格品。

2. 检验批

提供检验的一批产品称为检验批，检验批中所包含的单位产品数量称为批量，通常记作 N。衡量一批产品质量的方法主要有两种：计数方法和计量方法。

3. 随机抽样方法

随机抽样可分为简单随机抽样、系统随机抽样、分层随机抽样、分级随机抽样和整群随机抽样等。

4. 抽样检验分类

按检验目的的不同，可分为监督检验和验收检验；按产品质量特征不同，可分为计数抽样检验和计量抽样检验；按抽取样本次数不同，可分为一次、二次、多次抽样；按抽样方案是否可调整，可分为调整型抽样检验和非调整型抽样检验；按是否可组成批，可分为逐批检验和连续抽样检验。

5. 施工质量检验方法

施工质量检验可采用感观检验法、物理检验法、化学检验法和现场试验法等。

6. 分层法

分层法是指将调查收集的原始数据，根据不同的目的和要求，按某一性质进行分组整理的分析方法。

7. 调查表法

调查表法又称为调查分析法、检查表法，是指利用专门设计的统计表对工程质量数据进行收集和整理，并粗略地进行原因分析的一种方法。

8. 因果分析图法

因果分析图又称为质量特性因果图、鱼刺图或树枝图，是一种反映质量特性与质量缺陷产生原因之间关系的图形工具，可用来分析、追溯质量缺陷产生的最根本原因。

9. 排列图法

排列图法又称为主次因素分析法或帕累托图法，是用来分析影响质量主次因素的有效方法。

10. 相关图法

相关图又称为散布图，是用来观察分析两种质量数据之间相关关系的图形方法。

11. 直方图法

直方图又称频数分布直方图，是用来反映产品质量数据分布状态和波动规律的统计分析方法。常见的直方图形状包括正常型、折齿型、左（或右）缓坡型、孤岛型、双峰型、峭壁型。将直方图与质量标准比较，判断实际生产能力。

12. 控制图法

利用控制图分析质量波动原因，判明生产过程是否处于稳定状态的方法，称为控制图法。

按控制图的用途分类，控制图可分为：分析用控制图和管理（控制）用控制图。按质量数据特点分类，控制图可分为：计量值控制图和计数值控制图。分析用控制图中的点子同时满足以下两个条件时，可以认为生产过程基本上处于稳定状态：① 连续 25 点中没有一点在界限外或连续 35 点中最多一点在界限外或连续 100 点中最多 2 点在界限外；② 控制界限内的点子随机排列且没有缺陷。

一　单项选择题

1. 施工质量抽样检验方法中，提供检验的一批产品称为（　　）。
   A. 批量
   B. 检验批
   C. 样本
   D. 抽样检验

2. 施工现场某类钢材分多批次进场，该钢材体积较大，需要较大的存储场所，适宜采用的检验形式为（　　）。
   A. 批量
   B. 检验批
   C. 流动批
   D. 稳定批

3. 一批产品所包含的产品总数称为（　　）。
   A. 批量
   B. 检验批
   C. 稳定批
   D. 流动批

4. 将总体分成若干互不重叠的群，每个群由若干个体组成。总体中随机抽取若干个群，抽出的群中所有个体便组成样本。该随机抽样方法称为（　　）。
   A. 全数抽样
   B. 简单随机抽样

C. 整群抽样　　　　　　　　　　　D. 系统随机抽样

5. 流水作业每生产 100 件产品抽出一件产品做样品，直至抽出 n 件组成样本，这种获取样本的方法称为（　　　）。

A. 简单随机抽样　　　　　　　　　B. 整群随机抽样

C. 分层随机抽样　　　　　　　　　D. 机械随机抽样

6. 计数标准型一次抽样方案为（N、n、C），其中 N 为送检批的大小，n 为抽检样本大小，C 为合格判定数。当从 n 中查出有 d 个不合格品时，若（　　　），应判该送检批不合格。

A. $d > C + 1$　　　　　　　　　B. $d = C + 1$

C. $d \leqslant C$　　　　　　　　　D. $d > C$

7. 对某一批量为 450 个的螺栓进行检验。第一次抽样的合格判定数为 11 个，第二次抽样的合格判定数为 17 个。第一次随机抽取 40 个螺栓进行检验，发现 13 个不合格品。第二次随机抽取 60 个螺栓进行检验，发现（　　　）个不合格品。据此可判定该批产品不合格，不予接收。

A. 2　　　　　　　　　　　　　　B. 3

C. 4　　　　　　　　　　　　　　D. 5

8. 通过人工光源或反射光照射，仔细检查难以看清的部位。该方法属于施工质量检验方法中的（　　　）。

A. 感观检验法　　　　　　　　　　B. 物理检验法

C. 化学检验法　　　　　　　　　　D. 直接观察法

9. 由于机械性能检测所使用的专用仪器价格昂贵，专业技术性强，因此，这种检验通常是由施工现场抽取检验样品，送至（　　　）进行检测。

A. 技术监督机构　　　　　　　　　B. 国家建筑工程质量监督检验中心

C. 市县建设管理委员会　　　　　　D. 有资质的工程质量检测机构

10. 直接在施工现场对工程构件、设备等进行试验的方法是（　　　）。

A. 感观检验法　　　　　　　　　　B. 物理检验法

C. 现场试验法　　　　　　　　　　D. 化学检验法

11. 施工质量管理的目的在于及时发现施工过程中影响工程质量的因素，以便及时采取纠正和预防措施，使工程质量始终处于（　　　）状态。

A. 稳定　　　　　　　　　　　　　B. 受控

C. 无缺陷　　　　　　　　　　　　D. 可靠

12. 施工质量统计方法通常需要与一种最基本的工程质量统计分析方法配合使用，常常是首先将原始数据分组后，再应用其他统计分析方法进行分析。该方法称为（　　　）。

A. 分层法　　　　　　　　　　　　B. 排列图法

C. 调查表法　　　　　　　　　　　D. 直方图法

13. 在施工质量统计分析方法中，最能形象、直观、定量反映影响质量主次因素的有效方法是（　　　）。

A. 排列图法　　　　　　　　　　　B. 因果分析图法

C. 直方图法   D. 控制图法

14. 排列图法在实际应用中，影响因素定为 C 类因素的累计频率范围是（　　）。

　　A. 0～70%   B. 70%～80%

　　C. 80%～90%   D. 90%～100%

15. 某相关图如图 5-1 所示，该图反映了数据之间的（　　）关系。

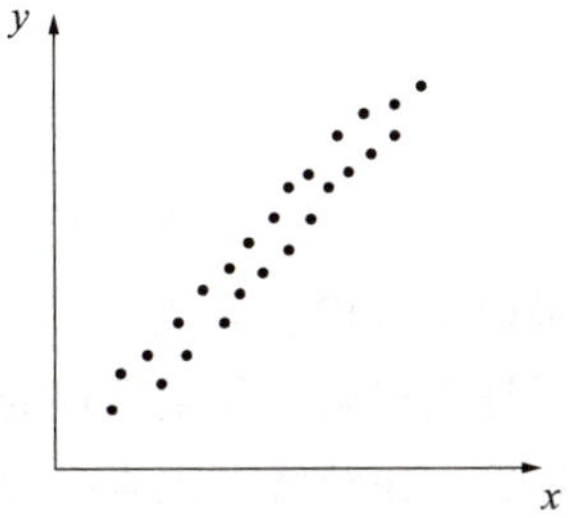

图 5-1　相关图

　　A. 正相关   B. 弱正相关

　　C. 负相关   D. 弱负相关

16. 当需要使用施工作业工序抽样检验所得到的质量特性数据，分析工序质量数据分布状态和波动规律时，可通过绘制（　　）进行观察判断。

　　A. 直方图   B. 排列图

　　C. 管理图   D. 相关图

17. 孤岛型直方图的产生原因是（　　）。

　　A. 分组不当或组距确定不当而造成的

　　B. 原材料发生变化，或短时间内工人操作不熟练造成的

　　C. 取样时混批所致，如将两台设备、两种不同施工方法的产品混在一起或在两个不同批量中取样等

　　D. 数据收集不正常，可能有意识地去掉下限以下的数据，或是在检测过程中某种人为因素造成的

18. 某直方图如图 5-2 所示，该形状属于（　　）直方图。

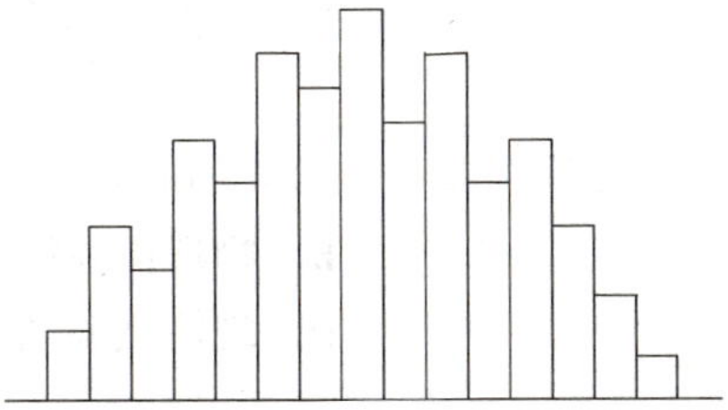

图 5-2　直方图

　　A. 左缓坡型   B. 折齿型

　　C. 峭壁型   D. 孤岛型

19. 下列施工质量统计分析方法中，属于动态分析法的是（　　）。

　　A. 直方图法   B. 排列图法

C．调查表法   D．管理用控制图法

20．如果点子随机落在上、下控制界限内，则表明生产过程正常并处于（   ）状态，不会产生不合格品。

A．可靠   B．可控

C．无缺陷   D．稳定

二 多项选择题

1．相比于全数检验，工程实践中必须采用抽样检验方式的缘由有（   ）。

A．破坏性检验，无法采取全数检验方式

B．抽样检验和统计分析是工程施工质量管理的重要环节

C．全数检验有时会耗时长，在经济上也未必合算

D．采取全数检验方式，未必能绝对保证100%的合格品

E．建设单位要求在工程实践中采用抽样检验方式

2．衡量一批产品质量的方法主要有计数方法和计量方法。下列批质量衡量方法中，属于检验批质量衡量计量方法的有（   ）。

A．以批中不合格品个数和批量的比值为质量指标

B．以批中每百单位产品的平均不合格数为质量指标

C．以批中单位产品某个质量特性的平均值为质量指标

D．以批不合格品率为质量指标

E．以批中单位产品某个质量特性的标准差为质量指标

3．抽样检验可从不同角度划分为不同类型。按抽样方案是否可调整，抽样检验可分为（   ）。

A．监督检验   B．验收检验

C．调整型抽样检验   D．非调整型抽样检验

E．计数抽样检验

4．按抽取样本次数不同，抽样检验可划分的类型有（   ）。

A．一次抽样检验   B．计数抽样检验

C．二次抽样检验   D．多次抽样检验

E．计量抽样检验

5．下列检验方法中，属于施工质量检验可采用的方法有（   ）。

A．感观检验法   B．物理检验法

C．排列图法   D．现场试验法

E．调查表法

6．无损检测法是指在不损坏被检物的前提下，对被检物内部或表面缺陷、性质、状态和结构进行检验的方法。下列常用的无损检测方法有（   ）。

A．超声波探伤   B．莫尔法

C．超微量分析   D．振动试验

E．X射线应力测试法

7. 因果分析图是一种反映质量特性与质量缺陷产生原因之间关系的图形工具，因果分析图又称为（　　　）。

    A．主次因素分析法   B．质量特性因果图

    C．鱼刺图   D．帕累托图法

    E．树枝图

8. 将直方图与质量标准比较，可以判断实际生产能力。要表明工序质量稳定，不会出废品，其直方图应反映出的特点有（　　　）。

    A．明确的质量标准上、下界限

    B．直方图为正态分布型

    C．直方图位置居中分布

    D．直方图分布中心与标准中心正好重合

    E．直方图与质量标准比较两边还有一定余地

9. 下列控制图样本统计量状态的说法中，属于生产过程有异常的情形有（　　　）。

    A．点子随机落在上、下控制界限内

    B．点子分布出现链

    C．点子呈周期性变化

    D．点子多次同侧

    E．点子有趋势或倾向

10. 在施工质量控制中，直方图可用于（　　　）。

    A．分析产生质量问题的原因

    B．分析影响质量主次因素

    C．判断工序的稳定性

    D．分析生产过程是否稳定

    E．推断工序质量规格标准的满足程度

【答案与解析】

一、单项选择题

1．B；   2．C；   3．A；   4．C；   5．D；   6．D；   7．D；   *8．A；

*9．D；   10．C；   11．B；   *12．A；   13．A；   14．D；   15．A；   16．A；

17．B；   18．B；   19．D；   20．D

【解析】

8.【答案】A

感观检验法是以施工规范和检验标准为依据，利用人体的视觉器官、听觉器官和触觉器官来检验施工质量情况。这类方法主要是根据质量要求，采用看、摸、敲、照等方法对检查对象进行检查。所谓"照"，就是通过人工光源或反射光照射，仔细检查难以看清的部位。所以 A 正确。

9.【答案】D

由于机械性能检测所使用的专用仪器价格昂贵，专业技术性强，因此，这种检验

通常是由施工现场抽取检验样品，送至有资质的工程质量检测机构进行检测。所以 D
正确。

12.【答案】A

分层法是工程质量统计分析中的一种最基本方法。排列图法、直方图法、控制图
法、相关图法等统计方法通常需要与分层法配合使用，常常是首先利用分层法将原始数
据分组后，再应用其他统计分析方法进行分析。所以 A 正确。

二、多项选择题

1. A、C、D；　　　2. C、D、E；　　　3. C、D；　　　4. A、C、D；

5. A、B、D；　　　6. A、B、E；　　　7. B、C、E；　　　8. C、D、E；

9. B、C、D、E；　　*10. C、E

【解析】

10.【答案】C、E

直方图的主要用途是：判断工序的稳定性，选项 C 正确；推断工序质量规格标准
的满足程度，选项 E 正确；分析不同因素对质量的影响；计算工序能力等。所以 C、E
正确。

5.3　施工质量控制

复习要点

1. 施工准备工作基本要求

施工准备工作应有组织、有计划、分阶段、有步骤地进行；要建立严格的施工准备
工作责任制及相应的检查制度；要坚持按工程建设程序办事，严格执行开工报告制度；
施工准备工作必须贯穿于施工全过程；施工准备工作要取得各相关单位的支持与配合。

2. 施工技术准备

施工技术准备包括：熟悉与会审图纸、编制和报审施工组织设计。施工图会审会
议由建设单位主持，设计单位、施工单位、工程监理单位参加。施工组织设计是施工准
备工作的重要组成部分，也是指导施工现场全部生产活动的技术经济文件。

3. 施工现场准备

施工现场准备包括：测量控制网的控制、施工平面布置的控制。建设单位按照合
同约定并结合施工的实际需要，事先划定并提供施工用地和现场临时设施用地的范围，
协调平衡和审批各施工单位的施工平面布置方案。施工单位应根据批准的施工平面布置
图和施工进度计划的安排，科学合理地使用施工场地。项目监理机构要检查施工现场平
面布置是否合理，是否有利于保证施工正常、顺利地进行，是否有利于保证质量。

4. 材料、构配件质量控制

为了保证工程质量，施工单位应从材料、构配件需要量计划；材料、构配件采购
订货；进场材料、构配件检验；材料、构配件的现场储存和使用方面做好材料、构配件
质量控制。

5．施工机械配置的控制

施工机械设备的选择，要满足施工生产的实际需求。还要考虑所选择的施工机械设备对施工质量的影响及保证质量的程度。

6．作业技术准备状态的控制

作业技术准备状态的控制包括：质量控制点的设置；作业技术交底控制；进场材料、构配件质量控制；作业环境状态控制；进场施工机械设备性能及工作状态控制；施工测量及计量器具性能、精度的控制；施工现场劳动组织及作业人员上岗资格的控制。

7．作业技术活动过程质量控制

作业技术活动过程质量控制包括：施工单位"三检"制度；技术复核工作；见证取样、送检；工程变更控制；质量记录资料。

8．作业技术活动结果控制

作业技术活动结果控制包括：工序质量检验；隐蔽工程验收；工序交接验收。其中，工序质量检验主要包括以下内容：① 标准具体化；② 度量；③ 比较；④ 判定；⑤ 处理；⑥ 记录。

9．施工质量验收一般规定

施工质量验收包括：单位工程、分部工程、分项工程和检验批施工质量验收。应建立工程质量信息公示制度；工程文件资料的形成和积累应随工程建设进度同步形成，并应纳入工程建设管理各个环节和有关人员职责范围。

10．施工质量验收要求

工程施工质量应符合国家现行强制性工程建设标准规定，并应符合工程勘察设计文件要求和合同约定；经返修或加固处理仍不能满足安全或重要使用功能要求的分部工程及单位工程，严禁验收。

11．施工质量验收组织

检验批应由专业监理工程师组织施工单位项目专业质量检查员、专业工长等进行验收；分项工程应由专业监理工程师组织施工单位项目专业技术负责人等进行验收；分部工程应由总监理工程师组织施工单位项目负责人和项目技术负责人等进行验收；单位工程完工后，项目监理机构应在施工单位自检合格后组织工程竣工预验收，预验收合格后应编制工程质量评估报告，按规定程序审批后向建设单位提交；建设单位应在竣工预验收合格后组织监理、施工、设计、勘察单位等相关单位项目负责人进行工程竣工验收。

12．工程质量保修

对于建筑工程，施工单位应编制工程使用说明书；建设单位应建立工程质量回访和质量投诉处理机制。施工单位应履行工程质量保修义务，并应向建设单位出具工程质量保修书。

一 单项选择题

1．施工质量控制是一个包含事前控制、事中控制和事后控制三大环节的系统过程。事前控制是要预先进行周密的质量计划，并按质量计划进行质量活动前准备工作状态的控制。下列属于事前控制的是（　　　）。

A．隐蔽工程质量验收　　　　　　　　B．设计变更

C．设备监造控制　　　　　　　　　　D．施工单位编制和审查施工组织设计

2. 施工单位收到拟建工程的设计图纸和有关技术文件后，应尽快组织有关工程技术人员熟悉和自审图纸，写出自审图纸记录。施工图会审会议由（　　　　）主持。

A．建设单位　　　　　　　　　　　　B．设计单位

C．施工单位　　　　　　　　　　　　D．项目监理机构

3. 材料、构配件进场时，对涉及安全、节能、环境保护和主要使用功能的重要材料、产品应按各专业相关规定进行复验，并应经（　　　　）检查认可。

A．建设单位　　　　　　　　　　　　B．项目监理机构

C．质量监督机构　　　　　　　　　　D．材料供应商

4. 材料、构配件采购订货的质量控制，对半成品或构配件，应按（　　　　）采购订货，质量应满足有关标准和设计要求。

A．建设单位要求　　　　　　　　　　B．项目监理机构要求

C．设计文件和图纸要求　　　　　　　D．施工方要求

5. 施工单位做好技术交底，是取得好的施工质量的条件之一。每一（　　　　）开始实施前均要进行交底。

A．检验批　　　　　　　　　　　　　B．分项工程

C．分部工程　　　　　　　　　　　　D．单位工程

6. 关键部位，或技术难度大、施工复杂的检验批，在分项工程施工前，施工单位的技术交底书（或作业指导书）要报（　　　　）审查。

A．建设单位　　　　　　　　　　　　B．建设行政主管部门

C．工程检测机构　　　　　　　　　　D．项目监理机构

7. 施工单位必须有完整的"三检"制度，"三检"制度是指（　　　　）。

A．质量检查、数量检查、规格检查

B．质量检查、安全检查、卫生检查

C．质量检查、效率检查、安全检查

D．自检、交接检、专检

8. 技术复核是施工单位应履行的技术工作责任，其复核结果应报送（　　　　）复验确认后，才能进行后续相关工序施工。

A．建设单位　　　　　　　　　　　　B．质量监督管理机构

C．质量检测机构　　　　　　　　　　D．项目监理机构

9. 施工单位在对工程施工中使用的材料、半成品、构配件进行现场取样、工序活动效果检查时，由监理人员进行全程（　　　　）。

A．见证　　　　　　　　　　　　　　B．监督

C．旁站　　　　　　　　　　　　　　D．巡视

10. 工程变更是指施工期间，对于设计单位在设计图纸和设计文件中所表达的设计标准状态的改变和修改。如果工程变更涉及结构主体及安全，该工程变更还要按有关规定报送（　　　　）进行审查，否则变更不能实施。

A．建设单位　　　　　　　　　　　　B．当地建设行政主管部门

C．质量监督机构　　　　　　　D．施工图原审查单位

11．施工单位在不改变原设计图纸和技术文件的前提下，提出对设计图纸和技术文件进行某些技术上的修改，应向项目监理机构提交（　　）。

A．设计变更单　　　　　　　　B．技术修改单

C．工程变更单　　　　　　　　D．技术核定单

12．已经进场的不合格品应及时做出标识、记录，指定专人看管，避免用错，并（　　）清理出现场。

A．限期　　　　　　　　　　　B．立刻

C．及时　　　　　　　　　　　D．改期

13．工程施工前，应由施工单位制定单位工程、分部工程、分项工程和检验批的划分方案，经审核，由（　　）确认后实施。

A．建设单位　　　　　　　　　B．项目监理机构

C．总监理工程师　　　　　　　D．设计单位

14．当检验批施工质量不符合验收标准时，可通过返工或返修予以解决，施工单位采取相应措施整改完成后，该检验批应（　　）进行验收。

A．重新　　　　　　　　　　　B．协商后

C．经有资质的检测机构检测后　D．在设计单位到场后

15．在钢筋混凝土工程的施工质量验收中，规定"钢筋应平直、无损伤、表面不得有裂纹、油污、颗粒状或片状老锈"，这属于检验批质量的（　　）项目。

A．主控　　　　　　　　　　　B．一般

C．观感　　　　　　　　　　　D．基本

16．对于经过返修或加固的分部、分项工程，可按技术处理方案和协商文件进行验收的前提是（　　）。

A．不改变结构的外形尺寸

B．不造成永久性缺陷

C．不影响功能和使用寿命

D．确认能够满足安全及使用功能要求

17．设计单位提出的变更，建设单位会同项目监理机构、施工单位进行研究后，由（　　）签发《工程变更单》。

A．设计代表　　　　　　　　　B．承包单位技术负责人

C．总监理工程师　　　　　　　D．专业监理工程师

18．应建立工程质量回访和质量投诉处理机制的单位是（　　）。

A．建设单位　　　　　　　　　B．监理单位

C．项目监理机构　　　　　　　D．施工单位

19．当工程在保修期内出现涉及结构安全或影响使用功能的严重质量缺陷时，应由（　　）实施保修。

A．建设单位　　　　　　　　　B．设计单位

C．项目监理机构　　　　　　　D．施工单位

20．隐蔽工程验收是指将被其后工程施工所隐蔽的分项、分部工程，在隐蔽前所

进行的检查验收。隐蔽工程验收是质量控制的一个（　　　）环节。

    A．重要   B．必要

    C．关键   D．特殊

二 多项选择题

1．施工阶段是工程实体最终形成的阶段，也是工程质量和工程使用价值最终形成和实现的阶段，施工质量控制的主要依据有（　　　）。

    A．工程合同   B．质量控制目标

    C．设计文件   D．技术规范

    E．质量标准

2．施工现场准备阶段，需要项目监理机构检查的工作有（　　　）。

    A．主要垂直运输机械设备布置

    B．施工现场平面布置是否合理

    C．场区的道路、防洪排水、器材存放、给水及供电、混凝土供应

    D．事先划定并提供施工用地和现场临时设施用地的范围

    E．施工平面布置是否有利于保证施工正常、顺利地进行

3．施工机械设备的选择要满足施工生产的实际需求，施工机械配置质量控制主要考虑的因素有（　　　）。

    A．施工机械设备的选型   B．机械设备性能参数的确定

    C．机械设备数量   D．机械设备使用操作

    E．机械设备经济性

4．质量控制点是指为保证作业过程质量而确定的重点控制对象、关键部位或薄弱环节。属于施工过程质量控制点的有（　　　）。

    A．地下防水层施工   B．采用新材料的环节

    C．材料构配件的选择与采购   D．预应力结构的张拉工序

    E．预应力结构中的预应力钢筋质量

5．水泥质量是直接影响混凝土工程质量的关键因素。进场的水泥质量应对（　　　）进行复试。

    A．坍落度   B．强度

    C．安定性   D．细度

    E．渗透性

6．凡运到施工现场的原材料、半成品或构配件，进场时必须附有的文件有（　　　）。

    A．生产厂家营业执照   B．质量检验合格证明

    C．检验或试验报告   D．产品出厂合格证

    E．技术说明书

7．施工质量检查验收时，工程施工质量应符合的要求有（　　　）。

    A．工程勘察设计文件   B．进度计划

C. 合同约定　　　　　　　　D. 成本计划

E. 强制性工程建设标准

8. 检验批是工程施工质量验收的最小单位，属于检验批质量验收划分依据的有（　　）。

A. 工程量　　　　　　　　B. 施工工艺

C. 楼层　　　　　　　　　D. 施工段

E. 工种

9. 当检验批施工质量不符合验收标准时，属于应予以验收的有（　　）。

A. 经返工或返修的检验批

B. 经有资质的检测机构检测能够达到设计要求的检验批

C. 经有资质的检测机构检测达不到设计要求，但经原设计单位核算认可能够满足安全和使用功能的检验批

D. 经总监理工程师检测质量符合要求的检验批

E. 经建设单位认定质量合格的检验批

10. 应参加主体结构、节能分部工程验收的有（　　）。

A. 勘察单位项目负责人　　　　B. 设计单位项目负责人

C. 施工单位技术部门负责人　　D. 施工单位质量部门负责人

E. 总监理工程师

【答案与解析】

一、单项选择题

1. D;　　2. A;　　3. B;　　4. C;　　5. B;　　6. D;　　7. D;　　*8. D;

9. A;　　10. D;　　*11. C;　　12. A;　　*13. A;　　14. A;　　15. B;　　16. D;

17. C;　　*18. A;　　19. D;　　*20. C

【解析】

8.【答案】D

技术复核是施工单位应履行的技术工作责任，其复核结果应报送项目监理机构复验确认后，才能进行后续相关工序施工。所以 D 正确。

11.【答案】C

施工单位根据施工现场具体条件和自身的技术、经验和施工设备等条件，在不改变原设计图纸和技术文件的前提下，提出对设计图纸和技术文件进行某些技术上的修改。施工单位应向项目监理机构提交《工程变更单》，说明要求修改的内容及原因或理由，并附图纸和有关文件。所以 C 正确。

13.【答案】A

工程施工前，应由施工单位制定单位工程、分部工程、分项工程和检验批的划分方案，并应由项目监理机构审核、建设单位确认后实施。所以 A 正确。

18.【答案】A

建设单位应建立工程质量回访和质量投诉处理机制。施工单位应履行工程质量保

修义务。所以 A 正确。

20.【答案】C

由于检查对象将要被其他工程覆盖，给以后的检查整改造成障碍，故显得尤为重要，隐蔽工程验收是质量控制的一个关键环节。所以 C 正确。

二、多项选择题

1．A、C、D；　　　　2．A、B、C、E；　　*3．A、B、C、D；　　*4．A、B、D、E；

*5．B、C；　　　　　6．D、E；　　　　　7．A、C、E；　　　　8．A、C、D；

9．B、C；　　　　　10．B、C、D、E

【解析】

3.【答案】A、B、C、D

施工机械配置的质量控制主要围绕施工机械设备的选型、机械设备性能参数的确定、机械设备数量、使用操作等方面进行。所以 A、B、C、D 正确。

4.【答案】A、B、D、E

质量控制点的设置原则：① 施工过程中的关键工序或环节及隐蔽工程，例如预应力结构的张拉工序、钢筋混凝土结构中的钢筋架立等，选项 D 正确。② 施工中的薄弱环节或质量不稳定的工序、部位或对象，例如地下防水层施工等，选项 A 正确。③ 对后续工程施工或对后续工序质量或安全有重大影响的工序、部位或对象，例如预应力结构中的预应力钢筋质量、模板的支撑与固定等，选项 E 正确。④ 采用新技术、新工艺、新材料的部位或环节，选项 B 正确。⑤ 施工无足够把握、施工条件困难或技术难度大的工序或环节。所以 A、B、D、E 正确。

5.【答案】B、C

水泥质量是直接影响混凝土工程质量的关键因素，施工中就应对进场的水泥质量进行重点控制，必须检查核对其出厂合格证，并按要求进行强度和安定性复试等。所以 B、C 正确。

5.4　施工质量事故预防与调查处理

复习要点

1．施工质量事故分类

按事故造成后果分类，施工质量事故可分为未遂事故和已遂事故；按事故责任分类，可分为指导责任事故和操作责任事故；按事故产生原因分类，可分为因技术原因引发的质量事故，因管理原因引发的质量事故；因社会、经济原因引发的质量事故；按事故严重程度分类，可分为特别重大事故、重大事故、较大事故、一般事故。

2．施工质量事故成因分析

施工质量事故的成因包括：违背工程建设基本规律；工程地质勘察失误或地基处理失误；设计计算失误；材料构配件不合格；施工与管理失控；自然条件影响等方面。

3．施工质量事故预防措施

施工质量事故预防措施包括：坚持按工程建设程序办事；做好必要的技术复核、技术核定工作；严格把好建筑材料及制品的质量关；加强质量培训教育，提高全员质量意识；加强施工过程组织管理；做好应对不利施工条件和各种灾害的预案；加强施工安全与环境管理。

4．施工质量处理要求及依据

施工质量事故处理依据包括：法律法规及政策；合同文件；工程建设标准；企业内部管理制度。

5．施工质量事故调查处理程序

施工质量事故处理程序包括：事故报告；事故调查；事故处理；事故处理的鉴定验收；提交处理报告。其中，工程质量缺陷及事故处理的基本方法包括：① 返修处理；② 加固处理；③ 返工处理；④ 限制使用；⑤ 不作处理；⑥ 报废处理。

一 单项选择题

1．按事故责任分类工程负责人不按规范规程组织施工、盲目赶工造成的施工质量事故类型是（　　）。

    A．操作责任事故　　　　　　　　B．指导责任事故

    C．未遂事故　　　　　　　　　　D．已遂事故

2．由于社会、经济因素及社会上存在的弊端和不良风气引起的错误行为，导致出现质量事故，属于社会、经济原因引发的质量事故是（　　）。

    A．地质条件估计错误

    B．在投标报价中恶意压低标价

    C．检测仪器设备管理不善而失准

    D．质量控制不健全

3．某建设工程项目施工过程中，由于质量事故导致工程结构受到破坏，造成1亿元的直接经济损失，这一事故属于（　　）。

    A．一般事故　　　　　　　　　　B．较大事故

    C．重大事故　　　　　　　　　　D．特别重大事故

4．某高层建筑在地下筏板基础施工中，基坑发生塌方事故，造成10人死亡，直接经济损失1000万元，本次事故属于（　　）。

    A．特别重大事故　　　　　　　　B．重大事故

    C．较大事故　　　　　　　　　　D．一般事故

5．边设计、边施工导致工程质量事故的，该施工质量事故的成因是（　　）。

    A．违反工程建设程序　　　　　　B．违反有关法规和工程合同规定

    C．设计计算失误　　　　　　　　D．施工与管理失控

6．工程招标投标中不公平竞争，超低价中标导致工程质量事故的，该施工质量事故的成因是（　　）。

    A．违反工程建设程序　　　　　　B．违反有关法规和工程合同规定

C．设计计算失误　　　　　　D．施工与管理失控

7．对湿陷性黄土地基处理不当导致工程质量事故的，该施工质量事故的成因是（　　　）。

A．违反工程建设程序　　　　B．施工与管理失控

C．工程地质勘察失误　　　　D．地基处理失误

8．图纸未经会审即仓促施工导致工程质量事故的，该施工质量事故的成因是（　　　）。

A．违反有关法规和工程合同规定

B．施工与管理失控

C．设计计算失误

D．工程地质勘察失误

9．做好项目建设前期的可行性论证，该措施属于施工质量事故预防措施中（　　　）的工作内容。

A．坚持按工程建设程序办事

B．加强质量培训教育，提高全员质量意识

C．做好必要的技术复核、技术核定工作

D．严格把好材料质量关

10．对工程的难点和关键工序、关键部位，应编制（　　　）并严格执行。

A．施工组织设计　　　　　　B．专项施工方案

C．施工方案　　　　　　　　D．质量控制说明书

11．住房和城乡建设主管部门接到一般事故报告后，应当逐级上报至（　　　）。

A．国务院

B．国务院住房和城乡建设主管部门

C．省级人民政府住房和城乡建设主管部门

D．市级人民政府住房和城乡建设主管部门

12．事故报告后出现新情况，以及事故发生之日起（　　　）日内伤亡人数发生变化的，应当及时补报。

A．15　　　　　　　　　　　B．30

C．45　　　　　　　　　　　D．60

13．质量事故技术处理方案，一般应委托（　　　）提出。

A．建设单位　　　　　　　　B．原设计单位

C．有资质的设计单位　　　　D．质量监督机构

14．当工程某些部分的质量虽未达到规范、标准或设计规定的要求，存在一定缺陷，但经过修补后可以达到要求的质量标准，又不影响使用功能或外观要求时，可采取（　　　）方法。

A．返修处理　　　　　　　　B．加固处理

C．返工处理　　　　　　　　D．不作处理

15．事故处理结束后，还必须向主管部门和相关单位提交（　　　）。

A．事故处理报告　　　　　　B．事故调查报告

C．事故现场报告　　　　　　　D．事故情况通报

二 多项选择题

1. 属于按事故造成后果分类的施工质量事故有（　　　）。

A．特别重大事故　　　　　　　B．未遂事故

C．重大事故　　　　　　　　　D．已遂事故

E．较大事故

2. 按事故产生原因分类，属于因管理原因引发的质量事故有（　　　）。

A．管理不完善或失误而引发的质量事故

B．施工单位的质量管理体系不完善

C．质量检验制度不严密

D．质量管理措施落实不力

E．采用不适宜的施工方法或工艺

3. 建设程序是工程项目建设过程及客观规律的反映，不按建设程序办事是导致工程质量缺陷的重要原因，属于违反工程建设程序的事件有（　　　）。

A．未经验收就交付使用　　　　B．未经可行性研究就拍板定案

C．无证施工　　　　　　　　　D．越级施工

E．技术交底不清

4. 常见的工程地质勘察失误的事件有（　　　）。

A．未认真进行地质勘察

B．未查清地下软土层、墓穴、孔洞

C．对软弱土地基未进行处理

D．地质勘察报告不详细、不准确

E．对岩层出露不均匀地基处理不当

5. 下列施工质量事故的成因中，属于材料、构配件不合格的情形有（　　　）。

A．水泥安定性不良　　　　　　B．用光圆钢筋代替异形钢筋

C．碱集料反应　　　　　　　　D．预制构件断面尺寸不足

E．漏放或少放钢筋

6. 下列施工质量事故预防措施中，属于加强施工过程组织管理的有（　　　）。

A．严格控制建筑材料及制品的质量

B．做好必要的技术复核工作

C．施工顺序不可搞错

D．脚手架和楼面不可超载堆放构件和材料

E．采用多种形式对施工单位各层次人员进行分期分批培训教育

7. 施工质量事故处理的依据有（　　　）。

A．建设单位要求　　　　　　　B．法律法规及政策

C．合同文件　　　　　　　　　D．工程建设标准

E．企业内部管理制度

8. 由事故发生地省级人民政府、设区的市级人民政府、县级人民政府组织事故调查进行调查的事故类型有（　　）。

  A．特别重大事故　　　　　　B．重大事故

  C．较大事故　　　　　　　　D．一般事故

  E．未造成人员伤亡的一般事故

9. 工程质量缺陷及事故处理的基本方法有（　　）。

  A．返修处理　　　　　　　　B．加固处理

  C．返工处理　　　　　　　　D．限制使用

  E．限期处理

10. 政府主管部门应依据有关人民政府对事故调查报告的批复和有关法律法规规定，对事故负有责任的有关单位实施的行政处罚有（　　）。

  A．罚款　　　　　　　　　　B．降低资质等级

  C．停止执业　　　　　　　　D．停业整顿

  E．吊销资质证书

【答案与解析】

一、单项选择题

1．B； *2．B； 3．D； 4．B； 5．A； *6．B； *7．D； 8．B；
9．A； 10．B； *11．C； 12．B； 13．B； 14．A； 15．A

【解析】

2.【答案】B

社会、经济原因引发的质量事故是指由于社会、经济因素及社会上存在的弊端和不良风气引起建设中的错误行为，导致出现质量事故。例如，某些施工企业盲目追求利润而不顾工程质量、在投标报价中恶意压低标价，中标后则采用随意修改方案或偷工减料等违法手段而导致发生的质量事故。所以 B 正确。

6.【答案】B

本题考查因违反有关法规和工程合同规定而引起施工质量事故的情形。例如，无证设计、无证施工、越级设计、越级施工，工程招标投标中不公平竞争，超低价中标，违法转包或分包等。所以 B 正确。

7.【答案】D

对软弱土、杂填土、冲填土、大孔性土或湿陷性黄土、膨胀土、红黏土、熔岩、土洞、岩层出露不均匀地基未进行处理或处理不当，属于地基处理失误。所以 D 正确。

11.【答案】C

较大、重大及特别重大事故逐级上报至国务院住房和城乡建设主管部门，一般事故逐级上报至省级人民政府住房和城乡建设主管部门。所以 C 正确。

二、多项选择题

1．B、D； 2．A、B、C、D； 3．A、B； *4．A、B、D；
*5．A、C、D、E； 6．C、D；   7．B、C、D、E； *8．B、C、D、E；

*9. A、B、C、D;　　10. A、B、D、E

【解析】

4.【答案】A、B、D

工程地质勘察失误有：未认真进行地质勘察或勘探时钻孔深度、间距范围不符合规定要求，地质勘察报告不详细、不准确、不能全面反映地基实际情况等，从而使得地下情况不清，或对基岩起伏、土层分布误判，或未查清地下软土层、墓穴、孔洞等。所以 A、B、D 正确。

5.【答案】A、C、D、E

材料、构配件不合格的情形有：钢筋物理力学性能不良会导致钢筋混凝土结构产生裂缝或脆性破坏；集料中活性氧化硅会导致碱集料反应，使混凝土产生裂缝；水泥安定性不良，会造成混凝土爆裂；预制构件断面尺寸不足，支承锚固长度不足，未可靠地建立预应力值，漏放或少放钢筋，板面开裂等。所以 A、C、D、E 正确。

8.【答案】B、C、D、E

特别重大事故由国务院或国务院授权有关部门组织事故调查组进行调查。重大事故、较大事故、一般事故由事故发生地省级人民政府、设区的市级人民政府、县级人民政府负责调查。所以 B、C、D、E 正确。

9.【答案】A、B、C、D

工程质量缺陷及事故处理的基本方法有：① 返修处理；② 加固处理；③ 返工处理；④ 限制使用；⑤ 不作处理；⑥ 报废处理。所以 A、B、C、D 正确。

第 6 章　建设工程成本管理

6.1　工程成本影响因素及管理流程

复习要点

1. 工程成本

工程成本是指以货币单位衡量的为实现工程建设目标所耗费的各种资源，工程项目参与各方的工程成本定义不同。

2. 工程成本分类

根据建设工程的特点和成本管理要求，工程成本可以按照不同标准和范围分类，如图 6-1 所示。

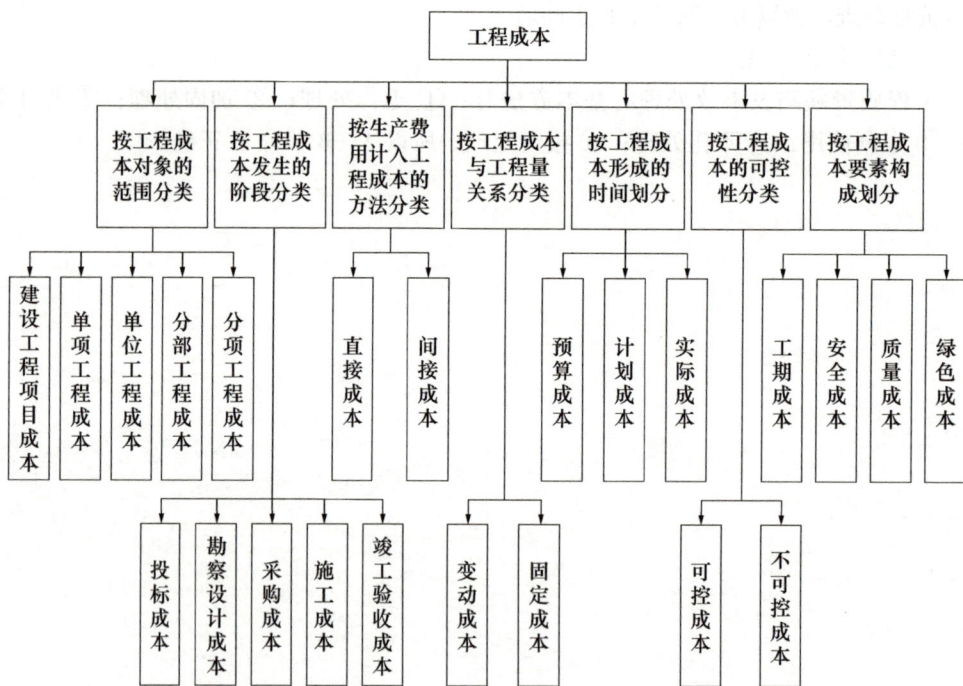

图 6-1　工程成本分类

3. 工程成本的影响因素

（1）项目范围的任何变化都会导致工程成本的变化。

（2）工程设计通常分初步设计和施工图设计两阶段设计进行；对于技术上复杂而又缺乏设计经验的项目，可按初步设计、技术设计和施工图设计三阶段设计进行。特殊的大型项目事先还要进行总体设计。

（3）工程施工阶段影响因素包括劳动力成本、材料和设备成本、施工机具设备成本、现场管理能力、施工方法、工期、质量、安全、环境及社会等。

4. 工程成本管理流程

工程成本管理是指项目管理机构以责任成本为主线，对工程成本进行计划、控制、分析，并进行工程成本管理绩效考核的过程。

目前的成本控制不再单纯考虑建造成本，而是综合考虑建造成本、工期成本、质量成本、安全成本和绿色成本的全要素成本控制。具体流程如图6-2所示。

图6-2 工程成本管理流程

一 单项选择题

1. 在工程成本的定义中，属于施工承包方的工程成本定义的是（   ）。
   A. 包括决策、设计、施工以及竣工验收交付使用阶段的资源耗费
   B. 为履行合同所发生的各种合理的资源耗费
   C. 投标、设计、采购、施工、竣工验收等阶段的资源耗费
   D. 投标、施工及竣工验收阶段的资源耗费

2. 下列工程项目的生产费用中，属于间接成本的是（   ）。
   A. 材料费   B. 工程保修费
   C. 机械使用费   D. 人工费

3. 工程承包单位根据合同要求，完成相应的设计、采购、施工等工作，结合项目实际及本单位的管理水平和生产力水平而计算确定的工程项目最低的费用总和是指（   ）。

A．实际成本   B．预算成本

C．计划成本   D．控制成本

4．在建设工程施工过程中，随着工程量的增减变化而变化的各项成本称为（   ）。

A．可控成本   B．变动成本

C．质量成本   D．直接成本

5．为了考察工程承包单位的成本绩效和成本执行情况，应该对（   ）进行比较考察。

A．预算成本和施工成本   B．预算成本和实际成本

C．计划成本和实际成本   D．计划成本和施工成本

6．设计变更可以发生在工程建设的不同阶段，下列工程建设阶段的设计变更对工程成本影响最小的是（   ）。

A．技术设计变更   B．初步设计变更

C．施工图设计变更   D．施工阶段设计变更

7．下列影响工程施工阶段的因素中，属于劳动力成本影响因素的是（   ）。

A．工人技能水平因素   B．现场管理人员能力因素

C．工人安全措施因素   D．维护和修理成本因素

8．在工程成本管理流程中，项目管理机构应以（   ）为主线，对工程成本进行管理。

A．质量成本   B．绿色成本

C．安全成本   D．责任成本

9．在工程成本管理过程中，成本管理的各个环节与工程管理的各个环节紧密结合。工程成本管理环节包括：① 工程成本数据收集整理；② 施工组织设计及施工方案；③ 工程施工；④ 施工安排及资源供应。正确的工程成本管理环节顺序是（   ）。

A．①－②－③－④   B．②－④－①－③

C．②－④－③－①   D．③－④－②－①

二 多项选择题

1．根据工程成本发生的阶段，可以将工程成本分为（   ）。

A．施工成本   B．运营维护成本

C．投标成本   D．采购成本

E．勘察设计成本

2．根据工程成本的要素构成划分，可以将工程成本分为（   ）。

A．经济成本   B．工期成本

C．绿色成本   D．质量成本

E．安全成本

3．在工程项目施工时，无法分清受益对象，无法直接计入某一成本核算对象的费用有（   ）。

A．材料费   B．工具用具使用费

C．勘察设计费　　　　　　　D．人工费

E．检验试验费

4．下列质量控制成本费用中，属于预防成本的有（　　）。

A．质量信息费　　　　　　　B．工序检验费

C．工序控制费　　　　　　　D．质量培训费

E．工程质量验收费

5．下列质量损失成本费用中，属于外部损失成本的有（　　）。

A．工程保修费　　　　　　　B．停工损失费

C．质量事故处理费　　　　　D．损失赔偿费

E．返工损失费

6．工程设计是决策之后影响工程成本最重要的阶段，对于技术上复杂而又缺乏设计经验的非大型项目，需要进行的设计阶段有（　　）。

A．总体设计　　　　　　　　B．初步设计

C．施工图设计　　　　　　　D．可行性设计

E．技术设计

7．工程成本管理各环节是一个有机联系和相互制约的过程。关于工程成本管理环节之间关系的说法，正确的有（　　）。

A．成本控制是开展成本计划的基础

B．成本控制可以对成本计划进行监督

C．成本分析是对成本计划能否实现进行的检查

D．成本分析为成本管理绩效考核提供依据

E．成本管理绩效考核之后需要进行成本分析

【答案与解析】

一、单项选择题

1．D；　　*2．B；　　3．C；　　4．B；　　*5．C；　　*6．D；　　*7．A；　　8．D；

9．C

【解析】

2．【答案】B

按生产费用计入工程成本的方法分类，工程成本可分为直接成本和间接成本。其中材料费、人工费和机械使用费属于直接成本；工程保修费属于间接成本。所以 B 正确。

5．【答案】C

按成本形成的时间划分，工程成本可分为预算成本、计划成本和实际成本；施工成本是将工程成本按发生阶段分类的组成部分之一；实际成本与计划成本比较，可反映工程承包单位的成本绩效和成本计划执行情况。所以 C 正确。

6．【答案】D

进入工程建设阶段后，越是后期阶段的设计变更对于工程成本的影响越小；最早期的设计阶段是初步设计，之后依次是技术设计、施工图设计和施工阶段的设计变更。

所以 D 正确。

7.【答案】A

选项 A，工人技能水平属于劳动力成本影响因素；选项 B，现场管理人员能力属于现场管理能力影响因素；选项 C，工人安全措施属于施工安全的影响因素；选项 D，维护和修理成本属于施工质量的影响因素。所以 A 正确。

二、多项选择题

1. A、C、D、E；　　2. B、C、D、E；　　*3. B、C、E；　　　*4. A、C、D；
*5. A、D；　　　　6. B、C、E；　　　　*7. B、C、D

【解析】

3.【答案】B、C、E

在工程项目施工时，无法分清受益对象，无法直接计入某一成本核算对象的费用是间接成本，间接成本包括勘察设计费、采购成本、现场管理人员的人工费、资产使用费、工具用具使用费、保险费、检验试验费、工程保修费以及其他费用等。材料费和人工费属于直接费用。所以 B、C、E 正确。

4.【答案】A、C、D

控制成本属于质量成本，可分为预防成本和鉴定成本。预防成本包括质量规划费、工序控制费、新工艺鉴定费、质量培训费、质量信息费等。鉴定成本包括施工图纸审查费，施工文件审查费，原材料、外购件检验试验费，工序检验费，工程质量验收费等。所以 A、C、D 正确。

5.【答案】A、D

损失成本属于质量成本，可分为内部损失成本和外部损失成本。内部损失成本包括返工损失、返修损失、停工损失、质量事故处理费用等；外部损失成本包括工程保修费、损失赔偿费等。所以 A、D 正确。

7.【答案】B、C、D

成本计划是开展成本控制的基础，选项 A 错误。成本分析应在成本管理绩效考核之前进行，选项 E 错误。所以 B、C、D 正确。

6.2　施工成本计划

复习要点

1. 施工责任成本

（1）定义：以履行施工合同为前提，依据施工项目预算成本，经过施工单位和项目管理机构协商确定的由项目管理机构控制的成本总额。

（2）条件：包括可考核性、可预计性、可计量性和可控制性。

（3）管控：在工程项目施工全过程中，对工程项目的责任成本进行分解，明确各相关部门的成本责任，并结合施工单位的实际情况科学制定一套激励考核方案，从而实现全方位的成本控制。

2. 施工责任成本构成

（1）施工责任成本由人工费、材料费、施工机具使用费、专业分包费、措施费、间接费、其他费用组成，并由相应公式计算得出。

（2）施工责任成本应以施工合同、施工图纸、中标清单、企业内部施工定额、施工组织设计、施工方案、施工进度计划、市场价格信息等为依据，按照一定方法从中标价（合同价）中分离出来。

（3）施工责任成本分解程序

① 中标后，投标负责人组织对编制、审核标价分离相关人员进行标价交底。

② 商务、技术、工程、物资采购、安全管理、人力资源、财务等部门完成各自职责范围内的费用和指标测算任务。

③ 标价分离完成后，根据项目综合情况，施工单位管理部门与施工项目经理共同确认标价分离、成本降低率，商务部门完成施工责任成本分解。

3. 施工成本计划的类型

按照计划发挥的作用可分为：竞争性成本计划、指导性成本计划和实施性成本计划。各成本计划编制阶段和依据存在差异。

4. 施工成本计划的编制依据和程序

1）施工成本计划的编制依据

编制依据包括合同文件、项目管理实施规划、相关设计文件、价格信息、相关定额、类似项目成本资料等。

2）施工成本计划的编制程序

施工成本计划编制应符合下列规定：由项目管理机构负责组织编制；项目成本计划对项目成本控制具有指导性；各成本项目指标和降低成本指标明确。施工成本计划编制需要根据《建设工程项目管理规范》GB/T 50326—2017 要求的程序编制。

5. 施工成本计划编制方法

1）按成本组成编制

按照成本构成可分解为人工费、材料费、施工机具使用费和企业管理费等。

2）按项目结构编制

（1）把项目总成本分解到单项工程和单位工程中，再进一步分解到分部和分项工程中。完成施工项目总成本目标分解后，再据此具体分配成本，编制分项成本支出计划，从而形成分项工程施工成本计划表。

（2）在按项目结构编制成本计划时，需要考虑总体项目的预备费和主要分项工程的不可预见费，避免因工程量偏差所导致的计划成本偏离。

3）按工程实施阶段编制

（1）施工成本计划可按工程实施阶段（如基础、主体、安装、装饰装修等工程施工）或按月、季、年等实施进度进行编制。在编制过程中，要兼顾进度控制和成本支出计划对项目划分的要求。

（2）两种表达方式：一种是根据时标网络计划按月编制施工成本计划，另一种是用时间－成本累积曲线（S曲线）表示。

1. 在编制施工责任成本之前，确定施工责任成本的前提是（ ）。

    A. 完成工程施工目标　　　　　　B. 履行施工合同

    C. 明确经济责任　　　　　　　　D. 明确成本预算

2. 施工责任成本编制过程中需要工程项目的各部门合作完成，关于施工责任成本的编制和分解的说法，正确的是（ ）。

    A. 技术部门配合完成项目管理费、规费及各项费用标准测算任务

    B. 工程部门配合完成机械设备配置合理化及费用测算任务

    C. 商务部门组织进行标价分离、完成施工成本测算任务

    D. 财务部门配合完成材料费、周转工具费及采购效益测算任务

3. 施工责任成本分解后会制定各种控制目标。下列各类施工责任成本控制目标中，由商务部门担任责任部门的是（ ）。

    A. 资金利息　　　　　　　　　　B. 临时设施建设费用

    C. 创奖成本　　　　　　　　　　D. 维保修成本

4. 下列各类工程文件中，属于工程项目施工准备阶段进行施工成本计划编制依据的是（ ）。

    A. 工程量清单　　　　　　　　　B. 项目实施方案

    C. 设计图纸　　　　　　　　　　D. 合同价

5. 不同的施工成本计划具有不同的性质和作用，下列关于竞争性成本计划的说法，正确的是（ ）。

    A. 竞争性成本计划是以有关价格条件说明为基础编制的

    B. 竞争性成本计划的编制需要以项目实施方案为依据

    C. 竞争性成本计划是对战略性成本计划的战术安排

    D. 竞争性成本计划是在选派项目经理阶段编制的

6. 根据《建设工程项目管理规范》GB/T 50326—2017，施工成本计划编制包括下列程序：① 编制项目总体成本计划；② 项目管理机构与企业职能部门根据其责任成本范围，分别确定各自成本目标，并编制相应的成本计划；③ 确定项目总体成本目标；④ 针对成本计划制定相应的控制措施；⑤ 由项目管理机构与企业职能部门负责人分别审批相应的成本计划；⑥ 预测项目成本。正确的编制顺序是（ ）。

    A. ③-⑥-①-⑤-④-②

    B. ⑥-③-①-④-⑤-②

    C. ③-①-⑥-②-⑤-④

    D. ⑥-③-①-②-④-⑤

7. 施工成本计划需要依据相关文件并依赖各部门配合编制，下列关于施工成本计划编制的依据和分解的说法，正确的是（ ）。

    A. 施工成本计划的编制应以控制成本为基础

    B. 施工成本计划的施工成本总额应控制在目标成本范围内

C．施工成本计划应该由财务部门组织编制

D．施工成本计划的关键是成本预测

8．在根据工程实施阶段编制施工成本计划时，编制者首先要完成的步骤是（　　）。

A．计算工程单位时间施工成本

B．计算单位时间的计划实物工程量

C．编制工程项目施工进度时标网络计划

D．计算规定时间内的计划支出成本额

9．为了避免个别单位工程或工程量表中某项工程量计算有较大出入，导致编制的成本计划偏离原来计划成本，所以需要在项目总体层面上考虑总的预备费，也需要在主要（　　）中安排适当的不可预见费。

A．分项工程　　　　　　　　B．单位工程

C．分部工程　　　　　　　　D．单项工程

10．在某工程施工过程中，将工程按照基础、主体、安装、装饰装修等阶段进行分解编制的施工成本计划编制方法是（　　）。

A．按工程分包划分编制　　　B．按工程项目结构编制

C．按工程成本组成编制　　　D．按工程实施阶段编制

11．在绘制时间－成本累积曲线（S曲线）时，工程项目的实际S曲线被包络在由全部工作均按（　　）的两条S曲线组成的"香蕉图"内。

A．最早开始时间开始和最早完成时间开始

B．最早开始时间开始和最迟开始时间开始

C．最迟开始时间开始和最迟完成时间开始

D．最早完成时间开始和最迟完成时间开始

12．某工程项目的某年度时间－成本累积曲线（S曲线）如图6-3所示，下列关于该项目成本计划的描述，错误的是（　　）。

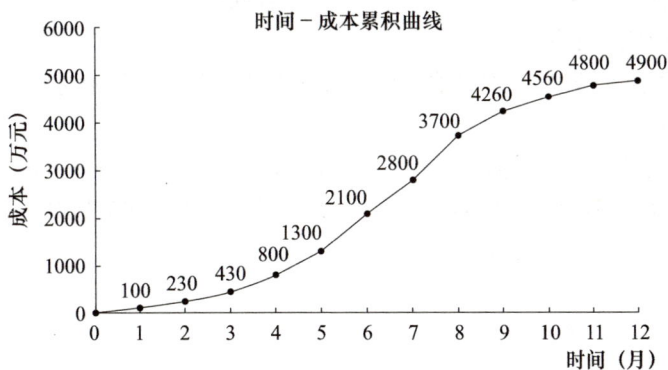

图6-3　某工程项目的某年度时间－成本累积曲线

A．按照当前计划，该项目9月的计划支出是560万元

B．如果将所有工作按照最早开始时间开始重新计划，新的S曲线将偏左

C．该项目第三季度成本计划支出是1760万元

D．该项目前三季度成本计划支出总额是4260万元

二 多项选择题

1. 为了保障施工责任成本的有效性，施工责任成本应该具备的条件有（　　）。

    A．可考核性　　　　　　　　B．可控制性

    C．可修改性　　　　　　　　D．可计量性

    E．可预计性

2. 在工程项目中标后，需要项目的各个部门配合完成施工责任成本分解工作，在此过程中承担零星用工费用控制目标的责任部门有（　　）。

    A．采购部门　　　　　　　　B．工程部门

    C．商务部门　　　　　　　　D．质量部门

    E．技术部门

3. 下列关于施工成本计划编制方法的说法，正确的有（　　）。

    A．各种编制施工成本计划的方法是相互独立的

    B．施工成本计划可以按照成本组成和项目结构进行分解编制

    C．对于施工单位而言，进度网络计划中的工作都应该按最早时间开始

    D．施工成本计划可以按照工程实施阶段或月、季度、年等实施进度编制

    E．按照工程实施进度编制施工成本计划需要兼顾进度和成本

4. 根据发挥的作用不同，施工成本计划可以分为（　　）。

    A．竞争性成本计划　　　　　　　　B．控制性成本计划

    C．预测性成本计划　　　　　　　　D．指导性成本计划

    E．实施性成本计划

5. 下列项目建设文件中，属于竞争性成本计划编制依据的有（　　）。

    A．招标合同文件　　　　　　　　B．项目实施方案

    C．招标工程量清单　　　　　　　　D．合同价

    E．企业施工定额

6. 在编制成本计划时，施工单位将所有工作都按照最早开始时间开始绘制 S 曲线，会产生的情况有（　　）。

    A．计划成本支出总额变少　　　　　　　　B．增加建设单位资金占用

    C．减少建设单位资金占用　　　　　　　　D．增加工程延期的风险

    E．降低工程延期的风险

【答案与解析】

一、单项选择题

1．B；　　*2．C；　　*3．A；　　4．B；　　*5．A；　　6．D；　　*7．B；　　8．C；

9．A；　　10．D；　　11．B；　　*12．C

【解析】

2.【答案】C

项目管理费、规费及各项费用标准测算任务由财务部门配合完成，选项A错误。施工方案、机械设备配置合理化及费用测算任务由技术部门配合完成，选项B错误。标价分离、完成施工成本测算任务由商务部门完成；材料费、周转工具费及采购效益测算任务由物资采购部门配合完成，选项D错误。所以C正确。

3.【答案】A

根据考试用书，资金利息的责任部门是商务部门，选项A正确。临时设施建设费用的责任部门是技术部门和工程部门，选项B错误。创奖成本和维保修成本的责任部门是质量部门，选项C、D错误。所以A正确。

5.【答案】A

竞争性成本计划是以有关价格条件说明为基础编制的；以项目实施方案为依据编制成本计划的是实施性成本计划，选项B错误。竞争性成本带有成本战略性质，对战略性成本计划的战术安排是指导性成本和实施性成本，选项C错误。选派项目经理阶段编制的成本计划时指导性成本，选项D错误。所以A正确。

7.【答案】B

施工成本计划的编制应以成本预测为基础，选项A错误。施工成本计划总额应控制在目标成本范围内，并建立在切实可行的基础上；施工成本计划应该由项目管理机构负责编制，选项C错误。施工成本计划的关键是确定目标成本，选项D错误。所以B正确。

12.【答案】C

根据该S曲线，第三季度的成本计划支出为4260－2100 = 2160万元。所以C错误。

二、多项选择题

1. A、B、D、E；　*2. B、C、E；　　*3. B、D、E；　　4. A、D、E；
5. A、C；　　*6. B、E

【解析】

2.【答案】B、C、E

零星用工费用控制目标应该由工程部门、商务部门和技术部门共同负责。所以B、C、E正确。

3.【答案】B、D、E

各种编制施工成本计划的方法并不是相互独立的，在工程实践中往往结合使用，选项A错误。对于施工单位而言，进度网络计划中的工作按早最早时间开始会占用施工单位大量资金，工作计划不应一味提前，选项C错误。所以B、D、E正确。

6.【答案】B、E

在编制施工成本计划时，将所有工作按照最早开始时间开始绘制S曲线不会改变计划成本支出总额，也减少了工程延期的风险，但是会占用建设单位大量资金。所以B、E正确。

6.3 施工成本控制

施工成本控制是指在工程施工过程中，对影响施工成本的各项要素，即施工生产所耗费的人力、物力和各项费用开支，采取一定措施进行监督和分析，及时预防、发现和纠正偏差，保证施工成本目标实现的过程。其可分为管理行为控制过程和指标控制过程。

1. 管理行为控制过程

管理行为控制过程是成本全过程控制的基础，流程包括：① 建立项目成本管理体系的评审组织和评审程序；② 建立项目成本管理体系运行的评审组织和评审程序；③ 目标考核，定期检查；④ 制定对策，纠正偏差。

2. 指标控制过程

指标控制过程是成本控制的重点，流程包括：① 确定成本管理分层次目标；② 采集成本数据，监测成本形成过程；③ 找出偏差，分析原因；④ 制定对策，纠正偏差；⑤ 调整改进成本管理办法。

3. 施工成本过程控制方法

1）人工费的控制

实行"量价分离"的办法。主要控制手段包括：加强定额管理，提高劳动生产率，降低工程耗用人工工日等。

2）材料费的控制

同样遵循"量价分离"原则，控制材料用量和材料价格。材料用量控制的方法有：① 定额控制；② 指标控制；③ 计量控制；④ 包干控制。材料价格的控制，主要是由材料采购部门控制，通过掌握市场信息，应用招标和询价等方式控制材料、设备的采购价格。

3）施工机具使用费的控制

主要包括控制台班数量和台班单价两方面。

4）施工分包费的控制

主要是做好分包工程的询价、订立平等互利的分包合同、建立稳定的分包关系网络、加强施工验收和分包结算等工作。

4. 成本动态监控方法

1）挣值分析法

挣值分析法常用于进行工程项目费用、进度综合分析控制。

已完工程预算费用（$BCWP$）＝已完工程量×预算单价

拟完工程预算费用（$BCWS$）＝计划工程量×预算单价

已完工程实际费用（$ACWP$）＝已完成工程量×实际单价

2）评价指标

（1）费用偏差（CV）＝$BCWP - ACWP$；当CV为负值时，表明实际费用超支，反之表明实际费用节约。

（2）进度偏差（SV）＝$BCWP - BCWS$；当SV为负值时，表明实际进度拖后，反之表明实际进度提前。

（3）费用绩效指数（CPI）＝BCWP/ACWP；当CPI＜1时，表明实际费用超支，反之表明实际费用节约。

（4）进度绩效指数（SPI）＝BCWP/BCWS；当SPI＜1时，表明实际进度拖后，反之表明实际进度提前。

CV和SV反映绝对偏差，适用于对同一项目进行偏差分析；CPI和SPI反映相对偏差，在同一项目和不同项目比较中均可采用。

3）成本偏差表达方式

（1）横道图法

横道图法用不同的横道标识BCWP、BCWS和ACWP，横道的长度与其金额成正比。该方法能形象、直观、准确地表达费用的绝对偏差，并直观表明费用偏差的严重性。但是这种方法反应的信息量少，一般在项目较高管理层应用。

（2）表格法

表格法将项目编号、名称、各费用参数及费用偏差数综合归纳在一张表格中，直接进行费用偏差分析。该方法将各偏差参数都在表中列出，使得费用管理者能综合了解并处理这些数据。

（3）曲线法

在施工项目实施过程中，根据BCWS、BCWP、ACWP绘制三条曲线形成挣值分析曲线，如图6-4所示，并据此进行分析。其中$VAC＝BAC－EAC$。

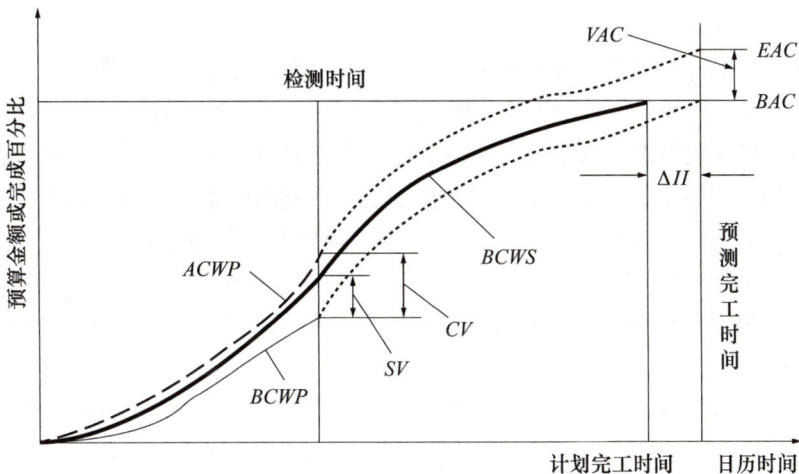

图6-4　挣值分析曲线

4）施工成本偏差原因分析

在施工项目实施过程中，最理想的状态是ACWP、BCWS、BCWP三条曲线靠得很近、平稳上升，表明施工项目按预定计划进行。

5）施工成本纠偏措施

施工成本纠偏措施通常可归纳为组织措施、技术措施、经济措施和合同措施。

1. 在施工成本控制过程中，实现施工成本全过程控制的重点是（　　）。

    A．指标控制   B．管理行为控制

    C．成本计划   D．成本分析

2. 施工成本指标控制是施工成本控制的重要内容。下列关于施工成本指标控制过程的说法，正确的是（　　）。

    A．指标控制应先确定月度成本计划目标再确定总工程进度计划

    B．指标控制只需要控制人为因素

    C．指标控制是管理行为控制的保证

    D．指标控制是一个循环往复的过程

3. 管理行为控制过程包括下列程序：① 建立项目成本管理体系运行的评审组织和评审程序；② 建立项目成本管理体系的评审组织和评审程序；③ 制定对策，纠正偏差；④ 目标考核，定期检查。正确的控制顺序是（　　）。

    A．①－②－③－④   B．②－①－③－④

    C．①－②－④－③   D．②－①－④－③

4. 定额控制是对工程项目材料用量控制的重要方法之一。下列关于定额控制的说法，正确的是（　　）。

    A．对于有消耗定额的材料，可以按分项工程、工程部位和单项工程实行限额领料

    B．施工过程中调整材料限额量需要发包人认可的变更洽商单

    C．无论何种工程分包形式，限额领料的形式都是相同的

    D．限额领料需要以招标文件施工量、施工定额、施工组织设计等为依据

5. 下列工程施工管理手段中，属于控制人工费支出的主要手段的是（　　）。

    A．全面聘用技术工人   B．降低工人劳动定额

    C．降低工程耗用人工工日   D．节约使用劳动保护费

6. 施工材料价格控制是材料费控制的重要内容。下列关于施工材料价格控制的说法，正确的是（　　）。

    A．控制材料价格需应用招标和询价等方式控制材料、设备的采购价格

    B．施工材料价格控制仅考虑构成工程实体的主要材料和结构件

    C．施工材料价格主要由施工单位的项目管理部门控制

    D．施工材料价格可以使用指标控制的方法进行控制

7. 在施工成本控制时，加强设备租赁计划管理，减少不必要的设备闲置和浪费等措施主要控制的是（　　）。

    A．台班维修费   B．台班调配

    C．台班单价   D．台班数量

8. 在利用挣值法进行工程项目费用和进度综合分析控制时，评价分析发现费用绩效指数（CPI）小于1，进度偏差（SV）大于0的情况，则说明已完工程预算费用（$BCWP$），

拟完工程预算费用（$BCWS$），已完工程实际费用（$ACWP$）之间的关系是（　　）。

　A．$BCWP > ACWP > BCWS$　　　　B．$BCWS > ACWP > BCWP$

　C．$BCWS > BCWP > ACWP$　　　　D．$ACWP > BCWP > BCWS$

9. 某工程主体钢筋计划工程量约 2.5t，预算单价 4000 元 /t，计划 5 个月内均衡完成。在工程开工后，钢筋实际采购价格为 4200 元 /t。施工至第三个月底，实际完成钢筋工程量 1.8t。利用挣值分析法，该项目此时的工程费用偏差（CV）是（　　）。

　A．1560 元　　　　　　　　　　B．-1560 元

　C．360 元　　　　　　　　　　　D．-360 元

10. 某土方工程开工前计划某月开挖土方工程 8000m³，预算单价 15 元 /m³，实际当月开挖土方 7000m³，实际单价 20 元 /m³，则该工程的进度偏差指数（SPI）是（　　）。

　A．1.14　　　　　　　　　　　　B．0.88

　C．1.33　　　　　　　　　　　　D．0.75

11. 在工程项目施工过程中会出现各种原因导致成本偏差，下列关于施工成本偏差原因分析的说法，正确的是（　　）。

　A．最理想的情况是 $ACWP$ 曲线在其他曲线之上

　B．利用 $BCWS$ 和 $ACWP$ 曲线的趋势能够预测施工项目最终是否超支

　C．$ACWP$、$BCWS$、$BCWP$ 三条曲线的离散程度越小越好

　D．CV 为正值意味着 CPI 小于 1

12. 当工程实际成本费用支出超出成本计划时，需要采取施工成本纠偏措施，属于经济措施的是（　　）。

　A．编制成本管理工作计划，确定详细工作流程

　B．对成本管理目标进行风险分析，制定防范对策

　C．应用先进施工技术，使用新兴建筑材料

　D．对不同技术方案进行技术经济分析，选择最佳方案

13. 下列关于挣值法的参数与指标的说法，正确的是（　　）。

　A．项目完工时的费用偏差（VAC）= $EAC - BAC$

　B．EAC 是利用 $BCWP$ 预测得到的

　C．费用或绩效指数仅适用于对不同项目进行偏差分析

　D．费用或进度偏差仅适用于对同一项目进行偏差分析

二　多项选择题

1. 施工成本控制是实现施工成本目标的关键过程。关于施工成本控制过程的说法，正确的有（　　）。

　A．施工成本全过程控制的基础是管理行为控制

　B．指标控制首先要收集成本数据

　C．指标控制过程中分析偏差主要是识别人为因素

　D．在管理行为控制时，首先要清楚企业的成本管理体系是否能够有效控制成本的形成过程

E. 管理行为控制和指标控制是互不联系的

2. 利用施工成本过程控制方法对工程项目材料用量的控制过程中，具体采用的方法有（　　）。

　　A. 包干控制　　　　　　　　　　　B. 整体控制

　　C. 计量控制　　　　　　　　　　　D. 指标控制

　　E. 分级控制

3. 台班单价控制是施工成本管控的重要措施之一。下列施工成本控制措施属于台班单价控制的有（　　）。

　　A. 加强设备租赁计划管理，充分利用社会闲置机械资源

　　B. 加强设备配件管理，减少维修费用支出

　　C. 延长机械生产时间，加快施工生产进度

　　D. 保证施工机械设备的作业时间，尽量避免停工

　　E. 做好施工机械配件和工程材料采购计划，降低机械材料成本

4. 施工成本控制需要对成本偏差进行纠偏。施工成本纠偏时，除了经济措施，施工单位可以采用的措施有（　　）。

　　A. 金融措施　　　　　　　　　　　B. 分包措施

　　C. 合同措施　　　　　　　　　　　D. 组织措施

　　E. 技术措施

5. 表 6-1 为某工程某月门窗装修工程的费用偏差分析表，根据该表数据，下列指标计算正确的有（　　）。

表 6-1　某工程某月门窗装修工程的费用偏差分析表

项目编码	（1）	041	042	043
项目名称	（2）	木门安装	钢门安装	铝合金门安装
单位	（3）	扇	扇	扇
预算（计划）单价（元/m³）	（4）	900	1500	500
计划工程量（m³）	（5）	150	80	60
拟完工程预算费用（BCWS）（万元）	（6）			
已完成工程量（m³）	（7）	120	60	40
已完工程预算费用（BCWP）（万元）	（8）			
实际单价（元/m³）	（9）	1200	1600	450
其他款项	（10）			
已完工程实际费用（ACWP）（万元）	（11）			

　　A. 041 项目的拟完工程预算费用（BCWS）是 10.8 万元

　　B. 042 项目的已完工程预算费用（BCWP）是 9 万元

　　C. 043 项目的已完工程实际费用（ACWP）是 1.8 万元

　　D. 该门窗装修工程的总费用绩效指数（CPI）约是 1.19

　　E. 该门窗装修工程的总进度绩效指标（SPI）约是 0.76

6. 图 6-5 为某工程项目的挣值分析曲线，以时间 t 为分析时间，下列关于图 6-5 的分析，正确的有（　　　）。

A．$CV < 0$

B．$SV > 0$

C．$CPI > 1$

D．$SPI < 1$

E．按照当前趋势，$VAC > 0$

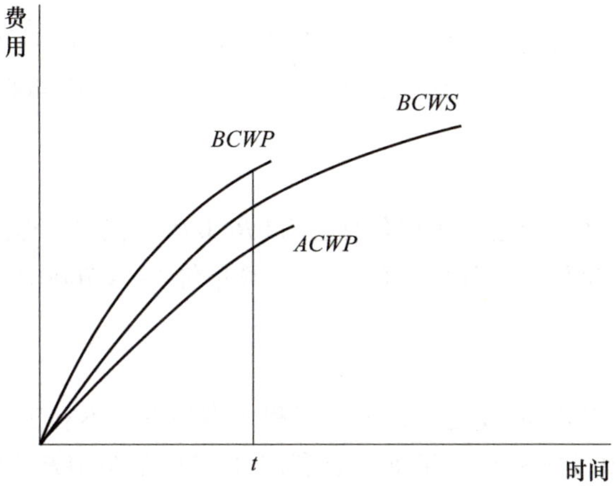

图 6-5　某工程项目的挣值分析曲线

【答案与解析】

一、单项选择题

1. A；　*2. D；　3. D；　*4. B；　*5. C；　*6. A；　7. D；　8. D；
*9. D；　*10. B；　*11. C；　*12. B；　*13. D

【解析】

2.【答案】D

指标控制需要先确定项目的总工程进度计划，再确定月度成本计划目标，选项 A 错误。指标控制既要控制人为因素又要控制客观因素，选项 B 错误。管理行为控制是保证成本指标实现的保证，选项 C 错误。指标控制需要不断纠偏和调整，循环往复直至项目结束。所以 D 正确。

4.【答案】B

定额控制实行限额领料制度，可以按分项工程、工程部位和单位工程实行限额领料，选项 A 错误。在限额领料实施过程中，应根据工程分包形式，与使用单位确定限额领料的形式，选项 C 错误。限额领料需要以准确的施工量、施工定额、施工组织设计等为依据，而非招标文件的施工量，选项 D 错误。所以 B 正确。

5.【答案】C

全面聘用技术工人可能会由于技术工人从事普通工人工作而增加人工费支出，选项 A 错误。加强劳动定额管理，提高劳动生产率，降低工程耗用人工工日，是控制人工费支出的主要手段，选项 B 错误。劳动保护费属于材料费中的采购保管费，选项 D 错误。所以 C 正确。

6.【答案】A

控制材料价格需应用招标和询价等方式；施工材料价格控制包括构成工程实体的主要材料和结构件，以及有助于工程实体形成的周转使用材料和低值易耗品，选项 B 错误。施工材料价格主要由材料采购部门控制，选项 C 错误。指标控制是材料用量控制方法，不属于施工材料价格控制方法，选项 D 错误。所以 A 正确。

9.【答案】D

费用偏差（CV）＝已完工程预算费用（$BCWP$）－已完工程实际费用（$ACWP$）＝（已完工程量×预算单价）－（已完成工程量×实际单价）＝（1.8×4000）－（1.8×4200）＝ -360 元。所以 D 正确。

10.【答案】B

进度偏差指数（SPI）＝已完工程预算费用（$BCWP$）／拟完工程预算费用（$BCWS$）＝（已完工程量×预算单价）／（计划工程量×预算单价）＝（7000×15）／（8000×15）＝ 0.88。所以 B 正确。

11.【答案】C

$ACWP$ 曲线在 $BCWP$ 曲线之上，说明工程成本超支，不利于项目成本控制，选项 A 错误。预测最终项目成本是否超支需要利用 $ACWP$ 和 $BCWP$ 曲线的趋势进行预测，选项 B 错误。$ACWP$、$BCWS$、$BCWP$ 三条曲线的离散程度大说明费用偏差较大，离散程度小说明费用偏差较小；当 CV 值为正值时说明工程项目实际费用节约，此时 CPI 应大于 1，选项 D 错误。所以 C 正确。

12.【答案】B

编制成本管理工作计划，确定详细工作流程属于组织措施，选项 A 错误。应用先进施工技术，使用新兴建筑材料，对不同技术方案进行技术经济分析，选择最佳方案都属于技术措施，选项 C、D 错误。所以 B 正确。

13.【答案】D

项目完工时的费用偏差（VAC）＝ $BAC - EAC$，选项 A 错误。EAC 是用 $ACWP$ 预测得到的，选项 B 错误。费用或进度偏差仅适用于同一项目进行偏差分析，费用（进度）绩效指数在同一项目和不同项目比较中均可采用，选项 C 错误。所以 D 正确。

二、多项选择题

*1. A、D； 2. A、C、D； 3. B、E； 4. C、D、E；
*5. B、C、E； 6. B、C、E

【解析】

1.【答案】A、D

指标控制首先要确定成本管理分层次目标，选项 B 错误。指标控制要分析偏差产生的原因，既有客观因素（如市场调价）也有人为因素（如管理行为失控），选项 C 错误。管理行为控制和指标控制是相互联系的，选项 E 错误。所以 A、D 正确。

5.【答案】B、C、E

根据费用偏差分析表计算指标后的结果见表 6-2，041 项目的拟完工程预算费用（$BCWS$）是 13.5 万元；042 项目的已完工程预算费用（$BCWP$）是 9 万元；043 项目的已完工程实际费用（$ACWP$）是 1.8 万元；该门窗装修工程的总费用绩效指数（CPI）＝

$(10.8＋9＋2)/(14.4＋9.6＋1.8)≈0.84$；该门窗装修工程的总进度绩效指标（$SPI$）＝$(10.8＋9＋2)/(13.5＋12＋3)≈0.76$。所以 B、C、E 正确。

表 6-2　根据费用偏差分析表计算指标后的结果

项目编码	（1）	041	042	043
项目名称	（2）	木门安装	钢门安装	铝合金门安装
单位	（3）	扇	扇	扇
预算（计划）单价（元/m³）	（4）	900	1500	500
计划工程量（m³）	（5）	150	80	60
拟完工程预算费用（$BCWS$）（万元）	（6）	13.5	12	3
已完成工程量（m³）	（7）	120	60	40
已完工程预算费用（$BCWP$）（万元）	（8）	10.8	9	2
实际单价（元/m³）	（9）	1200	1600	450
其他款项	（10）	—	—	—
已完工程实际费用（$ACWP$）（万元）	（11）	14.4	9.6	1.8

6.4　施工成本分析与管理绩效考核

复习要点

1. 施工成本分析的内容和步骤

1）施工成本分析的依据

施工成本分析的依据包括：项目成本计划；成本核算资料；会计核算、统计核算和业务核算的资料。其中会计核算、业务核算和统计核算是施工成本分析的主要依据。

2）施工成本分析的内容

① 时间节点成本分析；② 工作任务分解单元成本分析；③ 组织单元成本分析；④ 单项指标成本分析；⑤ 综合项目成本分析。

3）施工成本分析的步骤

① 选择成本分析方法；② 收集成本信息；③ 进行成本数据处理；④ 分析成本形成原因；⑤ 确定成本结果。

2. 施工成本分析方法

1）基本分析方法

（1）比较法

又称"指标对比分析法"，是指对比技术经济指标，检查目标的完成情况，分析产生差异的原因，进而挖掘成本降低潜力的方法。该方法必须注意各经济指标的可比性，常用形式包括：实际指标与目标指标对比；本期实际指标与上期实际指标对比；实际指标与本行业平均水平、先进水平对比。

（2）因素分析法

又称"连环置换法"，可用来分析各种因素对成本的影响程度。

（3）差额计算法

是因素分析法的一种简化形式，它利用各个因素的目标值与实际值的差额计算其对成本的影响程度。

（4）比率法

是指用两个以上指标的比例进行分析的方法。常用形式包括：① 相关比率法；② 构成比率法；③ 动态比率法。

2）综合成本分析方法

综合成本是指涉及多种生产要素，并受多种因素影响的成本费用，如分部分项工程成本、月（季）度成本、年度成本、竣工成本等。

（1）分部分项工程成本分析

分部分项工程成本分析是施工项目成本分析的基础，分析的方法是：进行预算成本、目标成本和实际成本的"三算"对比，分别计算实际偏差和目标偏差，分析偏差产生的原因，为今后的分部分项工程成本寻求节约途径。

（2）月（季）度成本分析

月（季）度成本分析，是指对施工项目定期的、经常性的中间成本分析。具体内容包括实际成本与预算成本、目标成本对比，各成本项目的成本分析，主要经济指标对比等。

（3）年度成本分析

年度成本分析是以项目的建设周期为结算期，要求从开工到竣工直至保修期结束连续计算，最后结算出总成本及其盈亏。

（4）竣工成本综合分析

凡是包含几个单位工程且单独进行成本核算（即成本核算对象）的施工项目，其竣工成本分析应以各单位工程竣工成本分析资料为基础，再加上项目管理层的经营效益（如资金调度、对外分包等所产生的效益）进行综合分析。分析内容包括：① 竣工成本分析；② 主要资源节超对比分析；③ 主要技术节约措施及经济效果分析。

3）成本项目分析方法

（1）人工费分析

人工费分析包括：按合同规定支付劳务费、因实物工程量增减而调整的人工和人工费、定额人工以外的计日工工资、班组和个人进行奖励的费用。

（2）材料费分析

材料费分析包括：主要材料和结构件费用的分析、周转材料使用费分析、采购保管费分析和材料储备资金分析等。

（3）施工机具使用费分析

机械租赁存在两种情况：一是按产量进行承包，并按完成产量计算费用；二是按照使用时间（台班）计算机械费用。

（4）管理费分析

管理费分析应通过预算（或计划）数与实际数的比较来进行。

3．施工成本管理绩效考核

施工成本管理绩效考核是指在施工项目实施过程中或项目完成后，对各级单位施工成本管理的成绩或失误进行总结与评价，考核成本降低的实际成果和成本指标完成情况的过程。

（1）企业对项目成本的考核包括对施工成本目标（降低额）完成情况的考核和成本管理工作业绩的考核。

（2）企业对项目管理机构可控责任成本的考核包括：① 项目成本目标和阶段成本目标完成情况；② 建立以项目经理为核心的成本管理责任制的落实情况；③ 成本计划的编制和落实情况；④ 对各部门、各施工队和班组责任成本的检查和考核情况；⑤ 在成本管理中贯彻责权利相结合原则的执行情况。

4．施工成本管理绩效考核指标

考核指标应包括：企业的项目成本考核指标、项目管理机构可控责任成本考核指标、项目经理对所属各部门、各施工队和班组的考核等。

5．施工成本管理绩效考核方法

具体方法包括关键绩效指标法（KPIs）、360°反馈法、PDCA管理循环法、平衡计分卡、目标管理法。各考核方法具有不同的优点和缺点，应针对企业管理的目标和现实特点进行选择。

一 单项选择题

1．在施工成本管理中，对一定单位的经济业务进行计量、记录、分析和检查，作出预测、参与决策、实行监督，最终实现最优经济效益管理活动的是（　　）。

    A．业务核算　　　　　　　　　　B．会计核算

    C．单位核算　　　　　　　　　　D．统计核算

2．不同的成本核算方法具有不同的特点。下列关于业务核算的说法，正确的是（　　）。

    A．业务核算的范围比会计核算更广

    B．业务核算是针对已发生的经济活动进行核算

    C．业务核算具有连续性、系统性的特点

    D．业务核算需要依据统计核算资料

3．在对施工成本进行核算时，既可以提供绝对数指标，又可以提供相对数指标的核算方式是（　　）。

    A．业务核算　　　　　　　　　　B．会计核算

    C．单位核算　　　　　　　　　　D．统计核算

4．施工成本分析的步骤包括：① 收集成本信息；② 分析成本形成原因；③ 进行成本数据处理；④ 确定成本结果；⑤ 选择成本分析方法。正确的顺序是（　　）。

    A．①－⑤－④－③－②　　　　　B．①－⑤－③－④－②

    C．⑤－①－③－②－④　　　　　D．⑤－①－③－④－②

5．对比技术经济指标，检查目标的完成情况，分析产生差异的原因，进而挖掘成

本降低潜力的方法是（　　）。

    A．比较法   B．比率法

    C．因素分析法   D．差额计算法

6．可以对某项新工艺开发业务进程进行单项核算，且迅速取得生产资料的核算方法是（　　）。

    A．统计核算   B．会计核算

    C．审计核算   D．业务核算

7．在施工成本分析时，可以较好地反映各种因素变化对于成本影响程度的分析法是（　　）。

    A．连环置换法   B．指标对比分析法

    C．相关比率法   D．比较法

8．在施工成本分析时，可以考察成本总量的构成情况及各成本项目占总成本的比重方法是（　　）。

    A．动态比率法   B．相关比率法

    C．比较法   D．构成比率法

9．某施工项目某月的成本数据见表6-3，使用差额计算法得到预算成本和成本降低率对成本降低额的影响是（　　）万元。

表6-3　施工成本对比分析表

项目	单位	计划	实际
预算成本	万元	400	500
成本降低率	%	4	5

    A．1   B．5

    C．9   D．4

10．在进行月（季）度成本分析时，为了分析当月（季）的成本降低水平，需要对（　　）进行对比分析。

    A．有利条件和不利条件   B．实际成本与目标成本

    C．实际成本与预算成本   D．目标成本与预算成本

11．不同的综合成本分析方法具有不同的特点。关于综合成本分析方法的说法，正确的是（　　）。

    A．分部分项工程成本分析应分析主要技术节约措施及经济效果

    B．月度成本分析可以通过实际成本与目标成本对比分析管理不足

    C．月度成本分析是进行施工项目成本分析的基础

    D．竣工成本综合分析可以了解成本总量的构成比例

12．在施工项目实施过程中或项目完成后，对各级单位施工成本管理的成绩进行总结与评价，考核成本降低的实际成果和成本指标完成情况的过程是（　　）。

    A．成本计划   B．成本控制

    C．成本分析   D．成本管理绩效考核

13. 对专业作业合同规定的承包范围和承包内容的执行情况进行考核，属于（   ）的考核内容。

    A．企业的项目成本考核指标

    B．项目管理机构可控责任成本考核指标

    C．对各施工队的考核指标

    D．对各部门的考核指标

14. 施工机具使用费是成本项目分析方法的内容之一。下列关于施工机具使用费分析的说法，正确的是（   ）。

    A．施工机械设备可以按产量进行承包并按完成产量计算费用

    B．根据土方工程量结算挖掘机费用属于按台班计费

    C．按照时间（台班）计算机械费用时要机械不停运转

    D．机械停工可以减少使用费的支出，进而减少施工成本

15. 在计划、实施、检查和处置阶段分别制定考核方案施工成本管理绩效考核方法是（   ）。

    A．目标管理法   B．360°反馈法

    C．PDCA 管理循环法   D．平衡计分法

二 多项选择题

1. 施工成本分析是工程成本管理的重要内容之一。施工成本分析的内容有（   ）。

    A．单位指标成本分析   B．单项指标成本分析

    C．分项指标成本分析   D．综合项目成本分析

    E．时间节点成本分析

2. 施工成本分析涉及的范围广，不同分析方法需要分析的内容和形式也各不相同。在使用比较法进行分析时，常用的比较形式有（   ）。

    A．将本期实际指标与本期目标指标对比

    B．将上期实际指标与本期实际指标对比

    C．将上期实际指标与本期目标指标对比

    D．将本期实际指标与行业先进对比对比

    E．将本期实际指标与行业平均水平对比

3. 利用成本项目分析方法进行人工费分析时，除了按合同规定支付的劳务费以外，还需要支出的其他人工费用有（   ）。

    A．材料采购保管人员费用   B．定额人工以外的计日工工资

    C．班组和个人奖励的费用   D．因实物量调整而调整的人工费

    E．管理人员工资

4. 不同的施工成本分析方法，需要分析的内容和程序各不相同。在进行分部分项工程分析时，需进行的程序有（   ）。

    A．进行预算成本、目标成本和实际成本的对比

    B．对所有零星工程进行成本分析

C．对每一个分部分项工程进行成本分析

D．分别计算实际偏差和目标偏差

E．分析成本偏差产生的原因

5．下列成本管理绩效考核方法的优点中，属于关键绩效指标法的有（　　　）。

A．增强部门协作　　　　　　　B．促进个体发展

C．明确管理焦点　　　　　　　D．提高考核客观性

E．适用范围较广

6．企业对项目管理机构可控责任成本的考核内容应该包括（　　　）。

A．施工项目成本计划的编制和落实情况

B．项目成本目标和阶段成本目标完成情况

C．施工成本目标（降低额）完成情况

D．成本管理中贯彻责权利相结合原则的执行情况

E．项目成本管理工作业绩的考核

7．平衡计分卡法是成本管理绩效考核的重要方法之一，该方法设定的指标有（　　　）。

A．学习指标　　　　　　　　　B．客户满意指标

C．财务绩效指标　　　　　　　D．施工进度指标

E．内部流程效率指标

8．目标管理法通过明确施工成本目标来指导项目管理机构和个人的行为和绩效。该方法存在的缺点有（　　　）。

A．管理成效提高慢　　　　　　B．协调成本较高

C．目标设定难度大　　　　　　D．考核成本较高

E．过程管理缺乏

【答案与解析】

一、单项选择题

1．B；　　*2．A；　　3．D；　　4．C；　　5．A；　　6．D；　　7．A；　　8．D；

*9．C；　　10．C；　　*11．B；　　12．D；　　*13．C；　　*14．A；　　15．C

【解析】

2．【答案】A

业务核算可以核算已经完成的项目，还可以对尚未发生或正在发生的项目进行核算，选项B错误。连续性和系统性是会计核算的特点，选项C错误。业务核算是统计核算的依据资料，选项D错误。所以A正确。

9．【答案】C

（1）预算成本增加对成本降低额的影响程度：（500−400）×4%＝4万元；（2）成本降低率提高对成本降低额的影响程度：（5%−4%）×500＝5万元，以上两项合计：4＋5＝9万元。所以C正确。

11．【答案】B

主要技术节约措施及经济效果是单位工程竣工成本分析的内容，选项A错误。分

部分项工程成本分析是进行施工项目成本分析的基础，选项 C 错误。在月（季）度成本分析时，通过对各成本项目的成本分析，可以了解成本总量的构成比例和成本管理的薄弱环节，选项 D 错误。所以 B 正确。

13.【答案】C
对各施工队的考核内容：对专业作业合同规定的承包范围和承包内容的执行情况；专业作业合同以外的补充收费情况；对班组施工任务单的管理情况，以及班组完成施工任务后的考核情况。所以 C 正确。

14.【答案】A
施工机具使用费可以按产量承包并按照产量计算费用，也可以按使用时间（台班）计算机械费用。根据土方工程量结算属于按照产量计算费用，不属于台班计费，选项 B 错误。生产时需要对机械设备使用需要在满足施工需要的前提下，合理平衡调度，选项 C 错误。机械停工会导致使用时间延长，从而增加使用费用，选项 D 错误。所以 A 正确。

二、多项选择题
1. B、D、E；   2. A、B、D、E；   *3. B、C、D；   *4. A、D、E；
*5. C、D；   *6. A、B、D；   7. A、B、C、E；   *8. B、C、E

【解析】
3.【答案】B、C、D
材料采购保管人员费用算作材料费用，管理人员工资算作管理费用，两者不算做其他人工费用，选项 A、E 错误。所以 B、C、D 正确。

4.【答案】A、D、E
分部分项分析的方法是：进行预算成本、目标成本和实际成本的"三算"对比，分别计算实际偏差和目标偏差，分析成本偏差产生的原因，为今后的分部分项工程成本寻求节约途径。不需要对所有分部分项工程和所有零星工程进行分析，选项 B、C 错误。所以 A、D、E 正确。

5.【答案】C、D
关键绩效指标法（KPIs）的优点包括：① 明确管理焦点；② 提高管理成效；③ 提高考核客观性。所以 C、D 正确。

6.【答案】A、B、D
企业对项目管理机构可控责任成本的考核包括：① 项目成本目标和阶段成本目标完成情况；② 建立以项目经理为核心的成本管理责任制的落实情况；③ 成本计划的编制和落实情况；④ 对各部门、各施工队和班组责任成本的检查和考核情况；⑤ 在成本管理中贯彻责权利相结合原则的执行情况。施工成本目标（降低额）完成情况的考核和成本管理工作业绩的考核属于企业对项目成本的考核，选项 C、E 错误。所以 A、B、D 正确。

8.【答案】B、C、E
目标管理法的缺点包括：① 目标设定难度大且协调成本高；② 缺乏过程管理。提高管理成效、考核成本较低是 MBO 的优点，选项 A、D 错误。所以 B、C、E 正确。

第7章 建设工程施工安全管理

7.1 施工安全管理基本理论

复习要点

1．施工生产危险源及其控制

1）危险源分类及其控制

（1）危险源分类

施工生产危险源是指施工现场及施工生产过程中危险的根源、可能导致危险事件发生的状态或行为，或两者的组合。危险源可分为第一类危险源和第二类危险源。

（2）危险源控制

第一类危险源的存在是第二类危险源出现的前提，第二类危险源的出现是第一类危险源导致事故的必要条件。第一类危险源是固有的能量或危险物质，主要采用技术手段加以控制；第二类危险源主要通过管理手段加以控制。

2）施工生产常见危险源

施工生产常见危险源有高处坠落、物体打击、坍塌倾覆、机械伤害、触电与火灾事故危险源等。

3）危险源辨识与风险评价方法

危险源辨识是为了找出施工生产危险源，评价其安全风险，预防危险源引发事故造成职业健康和安全伤害。危险源由潜在危险性、存在条件和触发因素三个要件组成，缺一不可。常见的危险源辨识与评价方法包括：安全检查表法、预先危险性分析、危险与可操作性分析、事故树分析法、LEC 评价法等。

2．安全事故致因机理

1）事故频发倾向理论

事故频发倾向是指个别人容易发生事故的、稳定的、个人的内在倾向。该理论认为事故频发倾向者的存在是事故发生的主要原因。基于事故频发倾向理论，预防安全事故的措施有：人员选择、人事调整。

2）事故因果连锁论

事故因果连锁论认为事故的发生不是一个孤立事件，是一系列互为因果的原因事件相继发生的结果。

（1）生产安全事故存在着"88∶10∶2"的规律，即 100 起事故中，有 88 起纯属人为，有 10 起是物的不安全状态或环境的不安全因素造成的，只有 2 起是难以预防的。

（2）无伤害事故、轻伤事故、死亡及重伤事故之间的比例为 300∶29∶1，国际上把这一法则叫事故法则（亦称"海因里希事故法则"或"海因法则"）。

3）能量意外释放理论

事故是一种不正常的或不希望的能量释放，意外释放的各种形式的能量是构成伤害的直接原因。

伤害分为两类：第一类伤害是由于对人体施加了局部或全身性损伤阈值的能量引起的；第二类伤害是由于影响了人体局部或全身性能量交换引起的。

4）轨迹交叉理论

轨迹交叉理论认为人的因素运动轨迹和物的因素运动轨迹各自存在（不安全因素），并不立即或直接造成事故，人的因素运动轨迹和物的因素运动轨迹交叉才会导致事故的发生，交叉的时间和地点就是发生伤亡事故的时间和空间。

5）系统理论

系统理论把人、机械、环境作为一个整体（系统）看待，研究人、机械、环境之间的相互作用、反馈和调整机理，从中发现事故的致因，揭示出预防事故的途径。典型的有瑟利模型和安德森模型。追求系统安全，使系统在规定的性能、时间和成本范围内达到最佳的安全程度。

一 单项选择题

1. 下列施工生产危险源中，属于第一类危险源的是（　　）。
   A. 管道闸门
   B. 压力容器
   C. 电线绝缘层
   D. 违规操作

2. 下列关于危险源控制的说法，正确的是（　　）。
   A. 第二类危险源的存在是第一类危险源出现的前提
   B. 第一类危险源主要采用技术手段加以控制
   C. 第一类危险源决定事故发生的可能性
   D. 第二类危险源决定事故发生的严重程度

3. 下列预防安全事故的措施中，体现能量意外释放理论的是（　　）。
   A. 人员安全培训
   B. 落实管理制度
   C. 设置屏蔽设施
   D. 改善工作环境

4. 下列关于危险源要件组成的说法，正确的是（　　）。
   A. 建筑材料的可燃性属于火灾事故危险源的危险性
   B. 触发条件是危险源的固有属性
   C. 可燃气体容器的安全阀门属于事故存在条件
   D. 危险性指危险源导致事故发生的可能性

5. 下列关于常见的危险源辨识与评价方法的说法，正确的是（　　）。
   A. 事故树法是用逻辑图表达事件之间逻辑关系的分析方法
   B. LEC 评价法根据事故概率、触发条件和后果评价作业风险
   C. 事故树法主要应用于任务活动开始之前进行的危险源识别
   D. LEC 评价法是危险源辨识与评价的定性分析方法

6. 海因里希事故法则包括五个环节：①事故；②伤害；③遗传及社会环境；④人

的缺点；⑤ 人的不安全行为或物的不安全状态。正确的事故发生流程是（   ）。

    A．⑤-②-③-④-①   B．⑤-③-②-①-④

    C．③-④-⑤-①-②   D．③-④-⑤-②-①

7. 根据事故频发倾向理论，生产事故发生的主要原因是（   ）。

    A．设备设施故障   B．不安全操作行为

    C．安全生产管理松散   D．少数有精神或心理缺陷的人

8. 避免人的不安全行为和物的不安全状态同时、同地出现，实现事故预防的目的。这一观点遵循的事故致因理论是（   ）。

    A．事故频发倾向理论   B．系统安全理论

    C．能量意外释放理论   D．轨迹交叉理论

9. 海因里希认为生产安全事故存在"88∶10∶2"的规律，其中（   ）在事故发生中占绝对地位。

    A．天灾   B．管理

    C．人的不安全行为   D．物的不安全状态

10. 海因里希事故法则提出无伤害事故、轻伤事故、死亡及重伤事故之间的比例为300∶29∶1。下列关于海因里希事故法则应用的说法，正确的是（   ）。

    A．每330起意外事故，一定会导致一起死亡或重伤事故

    B．大量意外事件发生必然导致重大伤亡事故发生

    C．任何意外事件都会导致人员伤亡

    D．死亡或重伤事故将导致大量轻伤或无伤害事故

二　多项选择题

1. 下列施工生产常见危险源中，属于第二类危险源的有（   ）。

    A．物体堆放不当   B．违规进入危险区域

    C．设备磨损   D．二氧化硫

    E．安全交底不清

2. 根据能量意外释放理论，能够导致第二类伤害的危险源有（   ）。

    A．窒息   B．中毒

    C．烧伤   D．触电

    E．冻伤

3. 下列关于轨迹交叉理论基本观点的说法，正确的有（   ）。

    A．安全事故预防首先应考虑实现人员失误的控制

    B．在设计生产工艺时尽量减少或避免人与物的接触

    C．避免人的不安全行为与物的不安全状态在时间和空间同时出现

    D．人的因素运动轨迹和物的因素运动轨迹可分别导致事故发生

    E．轨迹交叉理论揭示了事故的物理本质

【答案与解析】

1. B;　　*2. B;　　*3. C;　　*4. C;　　*5. A;　　*6. C;　　7. D;　　8. D;

9. C;　　*10. B

【解析】

2.【答案】B

第一类危险源的存在是第二类危险源出现的前提，第二类危险源的出现是第一类危险源导致事故的必要条件，选项 A 错误。第一类危险源是固有的能量或危险物质，主要采用技术手段加以控制，选项 B 正确。第二类危险源出现越频繁，发生事故的可能性越大，选项 C 错误。第一类危险源具有的能量越多，发生事故后果越严重，选项 D 错误。所以 B 正确。

3.【答案】C

根据能量意外释放理论，预防安全事故的思路一是防止能量或危险物质的意外释放，二是防止人体与过量的能量或危险物质接触，选项 A、B、D 错误。设置屏蔽设施符合能量意外释放理论。所以 C 正确。

4.【答案】C

"危险源"由潜在危险性、存在条件和触发因素三个要件组成。建筑材料的可燃性属于火灾事故危险源的存在条件，选项 A 错误。触发因素是危险源转化为事故的外因，不属于危险源的固有属性，选项 B 错误。危险源的潜在危险性决定事故的危害程度或损失大小，选项 D 错误。所以 C 正确。

5.【答案】A

事故树分析用逻辑图将这些事件之间的逻辑关系表达出来的分析方法，选项 A 正确。LEC 评价法根据事故概率、暴露程度和后果评价作业风险，选项 B 错误。事故树分析法通常在实际发生安全生产事故后，用于分析事故发生的直接原因、间接原因和根本原因，选项 C 错误。LEC 评价法是定量评价方法，选项 D 错误。所以 A 正确。

6.【答案】C

考查海因里希事故法则中各种原因因素之间的关系，参考考试用书，正确顺序是③－④－⑤－①－②。所以 C 正确。

10.【答案】B

海因里希事故法则基于机械事故统计分析而得出，比例并不一定符合不同场景下的安全事故比例，选项 A 错误。一起严重事故背后，存在更多的轻微事故和未遂事故，选项 B 正确。意外事件未必导致伤亡事故发生，选项 C 错误。大量轻伤或无伤害事故最终将导致死亡或重伤事故发生，选项 D 错误。所以 B 正确。

二、多项选择题

*1. A、B、C、E;　　2. A、B、E;　　*3. B、C

【解析】

1.【答案】A、B、C、E

第一类危险源包括能量源和危险物质，第二类危险源包括物的不安全状态、人的不安全行为、环境不良和管理缺陷。所以 A、B、C、E 正确。

3.【答案】B、C

轨迹交叉理论提出首先应考虑实现生产过程、生产条件，即机械设备、物质和环境的本质安全，选项 A 错误。人的不安全行为和物的不安全状况共同作用导致事故，选项 D 错误。轨迹交叉理论未揭示事故的物理本质，选项 E 错误。所以 B、C 正确。

7.2 施工安全管理体系及基本制度

复习要点

1. 施工安全管理体系

1）施工企业安全生产主体责任

施工企业是施工安全生产的责任主体，应当建立和实施施工安全管理体系，落实安全生产主体责任。

2）施工安全管理常见缺陷

管理缺陷是施工安全重要的危险源，可能引发各类安全事故，应作为安全管理体系控制的重要内容。管理缺陷包括安全生产责任制常见缺陷；安全生产投入常见缺陷；人员配备及持证上岗常见缺陷；施工组织设计及专项施工方案常见缺陷；安全操作规程及安全技术交底常见缺陷；安全教育及培训常见缺陷；分包单位安全管理常见缺陷；现场整体防护（不含特定部位、装置及个人防护要求）常见缺陷；安全标志常见缺陷；安全检查常见缺陷；应急救援常见缺陷；生产安全事故报告及处理常见缺陷。

3）施工安全管理体系的内容

施工安全管理体系是施工企业用于建立施工安全生产方针、目标及实现目标过程中相互关联和相互作用的要素的总称，包括施工安全生产方针和目标、组织保证体系、文化保证体系、制度保证体系、工作保证体系和信息保证体系。

4）本质安全化管理

（1）本质安全系统构成。本质安全是指施工活动使用的机器、设备以及施工工艺和工程产品本身具有的安全性能。本质安全的理念是从工艺源头上永久地消除风险，包括狭义的本质安全和广义的本质安全。

（2）本质安全化控制措施包括：人的本质安全控制措施；物的本质安全控制措施；系统的安全可靠性控制措施；安全管理体系的落实。

（3）"3E 原则"。本质安全应当遵循安全管理 "3E 原则" 实施安全管理，包括 Engineering（工程技术）、Education（教育培训）、Enforcement（强制管理）。

2. 施工安全管理制度

1）全员安全生产责任制

全员安全生产责任制是企业最基本的安全管理制度。全员安全生产责任制内容应包括各岗位的责任人员、责任范围和考核标准。

2）安全生产费用提取、管理和使用制度

（1）投标报价应单列企业安全生产费用。建设单位应在合同中单独约定并于工程

开工日一个月内向承包单位支付至少 50% 企业安全生产费用。总包单位应在合同中单独约定并于分包工程开工日一个月内将至少 50% 企业安全生产费用直接支付分包单位并监督使用。

（2）提取标准。① 矿山工程 3.5%；② 铁路工程、房屋建筑工程、城市轨道交通工程 3%；③ 水利水电工程、电力工程 2.5%；④ 冶炼工程、机电安装工程、化工石油工程、通信工程 2%；⑤ 市政公用工程、港口与航道工程、公路工程 1.5%。

（3）企业安全生产费用支出范围。企业职工薪酬、福利不得从企业安全生产费用中支出。企业从业人员发现报告事故隐患的奖励支出，应从企业安全生产费用中列支。

3）安全生产教育培训制度

（1）本单位全体从业人员及劳务派遣人员、实习学生。

（2）企业主要负责人和安全生产管理人员初次安全培训时间不得少于 32 学时。每年再培训时间不得少于 12 学时。

（3）施工企业其他从业人员，在上岗前必须经过企业、施工项目部、班组三级安全培训教育。企业新上岗的从业人员，岗前安全培训时间不得少于 24 学时。从业人员在本单位内调整工作岗位或离岗一年以上重新上岗时，应重新接受项目部和班组级的安全培训。

（4）企业采用新工艺、新技术、新材料或者使用新设备时，应对有关从业人员重新进行有针对性的安全培训。

4）安全生产许可制度

（1）国家对建筑施工企业实行安全生产许可制度。企业未取得安全生产许可证的，不得从事生产活动。省、自治区、直辖市人民政府住房和城乡建设主管部门负责本行政区域内建筑施工企业安全生产许可证的颁发和管理工作。

（2）安全生产许可证的有效期为 3 年。安全生产许可证有效期满需要延期的，企业应当于期满前 3 个月向原安全生产许可证颁发管理机关办理延期手续。

5）管理人员及特种作业人员持证上岗制度

（1）管理人员持证上岗制度

施工单位主要负责人、项目负责人、专职安全生产管理人员应经建设行政主管部门或者其他有关部门考核合格后方可任职。

（2）特种作业人员持证上岗制度

特种作业人员必须经专门的安全技术培训并考核合格，取得《中华人民共和国特种作业操作证》（以下简称特种作业操作证）后，方可上岗作业。

6）重大危险源管理制度

（1）企业对重大危险源应登记建档，进行定期检测、评估、监控，并制定应急预案。企业应将本单位重大危险源及有关安全措施、应急措施报有关地方人民政府应急管理部门和有关部门备案。

（2）建设单位办理安全监督手续时，应如实申报拟建工程的重大危险源，并提交对拟建工程重大危险源的安全管理、监控和应急预案。危险源监控和管理应遵循动态控制的原则。

7）劳动保护用品使用管理制度

（1）施工作业人员所在企业（包括总承包企业、专业承包企业、劳务企业等）必须按国家规定免费发放劳动保护用品，更换已损坏或已到使用期限的劳动保护用品，不得收取或变相收取任何费用。

（2）劳动保护用品必须以实物形式发放，不得以货币或其他物品替代。

8）安全生产检查制度

安全检查的类型应包括日常巡查、专项检查、季节性检查、定期检查、不定期抽查等。

9）安全生产会议制度

施工项目安全生产会议包括定期安全生产例会和不定期安全生产会议、班前会议。定期安全生产例会包括月度安全生产例会和周安全生产例会；不定期安全生产会议包括安全生产技术交底会、安全生产专题会、安全生产事故分析会和安全生产现场会。

10）施工设施、设备和劳动防护用品安全管理制度

（1）生产经营活动内容可能包含机械设备的施工企业，应按规定设置相应的设备管理机构或者配备专职的人员进行设备管理。

（2）施工企业应建立并保存施工设施、设备、劳动防护用品及相关的安全检测器具管理档案。

11）安全生产考核和奖惩制度

安全生产考核的对象应包括施工企业各管理层的主要负责人、相关职能部门及岗位和工程项目参建人员。企业各管理层的主要负责人应组织对本管理层各职能部门、下级管理层的安全生产责任进行考核和奖惩。

一 单项选择题

1. 下列关于狭义本质安全内涵的说法，正确的是（　　　）。

　　A. 狭义的本质安全是指人的可靠性

　　B. 失误－安全功能要求设备发生故障时还能暂时维持正常运转

　　C. 本质安全目标很难达到

　　D. 故障－安全功能要求设备本身具有自动防止人的不安全行为的功能

2. 通过装配式建筑、建筑工业化、智能建造、机器人等技术手段减少人机交互的概率，减少事故发生。这种本质安全控制措施属于（　　　）。

　　A. 人的本质安全控制　　　　　　　B. 系统的安全可靠性控制

　　C. 物的本质安全控制　　　　　　　D. 安全管理体系的落实

3. 根据《中华人民共和国安全生产法》规定，下列属于安全生产管理机构及安全生产管理人员职责的是（　　　）。

　　A. 建立健全并落实本单位全员安全生产责任制

　　B. 及时、如实报告生产安全事故

　　C. 组织建立并落实安全风险分级管控和隐患排查治理双重预防工作机制

　　D. 检查本单位的安全生产状况

4. 项目为避免建筑工人受到机械伤害，采取了一系列管控措施。下列措施中，属于本质安全技术措施的是（　　　）。

    A. 采取冷却措施，降低施工机械运作温度

    B. 减少施工机械的运作时间

    C. 增加施工机械检修频度

    D. 施工机械加装紧急自动停机系统

5. 下列施工安全管理制度中，属于最基本的制度是（　　　）。

    A. 全员安全生产责任制

    B. 安全生产费用提取、管理和使用制度

    C. 安全生产教育培训制度

    D. 安全生产许可制度

6. 建设工程施工企业以建筑安装工程造价为依据提取安全生产费用，其中城市轨道交通工程的提取标准是（　　　）。

    A. 3.5%   B. 2.5%

    C. 3%   D. 1.5%

7. 根据安全生产教育培训相关制度，企业新上岗的从业人员，岗前安全培训时间不得少于（　　　）学时。

    A. 16   B. 24

    C. 32   D. 96

8. 安全生产许可证的有效期为（　　　）。

    A. 3 年   B. 4 年

    C. 5 年   D. 6 年

9. 下列关于特种作业人员管理的说法，正确的是（　　　）。

    A. 特种作业人员必须具有高中及以上文化程度

    B. 特种作业操作证每 4 年复审一次

    C. 特种作业操作证申请复审前需要完成不少于 6 个学时的安全培训

    D. 中专以上学历毕业生申请所学专业特种作业操作证可免予相关专业培训

10. 施工从业人员的三级安全教育培训具体是指（　　　）。

    A. 企业法定代表人、项目负责人、班组长

    B. 企业、项目、班组

    C. 总包单位、分包单位、工程项目

    D. 总包单位、分包单位、班组

二　多项选择题

1. 下列施工安全管理活动中，属于文化保证体系的有（　　　）。

    A. 安全承诺   B. 安全事务参与

    C. 配备专职安全生产管理人员   D. 安全行为激励

    E. 安全信息传播与沟通

2. 根据《建设工程安全生产管理条例》，属于特种作业人员的有（　　）。

    A．垂直运输机械作业人员　　　　B．安装拆卸工

    C．起重信号工　　　　　　　　　D．模板工

    E．登高架设工

3. 下列费用中，可以按安全生产费用支出的有（　　）。

    A．应急救援装备的保养费　　　　B．安全管理人员薪酬

    C．报告安全隐患的奖励支出　　　D．安全生产责任保险支出

    E．配置安全防护用品支出

4. 根据《中华人民共和国安全生产法》，下列人员中属于企业应当进行安全教育培训的对象有（　　）。

    A．本单位全体从业人员　　　　　B．劳务派遣人员

    C．实习学生　　　　　　　　　　D．政府安全检查人员

    E．临时参观人员

5. 下列关于安全教育培训制度的说法，正确的有（　　）。

    A．企业主要负责人不必参加安全教育培训

    B．从业人员在本单位内调整工作岗位或离岗一年以上重新上岗时应重新接受三级安全培训

    C．企业采用"四新"时，应对从业人员重新进行针对性安全培训

    D．未经安全教育培训合格的从业人员不得上岗作业

    E．安全生产管理人员初次安全培训时间不得少于32学时

【答案与解析】

一、单项选择题

*1. C；　　2. B；　　3. D；　　*4. D；　　*5. A；　　6. C；　　*7. B；　　*8. A；

*9. D；　　10. B

【解析】

1.【答案】C

狭义的本质安全是指机器、设备和工艺本身的可靠性，选项A错误。失误－安全功能要求设备、设施和技术工艺本身具有自动防止人的不安全行为的功能，选项B错误。本质安全是绝对安全的理想状态，本质安全目标很难实现，选项C正确。故障－安全功能要求设备发生故障时还能暂时维持正常运转，选项D错误。所以C正确。

4.【答案】D

本质安全是指通过设计等手段使生产设备或生产系统本身具有安全性，即使在误操作或发生故障的情况下也不会造成事故。所以D正确。

5.【答案】A

全员安全生产责任制是企业所有安全生产管理制度的核心，是企业最基本的安全管理制度。所以A正确。

7. 【答案】B

企业新上岗的从业人员，岗前安全培训时间不得少于 24 学时。所以 B 正确。

8. 【答案】A

安全生产许可证的有效期为 3 年。所以 A 正确。

9. 【答案】D

特种作业操作申请要求初中及以上文化程度，选项 A 错误。特种作业操作证每 3 年复审 1 次，选项 B 错误。安全培训时间不少于 8 个学时，选项 C 错误。已经取得职业高中、技工学校及中专以上学历的毕业生从事与其所学专业相应的特种作业，可以免予相关专业的培训。所以 D 正确。

二、多项选择题

*1. A、B、D、E;　　2. A、B、C、E;　　*3. A、C、D、E;　　4. A、B、C;
*5. C、D、E

【解析】

1. 【答案】A、B、D、E

施工安全管理体系包括组织保证体系、文化保证体系、制度保证体系、工作保证体系和信息保证体系。其中安全承诺、安全事务参与、安全行为激励、安全信息传播与沟通属于文化保证体系。配备专职安全生产管理人员属于组织保证体系。所以 A、B、D、E 正确。

3. 【答案】A、C、D、E

应急救援装备的保养费、报告安全隐患的奖励支出、安全生产责任保险支出和配置安全防护用品支出都应从安全生产费用支出；企业职工薪酬、福利不得从企业安全生产费用中支出。所以 A、C、D、E 正确。

5. 【答案】C、D、E

企业主要负责人应接受安全教育培训，选项 A 错误。从业人员在本单位内调整工作岗位或离岗一年以上重新上岗时应重新接受项目和班组级岗前培训，选项 B 错误。所以 C、D、E 正确。

7.3　专项施工方案及施工安全技术管理

复习要点

1. 专项施工方案编制与报审

1) 专项施工方案编制对象

对达到一定规模的危险性较大的分部分项工程，施工单位应编制专项施工方案，并附具安全验算结果，经施工单位技术负责人、总监理工程师签字后实施，由专职安全生产管理人员进行现场监督。

2) 专项施工方案内容

专项施工方案内容包括：工程概况；编制依据；施工计划；施工工艺技术；施工安全保证措施；施工管理及作业人员配备和分工；验收要求；应急处置措施；计算书及

173

相关施工图纸。

3）专项施工方案编制和审查程序

（1）专项施工方案编制。施工单位应在危险性较大的分部分项工程施工前，组织工程技术人员编制专项施工方案。实行施工总承包的，专项施工方案应由施工总承包单位组织编制。危险性较大的分部分项工程实行分包的，专项施工方案可由相关专业分包单位组织编制。

（2）专项施工方案专家论证。对于超过一定规模的危险性较大的分部分项工程，施工单位应组织召开专家论证会对专项施工方案进行论证。实行施工总承包的，由施工总承包单位组织召开专家论证会。

（3）专项施工方案的审批。专项施工方案应由施工单位技术负责人审核签字、加盖单位公章，并由总监理工程师审查签字、加盖执业印章后方可实施。危险性较大的分部分项工程实行分包并由分包单位编制专项施工方案的，专项施工方案应由总承包单位技术负责人及分包单位技术负责人共同审核签字并加盖单位公章。

2．施工安全技术措施及安全技术交底

1）施工安全技术措施

（1）防高处坠落安全技术措施

防高处坠落安全技术措施主要有临边作业防坠落措施；洞口作业防坠落措施；攀登作业防坠落措施；悬空作业防坠落措施；交叉作业。

（2）防物体打击的安全技术措施

施工层应设有1.2m高防护栏杆和18～20cm高挡脚板。脚手架外侧设置密目式安全网，网间不应有空缺。深坑、槽施工四周边沿在设计规定范围内，禁止堆放模板、架料、材料。

（3）防坍塌倾覆的安全技术措施

各类施工机械距基坑（槽）、边坡和基础桩孔边的距离，应根据设备重量、基坑（槽）、边坡和基础桩的支护、土质情况确定，并不得小于15m。施工时应遵循自上而下的开挖顺序，严禁先切除坡脚。

（4）防机械伤害的安全技术措施

局部照明应采用安全电压，禁止使用110V或220V的电压。严禁带电或采用预约停送电时间的方式进行检修；检修前，应悬挂"禁止合闸，有人工作"的警示牌。设置机械设备隔离护栏和机械防撞防护围栏、防护棚。

（5）防触电和火灾的安全技术措施

现场照明要和动力照明分开，现场移动式灯具采用便桥防水灯具，设备外皮做好保护接地，灯具距地面高度不小于3m，生活区民工住宿达不到标准的必须使用36V安全电压。掌握保护接地、保护接零和工作接地的区别。

易燃易爆危险品库房与在建工程的防火间距不应小于15m，可燃材料堆场及其加工场、固定动火作业场与在建工程的防火间距不应小于10m，其他临时用房、临时设施与在建工程的防火间距不应小于6m。

2）安全防护设施、用品技术要求

（1）防护栏杆。①防护栏杆应为两道横杆，上杆距地面高度应为1.2m，下杆应在

上杆和挡脚板中间设置；② 当防护栏杆高度大于 1.2m 时，应增设横杆，横杆间距不应大于 600mm；③ 防护栏杆立杆间距不应大于 2m；④ 挡脚板高度不应小于 180mm。

（2）防护棚与警示标志。① 进出建筑物主体通道口应搭设防护棚。棚宽大于道口，两端各长出 1m，进深尺寸应符合高处作业安全防护范围；② 木工加工场地、钢筋加工场地等上方有可能坠落物件或处于起重机调杆回转范围之内，应搭设双层防护棚；③ 安全防护棚应采用双层保护方式；④ 各类防护棚应有单独的支撑体系，固定可靠安全，严禁用毛竹搭设，且不得悬挑在外架上。

3）施工安全技术交底

（1）施工安全技术交底程序

由项目技术负责人向施工员、班组长、分包单位技术负责人交底，再由班组长向操作工人交底；分包单位项目技术负责人按照相同程序进行交底；对于超过一定规模的危险性较大分部分项工程，必须先由施工单位技术负责人向项目技术负责人交底。

（2）施工安全技术交底主要内容

工程项目和分部分项工程的概况；施工项目的施工作业特点和危险点；针对危险点的具体预防措施；作业中应遵守的安全操作规程及应注意的安全事项；作业人员发现事故隐患应采取的措施；发生事故后应及时采取的避难和急救措施。

一 单项选择题

1. 根据《建设工程安全生产管理条例》，某施工企业针对达到一定规模危险性较大的土方开挖工程编制专项施工方案，该施工方案应由（　　　）签字后实施。

    A. 施工单位技术负责人、总监理工程师

    B. 项目经理、总监理工程师

    C. 项目技术负责人、总监理工程师

    D. 项目经理、业主方项目负责人

2. 危险性较大分部分项工程施工前，（　　　）组织工程技术人员编制专项施工方案。

    A. 建设单位　　　　　　　　　　B. 施工单位

    C. 设计单位　　　　　　　　　　D. 监理单位

3. 为保证交叉施工作业安全，下层作业位置应处于上层作业的坠落半径之外。在高度为 28m 的楼层作业面施工时，其坠落半径为（　　　）m。

    A. 3　　　　　　　　　　　　　B. 4

    C. 5　　　　　　　　　　　　　D. 6

4. 对于超过一定规模的危险性较大的分部分项工程，应由（　　　）组织召开专家论证会对专项施工方案进行论证。

    A. 建设单位　　　　　　　　　　B. 施工单位

    C. 设计单位　　　　　　　　　　D. 监理单位

5. 距坠落基准面高度（　　　）m 及以上进行临边作业时，应在临空一侧设置防护栏杆。

    A. 1　　　　　　　　　　　　　B. 2

C. 5　　　　　　　　　　　　D. 10

6. 下列关于攀登作业防坠落措施的说法，正确的是（　　　）。

A. 同一梯子上可以两人同时作业

B. 脚手架操作层上可架设梯子作业

C. 使用单梯时梯面应与水平面呈 45° 夹角

D. 使用固定式直梯攀登作业时，攀登高度超过 8m 时，应设梯间平台

7. 保护接地、保护接零和工作接地都是为了防止间接触电的基本安全措施。下列说法正确的是（　　　）。

A. 保护接地是将电气设备的金属外壳与电网零线连接

B. 保护接零是将电气设备的金属外壳与接地体连接

C. 保护接地主要指变压器中性点或中性线接地

D. 保护接地和保护接零不可以同时使用

8. 下列关于施工安全网的选用的说法，正确的是（　　　）。

A. 密目式安全立网可以代替平网使用

B. 竖向洞口应采用密目式安全立网封闭

C. 密目式安全立网搭设时相邻网间设置一定空隙

D. 当立网用于龙门架、物料提升架的封闭防护时，四周边绳可不与支撑架贴紧

二　多项选择题

1. 根据《建设工程安全生产管理条例》，应组织专家进行论证、审查的工程有（　　　）。

A. 深基坑　　　　　　　　　　B. 地下暗挖工程

C. 高大模板工程　　　　　　　D. 砌筑工程

E. 降水工程

2. 下列关于防坍塌倾覆的安全技术措施的说法，正确的有（　　　）。

A. 拆除基坑支撑时应按自上而下逐层拆除

B. 各类施工机械距基坑边坡的距离不得小于 15m

C. 基坑施工时应遵循自上而下开挖顺序

D. 基坑开挖或回填应连续进行

E. 建筑起重机械应进行备案登记

3. 临边防护栏杆由横杆、立杆及挡脚板组成，下列符合防护栏杆安全技术要求的有（　　　）。

A. 防护栏杆应为两道横杆，上杆距地面高度应为 1.2m

B. 防护栏立杆间距不应大于 2m

C. 防护栏杆高度大于 1.2m，应增设横杆，横杆间距不应大于 600mm

D. 防护栏杆立杆底端应固定牢固

E. 挡脚板高度不应小于 200mm

4. 下列关于施工现场临时消防设施配置的说法，正确的有（　　　）。

A．临时消防设施应与在建工程的施工同步设置

B．在建工程可利用已具备使用条件的永久性消防设施作为临时消防设施

C．消防配电线路应从施工现场总配电箱的总断路器上端接入

D．在建工程单体体积大于 $5000m^3$ 应设置室外消防给水系统

E．临时用房建筑面积之和大于 $1000m^2$ 应设置临时室外消防给水系统

5．下列属于施工安全技术交底内容的有（　　　）。

A．工程项目和分部分项工程的概况

B．施工项目的施工作业特点和危险点

C．作业中应遵守的安全操作规程

D．发生事故后应及时采取的避难和急救措施

E．安全生产考核和奖惩措施

【答案与解析】

一、单项选择题

*1. A；　　2. B；　　*3. C；　　4. B；　　5. B；　　*6. D；　　*7. D；　　8. B

【解析】

1.【答案】A

《建设工程安全生产管理条例》规定，对达到一定规模的危险性较大的分部分项工程，施工单位应编制专项施工方案，并附具安全验算结果，经施工单位技术负责人、总监理工程师签字后实施。所以 A 正确。

3.【答案】C

当坠落物高度为 $15\sim30m$ 时，R 为 5m。所以 C 正确。

6.【答案】D

同一梯子上不得两人同时作业，选项 A 错误。脚手架操作层上严禁架设梯子作业，选项 B 错误。使用单梯时梯面应与水平面呈 75° 夹角，选项 C 错误。所以 D 正确。

7.【答案】D

保护接地是将电气设备的金属外壳与接地体连接，选项 A 错误。保护接零是将电气设备的金属外壳与电网零线连接，选项 B 错误。工作接地主要指变压器中性点或中性线接地，选项 C 错误。保护接地和保护接零不可混用，选项 D 正确。所以 D 正确。

二、多项选择题

1. A、B、C；　　　　2. B、C、D、E；　　　*3. A、B、C、D；　　*4. A、B、C、E；

5. A、B、C、D

【解析】

3.【答案】A、B、C、D

防护栏杆应符合下列规定：① 防护栏杆应为两道横杆，上杆距地面高度应为1.2m，下杆应在上杆和挡脚板中间设置；② 当防护栏杆高度大于 1.2m 时，应增设横杆，横杆间距不应大于 600mm；③ 防护栏杆立杆间距不应大于 2m；④ 挡脚板高度不应小于

180mm；⑤防护栏杆立杆底端应固定牢固。所以 A、B、C、D 正确。

4.【答案】A、B、C、E

临时用房建筑面积之和大于 1000m² 或在建工程单体体积大于 10000m³ 应设置室外消防给水系统，选项 D 错误。所以 A、B、C、E 正确。

7.4　施工安全事故应急预案和调查处理

复习要点

1. 施工安全事故隐患处置和应急预案

1）安全风险分级管控

（1）施工企业安全风险分级管控措施包括全面开展安全风险辨识、科学评定安全风险等级、有效管控安全风险、实施安全风险公告警示。

（2）安全风险等级从高到低划分为重大风险、较大风险、一般风险和低风险，分别用红、橙、黄、蓝四种颜色标示。遵循风险等级越高、管控层级越高的原则。

2）安全事故隐患治理体系

安全事故隐患划分为一般事故隐患和重大事故隐患。对于排查发现的重大事故隐患，应当在向负有安全生产监督管理职责的部门报告的同时，制定并实施严格的隐患治理方案。

3）安全事故隐患治理"五落实"

安全事故隐患治理"五落实"包括落实隐患排查治理责任、落实隐患排查治理措施、落实隐患排查治理资金、落实隐患排查治理时限、落实隐患排查治理预案。

4）安全事故应急预案

（1）企业应急预案分为综合应急预案、专项应急预案和现场处置方案。

（2）企业应在应急预案公布之日起 20 个工作日内，按照分级属地原则，向县级以上人民政府应急管理部门和其他负有安全生产监督管理职责的部门进行备案，并依法向社会公布。

（3）建筑施工单位应至少每半年组织一次生产安全事故应急预案演练。建筑施工企业应当每三年进行一次应急预案评估。

2. 施工安全事故等级和应急救援

1）施工安全事故等级

生产安全事故等级包括：特别重大事故、重大事故、较大事故、一般事故。

2）施工安全事故应急救援

（1）应急救援准备。应急救援预案准备；应急救援队伍准备；应急救援物资准备；应急值班制度和从业人员应急培训。

（2）应急救援任务。立即组织营救受害人员；迅速控制事态；消除危害后果，做好现场恢复；查清事故原因，评估危害程度。

（3）应急救援组织和实施。企业应急救援措施和有关地方人民政府及其部门应急救援措施。

3．施工安全事故报告和调查处理

1）施工安全事故报告

（1）事故单位上报

事故发生后，事故现场有关人员应当立即向本单位负责人报告；单位负责人接到报告后，应当于 1h 内向事故发生地县级以上人民政府应急管理部门和负有安全生产监督管理职责的有关部门报告。

（2）主管部门报告

应急管理部门和负有安全生产监督管理职责的有关部门接到事故报告后，应依照规定上报事故情况，并通知公安机关、劳动保障行政部门、工会和人民检察院。应急管理部门和负有安全生产监督管理职责的有关部门逐级上报事故情况，每级上报的时间不得超过 2h。

2）施工安全事故调查

（1）分级调查与组织

特别重大事故由国务院或者国务院授权有关部门组织事故调查组进行调查。重大事故、较大事故、一般事故分别由事故发生地省级人民政府、设区的市级人民政府、县级人民政府负责调查。

（2）调查时限和调查报告

事故调查组应当自事故发生之日起 60 日内提交事故调查报告。特殊情况下，经负责事故调查的人民政府批准，提交事故调查报告的期限可以适当延长，但延长的期限最长不超过 60 日。

事故调查报告应当包括下列内容：① 事故发生单位概况；② 事故发生经过和事故救援情况；③ 事故造成的人员伤亡和直接经济损失；④ 事故发生的原因和事故性质；⑤ 事故责任的认定以及对事故责任者的处理建议；⑥ 事故防范和整改措施。

3）施工安全事故处理

重大事故、较大事故、一般事故，负责事故调查的人民政府应当自收到事故调查报告之日起 15 日内做出批复；特别重大事故，30 日内做出批复，特殊情况下，批复时间可以适当延长，但延长的时间最长不超过 30 日。

一　单项选择题

1．安全风险分级管控的基本原则是（　　）。

　　A．风险越大，管控层级越高

　　B．风险越小，管控层级越高

　　C．上级负责管控的风险，下级不必管控

　　D．低风险可以不必管控

2．下列关于安全风险分级管控和隐患排查治理工作机制的说法，正确的是（　　）。

　　A．事故隐患包括重大、较大、一般和低四个等级

　　B．发现重大事故隐患应向负有安全生产监督管理职责的部门报告

　　C．基层操作人员可不参与事故隐患排查

D. 施工企业安全风险管控只包括企业、项目部、施工班组三级

3. 施工生产安全事故应急预案体系由（　　　）构成。

A. 企业应急预案、项目应急预案、班组应急预案

B. 综合应急预案、专项应急预案、现场处置方案

C. 人员应急预案、设备应急预案、环境应急预案

D. 企业应急预案、职能部门应急预案、项目应急预案

4. 企业应制定本单位的应急预案演练计划，建筑施工单位应至少（　　　）组织一次生产安全事故应急预案演练。

A. 每半年　　　　　　　　　　B. 每年

C. 每两年　　　　　　　　　　D. 每三年

5. 根据《生产安全事故报告和调查处理条例》，下列安全事故中，属于较大事故的是（　　　）。

A. 10 人死亡，直接经济损失 4500 万元

B. 35 人死亡，50 人重伤，直接经济损失 5000 万元

C. 9 人死亡，20 人重伤，直接经济损失 2000 万元

D. 2 人死亡，5 人重伤，直接经济损失 900 万元

6. 某施工项目发生火灾事故，当场导致 6 人死亡、45 人严重烧伤，事故发生后第 7 天，有 4 名严重烧伤人员因抢救无效死亡。依据《生产安全事故报告和调查处理条例》，该事故属于（　　　）。

A. 一般事故　　　　　　　　　B. 较大事故

C. 重大事故　　　　　　　　　D. 特别重大事故

7. 事故发生后，单位负责人应当于（　　　）内向事故发生地县级以上人民政府应急管理部门和负有安全生产监督管理职责的有关部门报告。

A. 1h　　　　　　　　　　　　B. 2h

C. 1 天　　　　　　　　　　　D. 3 天

8. 某施工项目现场发生一起重大生产安全事故，该安全事故应逐级上报至（　　　）。

A. 国务院应急管理部门和负有安全生产监督管理职责的有关部门

B. 省、自治区、直辖市人民政府应急管理部门和负有安全生产监督管理职责的有关部门

C. 市级人民政府应急管理部门和负有安全生产监督管理职责的有关部门

D. 县级人民政府应急管理部门和负有安全生产监督管理职责的有关部门

9. 应急管理部门和负有安全生产监督管理职责的有关部门逐级上报事故情况，每级上报的时间不得超过（　　　）。

A. 1h　　　　　　　　　　　　B. 2h

C. 1 天　　　　　　　　　　　D. 3 天

10. 某安全生产事故造成 2 人死亡，8 人重伤和 600 万元直接经济损失，若事故发生单位对事故发生负有责任，将被处以（　　　）的罚款。

A. 30 万元以上 50 万元以下　　B. 50 万元以上 70 万元以下

C. 70 万元以上 100 万元以下　　　D. 100 万元以上 120 万元以下

11. 某注册在 A 省 B 市的建筑企业承揽一项 C 省 D 市的施工项目，该项目发生一起安全生产事故，导致 20 人死亡和 6000 万元直接经济损失。依据《生产安全事故报告和调查处理条例》，负责该起事故调查的主体是（　　）。

A. A 省人民政府　　　　　　　B. C 省人民政府
C. B 市人民政府　　　　　　　D. D 市人民政府

二 多项选择题

1. 某施工安全生产事故共造成 35 人死亡，115 人重伤和 1.2 亿元直接经济损失，下列关于罚款处罚的说法，正确的有（　　）。

A. 事故发生单位如果对事故发生负有责任，将处以 1000 万元以上 1200 万元以下罚款

B. 事故发生单位如果有谎报、瞒报、伪造等行为，将处以 200 万元以上 250 万元以下罚款

C. 事故发生单位如果存在贻误事故抢救行为，将处以 450 万元以上 500 万元以下罚款

D. 事故发生单位主要负责人未依法履行职责，将处以上一年年收入 100% 的罚款

E. 事故发生单位其他负责人未依法履行职责，将处以上一年年收入 50% 的罚款

2. 编制应急预案应当成立编制工作小组，由本单位有关负责人任组长，吸收（　　）参加。

A. 周边社区居民

B. 与应急预案有关的职能部门和单位的人员

C. 执法部门人员

D. 有现场处置经验的人员

E. 社会媒体人员

3. 企业排查发现的重大事故隐患，应当向负有安全生产监督管理职责的部门报告。重大事故隐患报告内容应包括（　　）。

A. 隐患的现状及其产生的原因　　B. 隐患责任追究
C. 隐患的危害程度　　　　　　　D. 隐患整改难易程度
E. 隐患的治理方案

4. 根据《生产安全事故报告和调查处理条例》，下列情形属于较大事故的有（　　）。

A. 死亡 7 人　　　　　　　　　B. 死亡 20 人
C. 60 人重伤　　　　　　　　　D. 20 人重伤
E. 2000 万元直接经济损失

5. 生产安全事故发生后，施工企业应立即启动应急救援预案，下列说法正确的有（　　）。

A．实行施工总承包的，分包单位不用配备应急救援人员

B．施工企业不得配备兼职应急救援人员

C．施工单位应建立应急值班制度

D．抢救受害人员是应急救援的首要任务

E．应及时通知可能受事故影响的单位和人员

6．事故调查报告应包括的内容有（　　）。

A．事故发生单位概况

B．事故发生经过和事故救援情况

C．事故造成的人员伤亡

D．事故发生的原因和事故性质

E．事故造成的直接和间接经济损失

【答案与解析】

一、单项选择题

*1. A；　　2. B；　　3. B；　　*4. A；　　*5. C；　　*6. C；　　7. A；　　*8. A；
*9. B；　　10. C；　　*11. B

【解析】

1.【答案】A

安全风险分级管控要遵循风险等级越高、管控层级越高的基本原则；上级负责管控的风险，下级应同时负责管控，逐级落实具体措施。所以 A 正确。

4.【答案】A

企业应制定本单位的应急预案演练计划，建筑施工单位应至少每半年组织一次生产安全事故应急预案演练。所以 A 正确。

5.【答案】C

根据《生产安全事故报告和调查处理条例》，选项 A 属于重大事故，选项 B 属于特别重大事故，选项 C 属于较大事故，选项 D 属于一般事故。所以 C 正确。

6.【答案】C

事故发生后第 7 天，有 4 名严重烧伤人员因抢救无效死亡，死亡人数 10 人满足重大事故等级标准。所以 C 正确。

8.【答案】A

特别重大事故、重大事故逐级上报至国务院应急管理部门和负有安全生产监督管理职责的有关部门。所以 A 正确。

9.【答案】B

应急管理部门和负有安全生产监督管理职责的有关部门逐级上报事故情况，每级上报的时间不得超过 2h。所以 B 正确。

11.【答案】B

20 人死亡和 6000 万元直接经济损失满足重大事故判定标准。重大事故应当由省级人民政府负责调查，而且事故发生地与事故发生单位不在同一个县级以上行政区域的，

由事故发生地人民政府负责调查，事故发生单位所在地人民政府应当派人参加。所以 B 正确。

二、多项选择题

1. A、C、D、E；　　*2. B、D；　　　　*3. A、C、D、E；　　4. A、D、E；

5. C、D、E；　　　*6. A、B、C、D

【解析】

2.【答案】B、D

编制应急预案应当成立编制工作小组，由本单位有关负责人任组长，吸收与应急预案有关的职能部门和单位的人员，以及有现场处置经验的人员参加。所以 B、D 正确。

3.【答案】A、C、D、E

重大事故隐患报告内容应包括：① 隐患的现状及其产生原因；② 隐患的危害程度和整改难易程度分析；③ 隐患的治理方案。所以 A、C、D、E 正确。

6.【答案】A、B、C、D

事故调查报告应当包括下列内容：① 事故发生单位概况；② 事故发生经过和事故救援情况；③ 事故造成的人员伤亡和直接经济损失；④ 事故发生的原因和事故性质；⑤ 事故责任的认定以及对事故责任者的处理建议；⑥ 事故防范和整改措施。事故造成间接经济损失不在事故调查报告统计范围。所以 A、B、C、D 正确。

第8章 绿色建造及施工现场环境管理

8.1 绿色建造管理

复习要点

1. 绿色建造基本要求

1）绿色建造总体特征

绿色化、工业化、信息化、集约化和产业化。

2）绿色策划

建设单位应在工程立项阶段组织编制项目绿色策划方案，绿色策划方案应包括绿色设计策划、绿色施工策划、绿色交付策划等内容。

3）绿色设计

绿色设计应优先就地取材，并统筹确定各类建材及设备的设计使用年限。绿色设计应强化设计方案技术论证，严格控制设计变更，设计变更不应降低工程绿色性能。绿色设计应满足设计要求及材料选用的相关规定，并采用数字设计的手段实施协同设计机制。

4）绿色施工

根据绿色施工策划进行绿色施工组织设计、绿色施工方案编制。

5）绿色交付

项目交付前应进行绿色建造的效果评估；建设单位可在交付前组织成果验收。

2. 各方主体绿色施工职责

1）绿色施工相关理念原则和方法

绿色施工相关理念原则和方法包括：可持续发展理念、清洁生产理念、环境伦理要求、循环经济"3R"原则及生命周期评估方法。

2）各方主体绿色施工具体职责

（1）建设单位绿色施工职责

编制工程概算和招标文件时，应明确绿色施工的要求；应建立建设工程绿色施工的协调机制。

（2）设计单位绿色施工职责

应协助、支持、配合施工单位做好建设工程绿色施工的有关设计工作。

（3）工程监理单位绿色施工职责

应审查绿色施工组织设计、绿色施工方案或绿色施工专项方案。

（4）施工单位绿色施工职责

施工单位是建设工程绿色施工的实施主体。总承包单位应对专业承包单位的绿色施工实施管理，专业承包单位应对工程承包范围的绿色施工负责；施工单位应建立以项目经理为第一责任人的绿色施工管理体系。

3．绿色施工措施

1）绿色施工管理措施

（1）绿色施工组织设计和绿色施工方案

绿色施工方案应包括以下内容：节材措施、节水措施、节能措施、节地与施工用地保护措施、环境保护措施。

（2）人员安全与健康管理

制定施工防尘、防毒、防辐射等职业危害的措施，合理布置施工场地，并在施工现场建立卫生急救、保健防疫制度。

（3）设备材料管理

要建立施工机械设备管理制度，开展用电、用油计量，完善设备档案，及时做好维修保养工作，使机械设备保持低耗、高效的状态。

（4）用能用水管理

施工现场分别设定生产、生活、办公和施工设备的用电控制指标；施工现场应分别对生活用水与工程用水确定用水定额指标，并分别计量管理。

（5）排放和减量化管理

应按照分区划块原则，规范施工污染排放和资源消耗管理，进行定期检查或测量。

（6）环境监测管理

环境监测特征：环节构成的系统性、监测对象和监测手段的综合性、环境状态随时间变化的时序性。常规环境监测包括环境质量监测、污染源监测、生态环境监测；特殊目的监测包括研究型监测、污染事故监测和仲裁监测。

2）绿色施工技术措施

（1）节材与材料资源利用

节材与材料资源利用措施应包括结构材料、围护材料、装饰装修材料以及周转材料利用措施。此外，鼓励就地取材、施工现场 500km 以内生产的建筑材料用量占建筑材料总重量的 70% 以上等节材措施。

（2）节水与水资源利用

施工中应采用先进的节水施工工艺，提高用水节水效率；制定有效的水质检验与卫生保障措施，保证用水安全。

（3）节能与能源利用

节能与能源利用措施应包括：可再生能源利用及设备节能、生产生活及办公临时设施节能以及施工用电及照明节能措施。

（4）节地与施工用地保护

措施应包括：临时用地及其保护、施工总平面布置和临时设施布置措施。

（5）环境保护

施工中，环境保护措施应包括：① 扬尘控制；② 噪声与振动控制；③ 光污染控制；④ 水污染控制；⑤ 土壤保护；⑥ 垃圾回收利用和处置；⑦ 地下设施、文物和资源保护。

（6）发展绿色施工"四新"技术

加强信息技术应用，如绿色施工的虚拟现实技术、三维建筑模型的工程量自动统计、绿色施工组织设计数据库建立与应用系统、数字化工地、基于电子商务的建筑工程材料、设备与物流管理系统等。

一 单项选择题

1. 建设单位组织编制项目绿色策划方案，应在工程（　　　）阶段进行。
   A. 可行性研究 　　　　　　　B. 项目评估
   C. 项目立项 　　　　　　　　D. 初步设计

2. 绿色设计策划应以保障（　　　）为目标。
   A. 成本最低 　　　　　　　　B. 性能综合最优
   C. 能源损耗最少 　　　　　　D. 满足所需功能最多

3. 在明确项目绿色施工关键指标时，应按照国家标准《建筑与市政工程绿色施工评价标准》GB/T 50640—2023 中的（　　　）级别。
   A. 优良 　　　　　　　　　　B. 中等
   C. 合格 　　　　　　　　　　D. 不合格

4. 为实现对施工期间及建筑竣工后的场地雨水进行有效统筹控制，应体现（　　　）理念。
   A. 生态城市 　　　　　　　　B. 韧性城市
   C. 海绵城市 　　　　　　　　D. 花园城市

5. 核定绿色建材实际使用率，提交核定计算书，属于（　　　）阶段的工作内容。
   A. 绿色策划 　　　　　　　　B. 绿色设计
   C. 绿色交付 　　　　　　　　D. 绿色施工

6. 循环经济"3R"原则中的原级再循环是把废弃物转化为（　　　）。
   A. 其他产品 　　　　　　　　B. 同类新产品
   C. 高附加值产品 　　　　　　D. 化学产品

7. 循环经济的"3R"原则包括：①"再利用"原则；②"再循环"原则；③"减量化"原则。正确的运行顺序是（　　　）。
   A. ③-②-① 　　　　　　　　B. ②-③-①
   C. ①-③-② 　　　　　　　　D. ③-①-②

8. 下列关于各方主体绿色施工具体职责的说法，正确的是（　　　）。
   A. 施工单位应建立建设工程绿色施工的协调机制
   B. 建设单位应审查绿色施工组织设计、绿色施工方案
   C. 专业承包单位应对全部工程范围的绿色施工负责
   D. 施工单位应建立以项目经理为第一责任人的绿色施工管理体系

9. 下列绿色施工技术措施中，不属于结构材料利用推广措施的是（　　　）。
   A. 推广使用预拌混凝土和商品砂浆
   B. 推广使用定型钢模、钢框竹模、竹胶板
   C. 推广使用高强度钢筋和高性能混凝土

D．推广使用粉煤灰、矿渣、外加剂及新材料

10．在钢筋及钢结构制作前，应对下料单及样品进行（　　　）。

A．采购数量计算   B．复核

C．批量下料   D．供应频率计算

11．在围护结构中，尤其需要具备防水性能和保温隔热性能的部位是（　　　）。

A．地基   B．门窗

C．屋面   D．地板

12．下列各项绿色施工技术措施中，属于周转材料利用措施的是（　　　）。

A．采用外墙保温板替代混凝土施工模板

B．优化钢筋配料和钢构件下料方案

C．选用保温板粘贴、保温板干挂、保温浆料涂抹等施工方式

D．使用大量非木质新材料

13．绿色施工土方作业阶段，采取洒水、覆盖等措施，达到作业区目测扬尘高度小于（　　　）m，不扩散到场区外。

A．2.0   B．1.5

C．1.0   D．0.5

14．为减少土壤侵蚀和流失，施工中裸露的土壤应采取（　　　）措施。

A．采用局部遮挡、掩盖、水淋等

B．覆盖砂石或种植速生草种

C．防渗漏处理

D．地下水回灌

15．下列各项绿色施工技术措施中，不属于绿色施工"四新"技术发展措施的是（　　　）。

A．开展新型模板及脚手架技术研究

B．建设数字化工地

C．逐步开展施工项目 CO_2 排放量的统计分析

D．研究低噪声的施工技术

二 多项选择题

1．在绿色建造中，属于绿色交付内容的有（　　　）。

A．完成绿色建筑相关检测，提交建筑使用说明书

B．统筹确定各类建材及设备的设计使用年限

C．核定绿色建材实际使用率，提交核定计算书

D．制定建筑物各子系统运行操作规程和维护保养手册

E．明确综合效能调适及绿色建造效果评估的内容及方式

2．在工程绿色设计中，关于建筑材料选用原则的说法，正确的有（　　　）。

A．应选用地方性建筑材料

B．应优先采用高强度材料

C. 应符合国家和地方相关标准规范环保要求

D. 应选择低成本材料

E. 应获得绿色建材评价认证标识

3. 下列各项绿色建造要求中，属于绿色施工要求的有（　　　）。

A. 应建立完善的绿色建材供应链

B. 应积极采用工业化、智能化建造方式

C. 应编制施工现场建筑垃圾减量化专项方案

D. 完成绿色建筑相关检测，提交建筑使用说明书

E. 应建立与设计、生产、运营维护联动的协同管理机制

4. 工程建设需满足的环境伦理要求有（　　　）。

A. 人的行为正确与否，取决于是否遵从环境利益与人类利益相协调

B. 既满足当代人需求，又不损害后代人满足其需求

C. 以严重损害自然环境的健康为代价的行为一定是错误的

D. 从源头削减污染，提高资源利用效率

E. 若有对自然环境造成损害的行为，责任人必须做出必要的补偿

5. 在绿色施工相关理念中，生命周期评估方法的应用阶段可分为（　　　）。

A. 影响评估   B. 目的与范围确定

C. 综合利用   D. 清单分析

E. 解释说明

6. 绿色施工管理措施中，环境监测具有的特征有（　　　）。

A. 环节构成的系统性   B. 单一监测对象

C. 综合性的监测手段   D. 时序性特征

E. 监测结果发布的及时性

7. 在绿色施工材料资源的利用中，可以帮助节约装饰装修材料利用的措施有
（　　　）。

A. 在工厂采购或定制木制品及木装饰用料、玻璃等板材

B. 贴面类材料在施工前，应进行总体排版策划

C. 现场办公和生活用房采用周转式活动房

D. 钢筋连接采用对接、机械等低损耗连接方式

E. 采用人造板材代替木质板材

8. 下列绿色施工技术措施中，属于提高用水节水效率有效措施的有（　　　）。

A. 尽量使用市政自来水

B. 混凝土养护采用覆膜、喷淋设备、养护液等工艺

C. 制定有效的水质检测与卫生保障措施

D. 减少管网和用水器具的漏损

E. 建立地下水收集、处理和利用设施

9. 为了实现绿色施工，可采用节能与能源利用的有效措施有（　　　）。

A. 选用变频技术的节能施工设备

B. 大功率施工机械设备低负载长时间运行

C．使用逆变式电焊机

D．办公和生活临时用房采用可重复利用的房屋

E．照明设计的照度不应超过最低照度的 10%

10．绿色施工过程中，现场临时设施布置的优化原则有（　　　）。

A．临时设施占地面积有效利用率大于 80%

B．施工现场道路按照永久道路和临时道路相结合的原则布置

C．优先选用节能电线和节能灯具

D．采用可重复利用的装配式结构

E．将生产区和生活区分开布置

11．在施工现场构筑物拆除前，可以有效控制扬尘的措施有（　　　）。

A．清理积尘　　　　　　　　B．淋湿地面

C．施工现场出口应设置洗车槽　　D．使用高压喷雾状水系统

E．设置隔挡

12．为控制水污染并满足国家标准《污水综合排放标准》GB 8978—1996 的要求，施工现场应采取的必要措施有（　　　）。

A．在食堂、盥洗室、淋浴间的下水管线设置过滤网

B．进行污水水质检测并提供检测报告

C．当基坑开挖抽水量大于 100 万 m^3 时，应进行地下水回灌

D．施工现场宜采用固定式厕所

E．隔油池和化粪池应做防渗处理

13．下列关于施工现场环境保护中的垃圾回收利用和处置的说法，正确的有（　　　）。

A．根据因地制宜、分类利用原则

B．施工现场生活区设置封闭式垃圾容器

C．施工后应恢复施工活动破坏的植被

D．对金属类垃圾宜进行简单加工，直接回用于工程

E．有毒有害废弃物的分类率应达到 90% 以上

14．在施工过程中，应采取（　　　）措施来保护文物。

A．调查清楚地下各种设施，做好保护计划

B．发现文物时立即停止施工

C．通报文物管理部门

D．要避让、保护施工场区及周边的古树名木

E．发展绿色施工的新技术、新设备、新材料与新工艺

【答案与解析】

一、单项选择题

1．C；　　2．B；　　3．A；　　*4．C；　　*5．C；　　6．B；　　7．D；　　*8．D；

*9．B；　　10．B；　　11．C；　　*12．A；　　13．B；　　*14．B；　　15．C

【解析】

4. 【答案】C

海绵城市是指下雨时吸水、蓄水、渗水、净水，需要时将蓄存的水"释放"并加以利用，从而对施工期间及建筑竣工后的场地雨水进行有效统筹控制。所以 C 正确。

5. 【答案】C

核定绿色建材实际使用率，提交核定计算书，属于绿色建造效果评估。而项目绿色交付前要进行绿色建造效果评估。所以 C 正确。

8. 【答案】D

建设单位应建立建设工程绿色施工的协调机制，选项 A 错误。工程监理单位应审查绿色施工组织设计、绿色施工方案，选项 B 错误。专业承包单位应对工程承包范围的绿色施工负责，选项 C 错误。所以 D 正确。

9. 【答案】B

推广使用定型钢模、钢框竹模、竹胶板，属于周转材料利用相关的推广措施；其他选项都是与结构材料利用相关的推广措施。所以 B 正确。

12. 【答案】A

选项 B 属于结构材料的利用措施，选项 C 属于围护材料的利用措施，选项 D 属于装饰装修材料的利用措施。只有选项 A 属于周转材料的利用措施。所以 A 正确。

14. 【答案】B

选项 A 采用局部遮挡、掩盖、水淋等属于扬尘控制措施；选项 C、D 防渗漏处理和地下水回灌都属于水污染控制。所以 B 正确。

二、多项选择题

1. A、C、D;	2. A、B、C、E;	3. A、B、C、E;	*4. A、C、E;
5. A、B、D、E;	6. A、C、D;	7. A、B、E;	8. B、D、E;
9. A、C、D;	*10. B、D、E;	11. A、B、D、E;	*12. A、B、E;
13. A、B、D;	*14. B、C、D		

【解析】

4. 【答案】A、C、E

既满足当代人需求，又不损害后代人满足其需求，属于可持续发展的要求。从源头削减污染，提高资源利用效率，属于清洁生产理念。所以 A、C、E 正确。

10. 【答案】B、D、E

临时设施占地面积有效利用率应大于 90%，选项 A 错误。优先选用节能电线和节能灯具属于节能与能源利用，选项 C 错误。所以 B、D、E 正确。

12. 【答案】A、B、E

当基坑开挖抽水量大于 50 万 m^3 时，应进行地下水回灌，选项 C 错误。施工现场宜采用移动式厕所，选项 D 错误。所以 A、B、E 正确。

14. 【答案】B、C、D

施工前应调查清楚地下各种设施，做好保护计划，并不是在施工过程中，选项 A 错误。发展绿色施工的新技术、新设备、新材料与新工艺，这属于发展绿色施工"四新"技术，选项 E 错误。所以 B、C、D 正确。

190

8.2 施工现场环境管理

复习要点

1. 施工现场文明施工要求

文明施工是指在工程施工生产过程中,按照规定采取措施,保障施工现场作业环境,维护施工人员身体健康,并有效减少对周边环境影响的施工活动。

1)文明施工的作用及管理理念

(1)文明施工的主要作用

① 文明施工是保证施工质量、施工安全的支持条件。

② 文明施工是以人为本、关心公众的现实需要。

③ 文明施工是反映企业能力和企业形象的重要窗口。

(2)文明施工管理理念

理念包括:企业社会责任理念、精益管理理念及"8S"管理理念。

2)文明施工管理目标及工作要求

(1)文明施工管理目标

"六化":现场管理制度化、安全设施标准化、现场布置条理化、机料摆放定置化、作业行为规范化、环境协调和谐化。

(2)文明施工管理工作要求

① 建立健全文明施工管理体系,落实管理责任。

② 抓好员工教育培训,树立文明施工理念。

③ 制定安全文明施工管理规划,优化对策方法。

④ 落实安全文明施工费,依规做好专款专用。

(3)文明施工具体要求

施工现场管理应以"科学规划、规范整齐、环保达标、整体和谐"为原则。现场围挡采用封闭围挡,高度不小于1.8m;施工现场应设置密闭式垃圾站,施工垃圾、生活垃圾应分类存放。

2. 施工现场环境保护措施

1)控制项

"控制项"是指绿色施工过程中必须达到的基本要求条款。

2)一般项

"一般项"是指绿色施工过程中根据实施情况进行评价,难度和要求适中的条款。应包括以下规定:① 扬尘控制规定;② 废气排放控制规定;③ 建筑垃圾处置规定;④ 污水排放规定;⑤ 光污染控制规定;⑥ 噪声控制规定。

3)优选项

"优选项"是指绿色施工过程中实施难度较大、要求较高的条款。"优选项"包括:施工现场宜设置可移动环保厕所,并定期清运、消毒;装配式建筑施工的垃圾排放量不宜大于140t/万m^2,非装配式建筑施工的垃圾排放量不宜大于210t/万m^2。

一　单项选择题

1. 下列文明施工管理理念中，强调企业在创造利润的同时，还要承担对环境、社会和其他利益相关者的责任或义务的是（　　）。

  A. 精益管理理念　　　　　　　　B. 企业社会责任理念

  C. "8S" 管理理念　　　　　　　　D. 经济责任理念

2. 下列工作要求中，属于文明施工管理"六化"的是（　　）。

  A. 项目管理制度化　　　　　　　B. 设备操作规范化

  C. 安全设施标准化　　　　　　　D. 机器设备现场摆放定置化

3. 下列文明施工标准中，不属于文明施工管理体系的是（　　）。

  A. 管理类标准　　　　　　　　　B. 技术类标准

  C. 设施类标准　　　　　　　　　D. 行为类标准

4. 下列绿色施工相关内容中，不属于安全文明施工管理规划的是（　　）。

  A. 工程概况　　　　　　　　　　B. 环境保护措施

  C. 应急预案　　　　　　　　　　D. 材料和设备的采购计划

5. 为了实现绿色施工，建筑垃圾回收利用率应达到（　　）。

  A. 10%　　　　　　　　　　　　B. 30%

  C. 50%　　　　　　　　　　　　D. 100%

6. 下列各项施工现场环境保护措施中，属于"优选项"的是（　　）。

  A. 应采用低噪声设备施工

  B. 焊接作业时，应采取挡光措施

  C. 土方施工宜采用水浸法湿润土壤等降尘方法

  D. 装配式建筑施工的垃圾排放量不宜大于 210t/ 万 m^2

二　多项选择题

1. 下列关于文明施工对策和方法的说法，正确的有（　　）。

  A. 采用区域网格化、功能模块化管理方式

  B. 建设单位应设立安全文明施工费专用账户

  C. 充分考虑施工临时设施与永久性设施的结合利用

  D. 借助信息实时采集、互通共享等功能手段开展数字化文明施工管理

  E. 学习先进项目管理经验，开展文明施工对策和方法创新

2. 下列关于施工现场文明施工具体要求的说法，正确的有（　　）。

  A. 在进门处悬挂"五牌一图"

  B. 现场围挡采用封闭围挡，高度不小于 1m

  C. 施工现场应设置密闭式垃圾站

  D. 工地地面硬化处理

  E. 施工垃圾必须采用相应容器或管道运输

3. 下列关于绿色施工过程中污水排放规定的说法，正确的有（　　　）。
   A. 现场厕所应设置化粪池
   B. 工程污水和试验室养护用水，检测频率不应少于 4 次／月
   C. 钻孔桩作业应采用泥浆循环利用系统
   D. 工地厨房应设置隔油池
   E. 现场道路和材料堆放场地周边应设置排水沟

4. 下列环境保护措施中，符合"一般项"中噪声控制规定的有（　　　）。
   A. 施工场界声强限值夜间不大于 70dB
   B. 针对现场噪声源，应采取隔声、吸声、消声措施
   C. 材料装卸应轻拿轻放，控制材料撞击噪声
   D. 噪声较大的机械设备应远离现场办公区、生活区和周边敏感区
   E. 场界宜设置动态连续噪声监测设施

【答案与解析】

一、单项选择题
1. B；　　2. C；　　*3. C；　　4. D；　　5. C；　　*6. C
【解析】
3.【答案】C
　　文明施工管理体系通常包括目标设置、组织机构、权责划分、管理流程、措施要求、规章制度、奖惩制度等，涉及技术类标准、管理类标准和行为类标准。所以 C 正确。

6.【答案】C
　　选项 A 用低噪声设备施工属于"一般项"中的噪声控制措施，选项 B 焊接作业时采取挡光措施属于"一般项"中的光污染控制措施，选项 D 装配式建筑施工的垃圾排放量不宜大于 140t／万 m^2，非装配式建筑施工的垃圾排放量不宜大于 210t／万 m^2。所以 C 正确。

二、多项选择题
1. A、C、D、E；　　*2. A、C、D、E；　　3. A、C、D、E；　　*4. B、C、D
【解析】
2.【答案】A、C、D、E
　　现场围挡采用封闭围挡，高度不小于 1.8m，选项 B 错误。其余选项均符合施工现场文明施工具体要求。所以 A、C、D、E 正确。

4.【答案】B、C、D
　　施工场界声强限值昼间不大于 70dB，选项 A 错误。场界宜设置动态连续噪声监测设施属于"优选项"中的噪声控制规定，选项 E 错误。所以 B、C、D 正确。

第9章 国际工程承包管理

9.1 国际工程承包市场开拓

复习要点

微信扫一扫
在线做题 + 答疑

1. 国际工程承包相关政策

1）促进对外承包工程高质量发展基本原则

坚持企业主体、坚持质量优先、坚持互利共赢、坚持规范有序。

2）对外承包市场开拓和健康发展政策要求

（1）加快建筑业企业"走出去"

《国务院办公厅关于促进建筑业持续健康发展的意见》（国办发〔2017〕19号）针对加快建筑业企业"走出去"，打造"中国建造"品牌，提出加强中外标准衔接、提高对外承包能力和加大政策扶持力度的相关要求。

（2）加快形成对外承包工程发展新优势

《商务部等19部门发布关于促进对外承包工程高质量发展的指导意见》（商合发〔2019〕273号）提出了加快形成对外承包工程发展新优势的相关要求：积极鼓励设计咨询"走出去"，积极促进投建营综合发展，积极依托国内优势产业支撑，积极培育创新发展动能，积极提升可持续发展能力，积极提高国际合作水平。

（3）共建"一带一路"推动国际工程承包转型升级

中国将同"一带一路"沿线国家加强合作，积极推动互联互通，努力实现"五通"目标，携手构建务实进取、包容互鉴、开放创新、共谋发展的"一带一路"互利合作网络。

3）对外承包工程及劳务合作管理相关法规

（1）对外承包工程管理条例

国务院于2017年修订的《对外承包工程管理条例》是规范对外承包工程，促进对外承包工程健康发展的重要法规。该条例针对对外承包工程的根本性要求、对外承包工程单位应履行的基本义务及工程分包管理要求做出规定。

（2）对外劳务合作管理条例

对外劳务合作企业应当与国外业主订立书面劳务合作合同；未与国外业主订立书面劳务合作合同的，不得组织劳务人员赴国外工作。劳务合作合同应载明与劳务人员权益保障相关的事项。

4）企业境外投资管理

投资主体依法享有境外投资自主权，自主决策、自担风险。投资主体开展境外投资，应当履行境外投资项目核准、备案等手续，报告有关信息，配合监督检查。

5）对外承包工程项目备案和立项管理

商务部于 2024 年 5 月发布《对外承包工程项目备案和立项管理办法》，要求中国境内注册企业承包境外建设工程项目（分为特定项目和一般项目），应办理备案和立项手续。

（1）一般项目备案

企业承包一般项目应当在商务主管部门办理备案。企业应当通过业务系统填写《对外承包工程项目备案表》，在投标、议标前或签约前完成备案。

（2）特定项目立项

企业承包特定项目应当经商务部会同国务院有关部门批准立项。企业应当通过业务系统填写《对外承包工程项目立项表》，在投标、议标前或签约前完成立项。

（3）承包项目后续报告

企业应当在工程项目投标或者议标结果公布、合同签订、开工、完工后，通过业务系统填报相关信息，并在项目实施期间填写《对外承包工程项目半年情况报告表》。企业应当在合同签订后填写并报送《对外承包工程项目报到登记表》至中国驻外使（领）馆。

6）企业合规管理

（1）企业境外经营合规管理指引

① 合规管理框架：企业应以倡导合规经营价值观为导向，健全合规管理架构，形成重视合规经营的企业氛围。

② 合规管理原则：独立性原则、适用性原则、全面性原则。

③ 合规要求：包括境外投资中的合规要求、对外承包工程中的合规要求和境外日常经营中的合规要求。

④ 合规治理结构：企业建立合规治理结构时，应在决策、管理、执行三个层级划分相应的合规管理责任。

⑤ 合规管理制度：包括合规行为准则和合规管理办法。

⑥ 合规审计：企业合规管理职能应与内部审计职能分离。

（2）中央企业合规管理指引

中央企业应按照《中央企业合规管理指引（试行）》要求强化海外投资经营行为的合规管理。

2．国际工程承包市场进入

1）企业设立条件及注册要求

（1）企业设立条件

工程承包企业进入国际市场前，首先要确定是否需要在目标国设立分支机构或注册公司。

（2）注册流程

① 确定外国企业设立的形式。

② 明确注册企业的受理机构及申请受理流程。

③ 委派企业或委托代理人员进行当地公司注册申请。

④ 开设企业银行账户并注入注册资金。

⑤完成属地公司税务、国家保险和医疗保险等企业义务注册事宜。

2）承包工程许可制度

国际工程承包商开展对外承包业务必须取得目标市场国家和地区的许可。各国政府主要通过许可制度对外国企业进入本国工程承包市场进行限制，主要包括设立相应的资质等级管理制度和要求承包商接受政府对承包项目的审查等限制方式。

3）工程招标投标

按照资金来源不同，可将招标项目分为政府出资项目招标、私人筹资项目招标以及国际金融机构贷款和援助资金项目招标三类。

4）外籍劳务要求

我国国际工程承包企业应掌握东道国劳动力的供应情况、技术水平及工资标准，合理安排劳务人员的构成和来源。

5）限制领域

国际上多数国家对外国承包商设置了不同范围的限制领域，主要包括政府明令禁止从事相关领域的工程承包和设置潜在限制两种情况。

6）税收政策

世界各国对纳税义务的确定标准可分为属地主义原则、属人主义原则、属地兼属人原则。国际工程承包企业需要履行税务登记、税务变更登记、纳税申报、税款缴纳等职责，涉及工程的税种主要有流转税、收益税、财产税、杂项税。

7）技术标准

目前中国对外承包工程采用的技术标准主要分为采用中国标准、有条件地采用中国标准和采用属地标准或国际标准三种情况。

一 单项选择题

1. 我国企业发展国际工程承包业务时，需秉承的原则是（　　）。
   A．共商共建共管
   B．共建共管共赢
   C．共商共建共享
   D．共建共享共赢

2.《国务院办公厅关于促进建筑业持续健康发展的意见》中，针对加快建筑业企业"走出去"，打造"中国建造"品牌提出的要求是（　　）。
   ① 加强中外标准衔接，缩小中国标准与国外先进标准的技术差距
   ② 加快建筑产业升级，转变建造方式，提升中国建筑的国际竞争力
   ③ 提高对外承包能力，有目标、有重点、有组织地对外承包工程
   ④ 加大政策扶持力度，加强相关主管部门间的沟通协调和信息共享
   A．①②③
   B．①③④
   C．①②④
   D．②③④

3. 下列关于《对外劳务合作管理条例》的说法，正确的是（　　）。
   A．对外劳务合作企业可先组织劳务人员赴外工作，待劳务人员适应国外生活后再与业主订立合同
   B．国外的企业、机构或者个人可以在中国境内招收劳务人员赴国外工作

C. 对外劳务合作企业应当与对外劳务者订立书面劳务合作合同，可以不用与国外雇主订立书面劳务合作合同

D. 对外劳务合作企业与劳务人员订立的书面服务合同应当载明与劳务人员权益保障相关的事项

4. 企业境外投资实行备案管理的项目中，投资主体是某地方国有企业且中方投资额 2 亿美元，备案机关是（　　）。

A. 国家商务主管部门

B. 企业注册地省级商务主管部门

C. 国家发展改革委

D. 企业注册地省级政府发展改革部门

5.《企业境外经营合规管理指引》提出是最重要、最基本的合规制度，同时也是其他合规制度的基础和依据的是（　　）。

A. 合规治理结构　　　　　　B. 合规行为准则

C. 合规管理办法　　　　　　D. 合规管理原则

6. 根据《企业境外经营合规管理指引》，在合规治理结构中，负责建立、制定、实施、评价、维护和改进合规管理体系的企业层级为（　　）。

A. 管理层　　　　　　　　　B. 决策层

C. 执行层　　　　　　　　　D. 操作层

7. 企业合规管理职能应与（　　）分离，合规管理职能的履行情况应受到独立评价。

A. 风险监管职能　　　　　　B. 内部审计职能

C. 内部控制职能　　　　　　D. 系统稽核职能

8. 下列关于企业合规管理的说法，正确的是（　　）。

A. 合规行为准则奠定了企业合规管理的整体基调，用以为境外经营相关部门和员工等的行为提供规范

B. 企业合规管理原则为全面性原则、适用性原则、保护性原则

C. 企业建立合规治理结构需要在决策、管理、执行、操作四个层级划分相应的合规管理责任

D. 负责指导、监督中央企业合规管理工作的是国家发展改革委

9. 国际工程承包企业需要向我国国内税务机关缴纳的主要税种是（　　）。

A. 企业所得税　　　　　　　B. 增值税

C. 营业税　　　　　　　　　D. 消费税

10. 国际工程承包企业涉及工程的税种不包括（　　）

A. 收益税　　　　　　　　　B. 杂项税

C. 流转税　　　　　　　　　D. 资源税

11. 根据《对外承包工程项目备案和立项管理办法》，负责中央企业总部承包一般项目的备案机构是（　　）。

A. 外交部　　　　　　　　　B. 国务院国有资产监督管理委员会

C. 商务部　　　　　　　　　D. 国家发展和改革委员会

1. 2019 年 9 月，《商务部等 19 部门发布关于促进对外承包工程高质量发展的指导意见》（商合发〔2019〕273 号），提出促进对外承包工程高质量发展基本原则包括（　　）。

A. 坚持政策导向　　　　　　　　B. 坚持质量优先
C. 坚持安全第一　　　　　　　　D. 坚持互利共赢
E. 坚持规范有序

2. 大多数国家和地区均建立了招标投标制度，并根据不同项目类型、资金来源等对招标投标方式做了明确规定。下列关于不同类型招标项目的说法，正确的有（　　）。

A. 按照资金来源不同，可将招标项目分为政府出资项目、私人筹资项目、国际金融机构贷款和援助资金项目
B. 国际金融机构贷款和援助资金项目招标按照项目所在国政府的规定进行招标
C. 大多数国家和地区的政府出资项目采用公开招标的方式，承包商需通过相应的资格审核后参与投标
D. 使用某一特定国家政府贷款项目，一般采用在援助国国籍公司中公开招标的方式
E. 私人筹资项目的招标投标规定相对严格，招标投标限制较多

3. 下列属于《对外承包工程管理条例》中规定的对外承包单位应履行的基本义务的是（　　）。

A. 应当遵守工程项目所在国家或者地区的法律
B. 应当与境外工程项目发包人订立书面合同
C. 应当加强对工程质量和安全生产的管理
D. 应当向发包人提供施工现场办公和生活的房屋及设施
E. 应当依法与其招用的外派人员订立劳动合同

4. 下列关于企业境外投资管理的说法，正确的有（　　）。

A. 国家对境外重大投资项目实行先核准后备案的管理模式
B. 企业境外投资涉及敏感国家和地区、敏感行业的，实行核准管理
C. 中方投资额 20 亿美元的项目需由国家发展改革委核准或备案
D. 企业境外投资涉及投资主体提供担保的非敏感类项目，实行备案管理
E. 中方投资额 3 亿元以下的敏感类项目由投资主体注册地的省级政府发展改革部门进行核准

5. 企业境外经营合规管理原则包括（　　）。

A. 独立性原则　　　　　　　　　B. 自主性原则
C. 全面性原则　　　　　　　　　D. 保护性原则
E. 适用性原则

6. 下列关于国际工程承包企业涉及的税种及分类的说法，正确的有（　　）。

A．国际工程承包企业涉及工程的税种主要有流转税、收益税、财产税、杂项税

B．流转税主要包括营业税、增值税、消费税、进口关税、许可证税、印花税等

C．财产税主要包括公司所得税、个人所得税

D．杂项税是以各种名目征收的税费，或者以摊派名义征收的费用

E．收益税主要包括固定资产税、房产税、土地使用税等

7．根据《对外承包工程项目备案和立项管理办法》，下列属于企业在办理特定项目立项时需要提交的材料有（　　）。

A．立项申请函

B．项目可行性研究报告

C．中国驻项目所在国使（领）馆或者代管馆意见

D．项目安保方案和应急预案

E．企业上一年度财务报表

【答案与解析】

一、单项选择题

1．C；　　2．B；　　*3．D；　　4．D；　　5．B；　　6．A；　　7．B；　　*8．A；

9．A；　　10．D；　　11．C

【解析】

3．【答案】D

《对外劳务合作管理条例》规定，对外劳务合作企业应当与国外业主订立书面劳务合作合同；未与国外业主订立书面劳务合作合同的，不得组织劳务人员赴国外工作，选项 A、C 错误。对外劳务合作指我国企业组织劳务人员赴其他国家或者地区为国外的企业或者机构工作的经营性活动。国外的企业、机构或者个人不得在中国境内招收劳务人员赴国外工作，选项 B 错误。所以 D 正确。

8．【答案】A

合规行为准则是最重要、最基本的合规制度，是其他合规制度的基础和依据，适用于所有境外经营相关部门和员工，以及代表企业从事境外经营活动的第三方，选项 A 正确。企业合规管理原则为独立性原则、适用性原则和全面性原则，选项 B 错误。企业应在决策、管理、执行三个层级上划分相应的合规管理责任，选项 C 错误。根据《中央企业合规管理指引（试行）》，负责指导监督中央企业合规管理工作的部门是国有资产监督管理委员会，选项 D 错误。所以 A 正确。

二、多项选择题

1．B、D、E；　　*2．A、C、D；　　3．B、C、E；　　*4．B、C、D；

5．A、C、E；　　*6．A、B、D；　　7．A、C、D

【解析】

2．【答案】A、C、D

国际金融机构贷款和援助资金项目多在发展中国家，这类项目要求必须按照国际金融机构的相关规定进行公开招标，选项 B 错误。私人投资项目的招标投标规定相

对宽松，招标投标限制较少或允许多种招标方式并存，选项 E 错误。所以 A、C、D 正确。

4.【答案】B、C、D

投资主体开展境外投资，应当履行境外投资项目或核准或备案的手续，选项 A 错误。实行核准管理的范围是投资主体直接或通过其控制的境外企业开展的敏感类项目，核准机关是国家发展改革委，选项 B 正确，选项 E 错误。实行备案管理的范围是投资主体直接开展的非敏感类项目，包括投资主体直接投入资产、权益或提供融资、担保的非敏感类项目，选项 D 正确。综合核准管理与备案管理的范围可知，中方投资额 20 亿美元的项目，不论是核准类项目还是备案类项目，管理机关均为国家发展改革委，选项 C 正确。所以 B、C、D 正确。

6.【答案】A、B、D

财产税主要包括固定资产税、房产税、土地使用税等，选项 C 错误。收益税主要包括公司所得税、个人所得税，选项 E 错误。所以 A、B、D 正确。

9.2 国际工程承包风险及应对策略

复习要点

1. 国际工程承包风险

根据风险影响因素不同，可将国际工程承包风险分为十大类：政治风险、经济风险、市场风险、自然风险、社会风险、合同风险、资金风险、技术风险、法律风险、合规风险。

2. 国际工程承包风险应对策略

国际工程承包企业要善于趋利避害、化危为机。在识别分析风险后，应采取以下策略应对国际工程承包风险：加强市场调研，建立安全风险评估机制；综合运用多种策略，化解融资汇率风险；精准有序开拓市场，避免低价恶性竞争；建立风险处置机制，做好突发事件防范；强化安全意识，保障外派人员人身安全；开展属地化经营，与当地建立互信关系；遵守当地法律制度，严格合规经营管理；践行 ESG 发展理念，落实 ESG 风险管控；发挥保险保障功能，规范投保转移风险。

一 单项选择题

1. 下列全部属于国际工程承包风险的是（　　）。

① 政治风险；② 经济风险；③ 技术风险；④ 进度风险；⑤ 资金风险；⑥ 质量风险

　　A. ①②③④　　　　　　　　　B. ①②④⑥
　　C. ①③⑤⑥　　　　　　　　　D. ①②③⑤

2. 根据风险影响因素不同，下列属于国际工程承包经济风险的是（　　）。

　　A. 资金紧缺　　　　　　　　　B. 所在国利率变化
　　C. 族群对立　　　　　　　　　D. 制裁和禁运

3. 汇率风险发生的基本要素不包括（　　）。

    A. 本币   B. 外币

    C. 时间   D. 利率

4. 按保险保障的范围，下列保险类别划分正确的是（　　）。

    A. 财产保险、人身保险、责任保险、保证保险

    B. 政治保险、商业保险、社会保险、责任保险

    C. 财产保险、人身保险、健康保险、家庭保险

    D. 商业保险、财产保险、健康保险、社会保险

5. 对外承包工程的单位存缴的备用金不可用于（　　）。

    A. 外派人员的报酬

    B. 依法应当对外派人员的损失进行赔偿所需费用

    C. 因发生突发事件，外派人员回国或接受其他紧急救助所需费用

    D. 因发生突发事件，现场应急抢险所需费用

6. 下列属于国际工程承包企业为开展属地化经营采取的做法的是（　　）。

    A. 企业根据工程规模设置当地雇员和劳务管理的部门或专职岗位

    B. 企业根据属地项目具体情况，制定保护外派人员人身安全方案

    C. 企业找准定位，参与属地合适档次的业务，形成错位竞争

    D. 企业发挥保险保障功能，为属地项目规范投保，转移项目风险

7. ESG 评价指标体系由环境评价指标、社会评价指标和（　　）组成。

    A. 政府评价指标   B. 治理评价指标

    C. 管理评价指标   D. 等级评价指标

8. 下列全部属于国际工程承包业务中常见保险险种的是（　　）。

①工程一切险；②远洋运输险；③疾病险；④雇主责任险；⑤财产险；⑥职业责任险

    A. ①②④⑥   B. ①②⑤⑥

    C. ①③④⑤   D. ①③⑤⑥

二　多项选择题

1. 下列国际工程承包风险中，属于经济风险的有（　　）。

    A. 原材料物流成本上涨   B. 业主方筹资困难

    C. 所在国汇率波动   D. 所在国经济不稳定性

    E. 所在国属地企业低价竞争

2. ESG 投资评估作为一种长期风险评估机制，已成为跨国投资和国际工程承包的新兴策略。其中，ESG 社会评价指标包括（　　）。

    A. 公司透明度   B. 供应链责任管理

    C. 贪污受贿政策   D. 产品质量

    E. 碳及温室气体排放

3. 下列属于国际工程承包风险的有（　　）。

A．政治风险　　　　　　　　B．社会风险

C．经济风险　　　　　　　　D．投机风险

E．技术风险

4．根据《企业境外经营合规管理指引》，国外工程承包企业可进行合规风险评估，并出具风险评估报告，合规风险评估报告包括（　　　　）。

A．合规管理框架　　　　　　B．合规风险基本评价

C．原因机制　　　　　　　　D．合规行为准则

E．处置建议

5．下列关于国际工程承包企业在对外承包工程过程中规范投保的说法，正确的有（　　　　）。

A．在国际工程项目中，业主方有义务为承包商购买保险，并承担相应的保费缴纳责任

B．承包商可以通过购买保险把不确定的项目风险转变为固定的保费支出，使己方遇风险发生时免遭重大损失

C．发生保险事件后，承包商应积极采取止损措施，避免因自身履约过错导致无法索赔

D．发生保险事件后，为最大限度获得保险赔偿，承包商应待保险事件造成影响最大化后再通知保险公司

E．工程承包合同中通常会约定承包商应当投保的保险类别和保险范围

【答案与解析】

一、单项选择题

1．D；　　*2．B；　　3．D；　　4．A；　　*5．D；　　*6．A；　　7．B；　　8．A

【解析】

2．【答案】B

国际工程承包商面临的经济风险包括所在国经济政策、产业结构、经济不稳定性、通货膨胀、汇率波动、利率变化等方面，选项B正确。选项A属于资金风险，选项C属于社会风险，选项D属于政治风险。所以B正确。

5．【答案】D

根据《对外承包工程管理条例》，对外承包工程的单位应当及时存缴备用金，用于支付对外承包工程的单位拒绝承担或者无力承担的下列费用：外派人员的报酬；因发生突发事件，外派人员回国或者接受其他紧急救助所需费用；依法应当对外派人员的损失进行赔偿所需费用。所以选D。

6．【答案】A

国际工程承包企业要考虑自身的条件和业务性质，从经营属地化、管理属地化、资源属地化、待遇属地化等多个方面探索适合的属地化建设之路，其中包含根据工程规模设置当地雇员和劳务管理的部门或专职岗位，选项A正确。企业根据属地项目的具体情况，制定保护外派人员人身安全方案属于强化安全意识，保障外派人员人身安全

的做法，选项 B 错误。找准定位，发挥自身特长，参与合适档次的业务，形成错位竞争属于精准有序开拓市场，避免低价恶性竞争的做法，选项 C 错误。发挥保险保障功能，为属地项目规范投保转移项目风险属于转移项目风险的做法，选项 D 错误。所以 A 正确。

二、多项选择题

*1. C、D;   *2. B、D;   3. A、B、C、E;   *4. B、C、E;

*5. B、C、E

【解析】

1.【答案】C、D

本题考查经济风险的细节，国际工程承包商面临的经济风险包括所在国经济政策、产业结构、经济不稳定性、通货膨胀、汇率波动、利率变化等方面，选项 C、D 正确。选项 A，原材料成本上涨属于市场风险。选项 B，业主方筹资困难属于资金风险。选项 E，所在国属地企业低价竞争属于市场风险。所以 C、D 正确。

2.【答案】B、D

社会（S）评价指标主要评估企业对所在社区、员工和相关利益相关者的义务履行程度，包括性别及性别平衡政策、人权政策及违反情况、健康安全、管理培训、产品责任、产品质量、企业员工福利、劳动关系、供应链责任管理、扶贫济困、公益慈善等，选项 B、D 正确。选项 A、C 属于治理评价指标，选项 E 属于环境评价指标。所以 B、D 正确。

4.【答案】B、C、E

企业可通过分析违规或可能造成违规的原因、来源、发生的可能性、后果的严重性等进行合规风险评估。评估报告内容包括风险评估实施概况、合规风险基本评价、原因机制、可能的损失、处置建议、应对措施等，选项 B、C、E 正确。合规管理框架和合规行为准则属于《企业境外经营合规管理指引》提出的指导意见，选项 A、D 错误。

5.【答案】B、C、E

国际工程承包企业在签订保险合同后，承包商应当按照保险合同的约定缴纳保费，选项 A 错误。发生保险事件后，承包商应当尽快通知保险公司，按照约定程序索赔，同时积极采取止损措施，避免因自身履约过错导致无法索赔，选项 D 错误。所以 B、C、E 正确。

9.3　国际工程投标与合同管理

复习要点

1. 国际工程投标策略

投标策略主要包括：谨慎做好项目选择及投标决策，全面研究分析和把握招标文件，做实投标前的调查与现场考察，因地制宜制定科学的施工方案，做好工程量和报价的准确估算，确定恰当的报价水平和策略六个方面。

其中：不同项目投标报价水平的确定见表9-1。

表9-1 不同项目投标报价水平的确定

可考虑偏低报价	可考虑偏高报价
（1）施工条件好，工作简单、工程量大、业内企业基本都能做的； （2）投标对手多，竞争激烈的； （3）本公司目前急于打入某一市场、某一地区； （4）分期分批建设的工程，通过本工程实施有利于获得后续工程； （5）支付条件好的工程； （6）虽已在某地区经营多年，但即将面临没有工程的情况，设备、劳务等无工地转移时	（1）施工条件差、环境恶劣的工程； （2）专业要求高的技术密集型工程，本公司有专长，商誉高； （3）投标竞争对手少的工程； （4）地质条件复杂，把握不准，可能遇到特殊情况的工程，如水下地下开挖工程； （5）支付条件不理想、要求垫付资金、无预付款的工程； （6）业主对工期要求过紧、需要大量赶工的； （7）总价低的小工程，投标人兴趣不大但被邀请投标的

其中：常见不平衡报价策略见表9-2。

表9-2 常见不平衡报价策略

因素	可适当低报	可适当高报
采用工程量清单模式	预计实际工程量会比报价清单中减少的项目，单价可适当低报	预计实际工程量会比报价清单中工程量增加的项目，单价可适当高报
货币的时间价值和支付风险	项目后期实施的工程内容（如装饰装修、试运行）可以偏低报价	项目前期款项支付时间早的工程内容（如土方开挖、基础工程）可以偏高报价
暂定项	对大概率不实施的暂定项单价可适当低报	大概率要实施的暂定项单价可考虑适当高报
未标注工程量内容项	—	对于不计入标价的或仅有内容项而没有工程数量的，可以适当偏高报价，如计日工、推荐的备品备件等

2．FIDIC施工合同和设计-采购-施工（EPC）合同管理

国际常用的FIDIC系列合同条件主要包括FIDIC《施工合同条件》和《设计采购施工（EPC）/交钥匙工程合同条件》，要点见表9-3。

表9-3 FIDIC《施工合同条件》和《设计采购施工（EPC）/交钥匙工程合同条件》

FIDIC系列合同条件	《施工合同条件》（"新红皮书"）	适用于各类大型或较复杂的工程项目，尤其适用于传统的"设计－招标－建造"模式。承包商按照业主提供的设计进行施工，采用工程量清单计价，业主委托工程师管理合同，由工程师监管施工并签证支付	（1）施工合同文件组成； （2）合同各方责任和义务； （3）施工进度管理； （4）工程量估价和支付； （5）安全、环境、质量、检验和试验； （6）变更管理； （7）不可预见和例外事件； （8）工程接收； （9）缺陷责任管理； （10）承包商投保； （11）业主和承包商索赔； （12）争端和仲裁

FIDIC 系列 合同 条件	《设计采购施工 (EPC) / 交钥匙 工程合同条件》 ("银皮书")	适用于由承包商承担设计、采购和施工的总承包，完成一个配备完善的业主只需"转动钥匙"即可运行的工程项目，采用总价合同计价方式	(1) 不适合采用 EPC/ 交钥匙工程合同条件的几种情况。 (2) 合同条件条款内容： ① 合同各方责任和义务； ② 合同条件典型条款分析，包括：合同组成文件及业主要求；业主代表；承包商代表；分包商；设计及数据风险；不可预见的困难；预先警示；工期索赔；运维培训

3. NEC系列施工合同和AIA合同

除 FIDIC 系列合同条件，英国的 NEC 施工合同条件和美国的 AIA 合同条件在国际上也有广泛影响，要点见表 9-4。

表 9-4　NEC 施工合同和 AIA 合同

英国 NEC 系列 合同 条件	NEC 系列合同条件主要包括： (1) 工程施工合同 (ECC)，用于业主和总承包商之间的主合同，也被用于总包管理的一揽子合同。 (2) 工程施工分包合同，用于总承包商与分包商之间的合同。 (3) 专业服务合同，用于业主与项目管理人、监理人、设计人、测量师、律师、社区关系咨询师等之间的合同。 (4) 裁决人合同，用于业主和承包商共同与裁决人订立的合同，也可用于分包和专业服务合同
	ECC 合同： (1) ECC 合同内容组成：核心条款；主要选项条款 (6 个合同计价模式，4 种合同)；争议解决与避免程序 (3 种程序)；次要选项条款；成本组成表；合同数据。 (2) ECC 合同中的合作管理理念：合作伙伴；早期警告；补偿事件
美国 AIA 系列 合同 条件	美国 AIA 系列合同条件在美国及美洲地区广泛使用，也是国际上有代表性的合同条件之一。AIA 系列合同条件主要用于私营的房屋建筑工程，该合同条件下确定了传统模式、设计 - 建造模式、CM (Construction Management) 模式和集成化管理模式等不同类型的工程管理模式
	AIA 分为 A 至 G 系列： A 系列：业主与施工承包商、CM 承包商、供应商，以及总承包商与分包商之间的标准合同文件；其中，A201《施工合同通用条件》是 AIA 系列合同中的核心文件，是业主与承包商订立承包合同的标准文本。 B 系列：业主与建筑师之间的标准合同文件。 C 系列：建筑师与专业咨询人员之间的标准合同文件。 D 系列：建筑师行业内部使用的文件。 E 系列：合同和办公管理中使用的文件。 F 系列：财务管理报表。 G 系列：建筑师企业与项目管理中使用的文件
	IPD 合同模式： (1) IPD 模式实施过程：8 个阶段的顺序。 (2) IPD 模式的特点：报酬激励方面；索赔方面；争端处理方面
	BIM 建模协议：BIM 建模协议和 BIM 模型管理协议包括的内容

1. 国际工程招标文件中，可以反映招标人信用的条件是（   ）。

    A. 支付条款   B. 业主义务

    C. 业主责任   D. 索赔条款

2. 国际工程投标报价程序中，对招标文件中提供了工程量清单的招标工程，为了便于准确计算投标报价，并为今后在施工中测量每项工程量提供依据，投标人应当进行的工作是（   ）。

    A. 分包工程询价   B. 工程量复核

    C. 出席标前会议   D. 对工程项目业主进行调查

3. 根据国际工程投标策略，对于以实测工程量结算工程款的单价合同，投标人在根据工作范围和图纸仔细核算后发现工程量出入较大时，可以通过问询招标人解释澄清或有限度地采取（   ）策略。

    A. 报高价   B. 报低价

    C. 工程量修正   D. 不平衡报价

4. 根据 FIDIC《施工合同条件》，下列关于业主责任和义务的说法，正确的是（   ）。

    A. 及时向承包商提供设计图纸   B. 确定确认合同款支付

    C. 确定确认工程试验和验收   D. 进行施工项目日常管理

5. FIDIC 系列合同条件中，采用固定总价方式计价的合同是（   ）。

    A.《施工合同条件》   B.《交钥匙工程合同条件》

    C.《工程施工合同》   D.《施工合同通用条件》

6. 根据 FIDIC《施工合同条件》，合同文件的优先解释顺序是（   ）。

    A. 合同协议书 – 投标函 – 专用条件 – 通用条件

    B. 投标函 – 合同协议书 – 专用条件 – 通用条件

    C. 合同协议书 – 投标函 – 通用条件 – 专用条件

    D. 投标函 – 合同协议书 – 通用条件 – 专用条件

7. 根据 FIDIC《施工合同条件》，一般情况下，开工日期应在承包商收到中标函后的（   ）天内。

    A. 14   B. 21

    C. 28   D. 42

8. 根据 FIDIC《施工合同条件》，当承包商收到工程师发出的"初步进度计划不符合合同要求"的通知时，承包商应在收到通知的（   ）天内提交一份符合合同要求的修订的进度计划。

    A. 14   B. 21

    C. 28   D. 42

9. 根据 FIDIC《施工合同条件》，下列关于工程暂停和复工的说法，正确的是（   ）。

A．在工程实施过程中，业主代表可以随时指示承包商暂停工程的某一部分或全部

B．某工程暂停导致施工成本增加，增加的成本应由承包商承担

C．某工程已经持续暂时停工88天后，承包商向工程师发出通知要求允许继续施工

D．工程师发出暂停工程开始复工的通知后，承包商必须立刻恢复工作

10．根据FIDIC《施工合同条件》，对某项工作工程量的单价进行调整，必须满足的一项条件是该项工作工程量的变动直接导致该项工作每单位成本的变动超过（　　）。

A．0.01%   B．1%

C．5%   D．10%

11．根据FIDIC《施工合同条件》，承包商在收到中标函后，应在（　　）天内向业主提交履约担保。

A．14   B．21

C．28   D．42

12．某采用FIDIC《施工合同条件》的国际工程的合同额为800万元。合同中对误期赔偿费的约定是：每延误一个日历天应赔偿2万元，且总赔偿费不超过合同总价款的5%。该工程延误25日历天后通过竣工验收，则该工程的误期赔偿费为（　　）万元。

A．50   B．40

C．25   D．15

13．FIDIC《施工合同条件》规定，涉及合同中专门规定的暂列金额应根据（　　）的指示使用。

A．业主   B．工程师

C．承包商   D．工程师和承包商共同

14．承包商应对工程、货物、承包商文件的照管负责任，直到（　　）之日终止。

A．签发竣工验收报告   B．签发工程接收证书

C．签发工程履约证书   D．签发最终付款证书

15．根据FIDIC《施工合同条件》，在某项工作的工程缺陷通知期满后，业主对其缺陷通知期的延长不得超过（　　）。

A．6个月   B．1年

C．2年   D．3年

16．下列文件中，被视为是对工程认可的证明的是（　　）。

A．履约证书   B．接收证书

C．最终付款证书   D．履约保函

17．根据FIDIC《施工合同条件》，下列关于争端避免/裁决委员会（DAAB）的说法，正确的是（　　）。

A．DAAB由业主和承包商方代表以及独立第三方共3位成员组成

B．DAAB成员由业主和承包商联合任命，并各付一半酬金

C. 合同双方发生争端，需共同将争端事项提交 DAAB 决定

D. DAAB 应在收到事项提交后 28 天内做出决定

18. 根据 FIDIC《设计采购施工（EPC）/交钥匙工程合同条件》，合同文件的优先解释顺序是（　　）。

A. 通用条件—专用条件—投标书—业主要求

B. 专用条件—通用条件—业主要求—投标书

C. 通用条件—专用条件—业主要求—投标书

D. 专用条件—通用条件—投标书—业主要求

19. 作为交钥匙工程，为帮助业主交接后顺利实现项目运行，在工程被视为正式接收前，承包商应完成的工作是（　　）。

A. 运维培训　　　　　　　　B. 竣工试验

C. 缺陷修补　　　　　　　　D. 照管责任移交

20. 根据《工程施工合同》（ECC），（　　）是对核心条款的补充和细化。

A. 通用合同条件　　　　　　B. 主要选项条款

C. 次要选项条款　　　　　　D. 基础条款

21. 根据 NEC 施工合同条件，签订合同时，工程范围的界定尚不明确，但急需尽早动工的工程，应选用（　　）条款。

A. 管理合同　　　　　　　　B. 目标合同

C. 标价合同　　　　　　　　D. 成本补偿合同

22. 根据 ECC 合同，下列关于争议解决的说法，正确的是（　　）。

A. 发生争议时，可以选择由高级代表对争议进行裁决

B. 只有高级代表不能决定的争议，才能交由裁决员进行裁决

C. 合同双方可以通过 DAB 规避争端，提供解决争端的建议

D. DAB 进行终局裁决是最有效的解决争议的方式

23. 根据《工程施工合同》（ECC），关于"补偿事件"的说法，正确的是（　　）。

A. 只能由承包商向项目经理通知补偿事件

B. 补偿事件的影响过于不明确以致无法合理预测的，应当拒绝补偿

C. 为消除歧义和矛盾而变更工程信息所发的指令属补偿事件

D. 若变更由承包商提供工程信息，则按对承包商最有利的解释进行计价

24. IPD 集成项目交付模式在 AIA 系列合同文件中属于（　　）。

A. A 系列　　　　　　　　　B. B 系列

C. C 系列　　　　　　　　　D. G 系列

25. AIAC191 将整个项目实施过程划分为多个阶段，包括：① 采购分包阶段；② 详细设计阶段；③ 执行文件阶段；④ 机构审查阶段；⑤ 标准设计阶段。正确的顺序是（　　）。

A. ②—⑤—①—③—④　　　　B. ②—⑤—③—④—①

C. ⑤—②—①—③—④　　　　D. ⑤—②—③—④—①

二 多项选择题

1. 某建筑企业计划投标国际工程，为了有效进行税务管理筹划，投标人必须考虑的方面包括（　　）。
   - A. 业主支付风险
   - B. 合同的构成
   - C. 汇率波动／结算货币
   - D. 项目实施模式
   - E. 税务优惠政策

2. 国际工程投标报价时，投标人应结合工程特点和自身情况选择报价策略。在以下项目中，投标人可以选择偏低报价的情况有（　　）。
   - A. 中标建设本项目有利于获得后续分期分批建设工程的工程
   - B. 投标兴趣不大但被邀请投标的总价低的小工程
   - C. 需要垫付资金、无预付款的工程
   - D. 投标对手多、竞争激烈的工程
   - E. 支付条件好的工程

3. 国际工程报价中，投标人为了既不提高总报价，又能在结算中获得更理想的经济效益，通常采取不平衡报价策略，以下选项中，可以采取偏高报价策略的有（　　）。
   - A. 在开工后大概率不实施的暂定项
   - B. 预计会比报价清单中工程量增加的工程
   - C. 项目后期实施的装饰装修工程
   - D. 能早日结账收款的土石方工程
   - E. 没有规定数量的计日工需求

4. 下列关于 FIDIC《施工合同条件》通用条件的说法，正确的有（　　）。
   - A. 合同价格指中标函中按照合同规定所认可的工程施工费用
   - B. 其解释顺序优先于专用条件
   - C. 对承包商根据合同有权获得的费用，应加到合同价格中
   - D. 开工日期指合同中规定的工程正式施工的日期
   - E. 竣工时间可以加上合同"竣工时间延长"条款规定予以延长的时间

5. FIDIC 合同条件规定，工程师可以给承包商延长竣工时间的情况包括（　　）。
   - A. 业主提前占用工程导致对后续施工的延误
   - B. 承包商对施工质量缺陷的修复
   - C. 施工现场的业主其他承包商造成的延误
   - D. 延误移交施工现场
   - E. 施工中发现文物和古迹导致的延误

6. 根据 FIDIC《施工合同条件》，下列期中付款和最终付款的说法，正确的有（　　）。
   - A. 工程师应在收到报表和证明文件后 28 天内，向业主签发期中付款证书
   - B. 业主应在工程师收到承包商报表和证明文件后的 42 天内向承包商付款

C. 在承包商提交最终报表和结清证明申请最终付款后 42 天内，工程师应签发履约证书

D. 工程师应在收到最终报表和结清证明后 28 天内，向业主签发最终付款证书

E. 若业主未在收到工程师签发的最终付款证书 48 天内向承包商付款，应付给承包商延误费

7. 根据 FIDIC《施工合同条件》，承包商有权提出费用索赔的事项包括（ ）。

A. 由于业主延误导致承包商试验费用增加

B. 施工期间由于台风现象导致承包商费用增加

C. 承包商进度缓慢后由于加快进度导致的费用增加

D. 基准日期后工程所在国法律改变导致承包商费用增加

E. 承包商由于修补施工工艺缺陷后重新试验导致费用增加

8. 根据 FIDIC《施工合同条件》，下列各项承包商提出的价值工程建议中，业主采纳建议后需与承包商分享净收益的包括（ ）。

A. 有助于降低工程维护费用　　　B. 有助于提高工程竣工效率

C. 有助于降低安全事故发生概率　D. 有助于减少施工缺陷

E. 有助于降低工程施工费用

9. 关于 FIDIC《施工合同条件》不可预见和例外事件，以下情形中属于例外事件的有（ ）。

A. 战争或政变　　　　　　　　　B. 地下障碍物

C. 外界污染物　　　　　　　　　D. 东道国工人罢工

E. 无法预测的飓风天气

10. 某采用 FIDIC《施工合同条件》的工程，在接收证书签发前业主使用了其中某部分工程，被使用的部分（ ）。

A. 自签发接收证书之日起，该部分视为被业主接收

B. 自开始使用之日起，该部分视为被业主接收

C. 自签发接收证书之日起，承包商不再承担照管责任

D. 自开始使用之日起，承包商不再承担照管责任

E. 工程师在工程合同终止之日签发该部分的接收证书

11. 根据 FIDIC《施工合同条件》，应以业主和承包商共同名义向保险公司办理投保的保险项目包括（ ）。

A. 货物保险　　　　　　　　　　B. 工程保险

C. 职业责任保险　　　　　　　　D. 财产损害保险

E. 雇员的人身伤害保险

12. 下列情形中，适用于业主采用 FIDIC《设计采购施工（EPC）/交钥匙工程合同条件》的包括（ ）。

A. 业主期望工期确定，使项目能在预定的时间投产运行

B. 业主缺乏经验或人员有限，需要将整个项目委托他人负责

C. 业主想要密切监督或管控承包商的工作

D. 业主希望自身承担最少的项目风险

E. 业主想要审查大部分施工图纸

13. 根据 FIDIC《设计采购施工（EPC）/交钥匙工程合同条件》，下列数据及文件中，需要业主对其正确性负责的包括（　　）。

A. 工程的设计

B. 合同中规定的由业主负责的数据和资料

C. 对工程或工程任何部分的预期目标的说明

D. 完成工程的试验和性能的标准

E. 承包商不能核实的数据和资料

14. 根据 FIDIC《设计采购施工（EPC）/交钥匙工程合同条件》，承包商有权提出工期索赔的情形包括（　　）。

A. 根据合同变更规定调整竣工时间

B. 异常不利的气候条件

C. 根据合同条件承包商有权获得工期顺延

D. 由于流行病导致的不可预见的人员短缺

E. 由业主造成的延误或阻碍

15. 根据英国《工程施工合同》（ECC），属于核心条款的有（　　）。

A. 承包商的主要责任　　　　　　B. 测试和缺陷

C. 通货膨胀引起的价格调整　　　D. 法律的变化

E. 补偿事件

16. 英国《工程施工合同》（ECC）合作机制的特征包括（　　）。

A. 合作伙伴　　　　　　　　　　B. 共同愿景

C. 共担风险　　　　　　　　　　D. 早期警告

E. 补偿事件

17. 根据《工程施工合同》（ECC），关于早期警告的说法，正确的有（　　）。

A. 遇有风险事件只能由项目经理向承包商发出早期警告

B. 项目经理和承包商都可要求对方出席早期警告会议

C. 不得邀请其他人员出席早期警告会议

D. 早期警告针对的是由一些非承包商的过失原因而引起的事件

E. 项目经理应记录早期警告会议建议或决定，并将记录发给承包商

18. 美国 AIA 系列合同包括的工程管理模式有（　　）。

A. 设计－建造模式　　　　　　　B. CM 模式

C. 工程总承包模式　　　　　　　D. 设计－招标－建造模式

E. 集成化管理模式

19. 美国 AIA 系列合同条件中，关于 IPD 模式的说法，正确的有（　　）。

A. 合同当事方包括业主、设计单位、承包商，还可包括供应商、分包商

B. 若实际成本小于目标成本，结余资金归业主所有

C. 若实际成本超出目标成本，业主仍可选择偿付工程的所有成本

D. 参与各方放弃对其他参与方的索赔

E. 争议处理委员会成员与参与方不得有利害关系

20. 下列关于 BIM 建模协议的说法，正确的有（　　）。
    A．BIM 建模协议中定义了模型组件的不同的详细程度（LOD）
    B．BIM 建模协议中规定了模型变更的解决过程
    C．BIM 建模协议中规定了模型的安全要求
    D．BIM 建模协议中规定了模型授权使用的细节
    E．BIM 建模协议中规定了模型访问权的细节

【答案与解析】

一、单项选择题
1. A；　　2. B；　　3. D；　　*4. A；　　5. B；　　6. A；　　7. D；　　8. A；
*9. C；　　10. B；　　11. C；　　*12. B；　　13. B；　　14. B；　　15. C；　　16. A；
17. B；　　18. B；　　19. A；　　20. B；　　21. D；　　*22. C；　　*23. C；　　24. C；
25. D

【解析】
4.【答案】A
　　FIDIC《施工合同条件》（"新红皮书"）中业主的责任和义务包括：承担大部分或全部设计工作并及时向承包商提供设计图纸等。选项 B、C、D 属于工程师的责任和义务。所以 A 正确。

9.【答案】C
　　FIDIC《施工合同条件》（"新红皮书"）中，工程师可以随时指示承包商暂停工程的某一部分或全部，并说明情况；"银皮书"中业主任命业主代表负责工程的日常管理；对于工程暂停产生的后果责任，应由责任方承担；工程实施过程中，应避免出现过长的暂停，如果暂时停工已持续超过 84 天，承包商可以向工程师发出通知，要求允许继续施工；收到工程师发出对暂停工程开始复工的通知后，承包商应在切实可行的情况下尽快恢复工作，而非立刻复工。所以 C 正确。

12.【答案】B
　　工程延误 25 日历天应赔偿 25×2 ＝ 50 万元，总赔费最高为 800×5% ＝ 40 万元，误期赔偿费总额不得超过合同中规定的误期赔偿费的最高限额，50 万元＞ 40 万元，所以赔偿误期赔偿费为 40 万元。所以 B 正确。

22.【答案】C
　　ECC 合同中争端解决程序共三种：① 高级代表－裁决员－诉讼／仲裁；② 高级代表（可跳过）－裁决员－诉讼／仲裁；③ 争端避免委员会（DAB）－诉讼／仲裁。其中，对①②，发生争议时，高级代表不能作出决定，如未能在约定时间内与合同双方达成合意，则需交由裁决员进行裁决。合同双方可跳过高级代表将争端提交至裁决员进行裁决。对③，DAB 的主要职责是及时发现潜在冲突，规避争端，提供解决争端的建议，但不能进行终局裁决。所以 C 正确。

23.【答案】C
　　ECC 规定项目双方均可通知补偿事件，鼓励各方及早相互告知；若项目经理作出

决定，认为某一补偿事件的影响过于不明确以致无法合理预测，此时应在向承包商发出提交报价的指令中说明其关于补偿事件的假定条件，对补偿事件的计价先以此假定条件为基础，事后若发现此假定条件有误，项目经理应通知改正；若变更由承包商提供工程信息，则按对业主最有利的解释计价。所以 C 正确。

二、多项选择题

*1. B、D、E；   2. A、D、E；   *3. B、D、E；   4. C、E；
5. A、C、D、E；   *6. A、D；   *7. A、B、D；   *8. A、B、E；
9. A、D、E；   *10. B、D；   11. A、B、D；   12. A、B、D；
13. B、C、D、E；   *14. A、C、E；   15. B、B、E；   16. A、D、E；
17. B、E；   18. A、B、E；   *19. A、C、D；   *20. A、B、D

【解析】

1.【答案】B、D、E

国际工程投标时，应从签约主体的选择、清税主体的确定、合同的构成、项目实施模式、税务优惠政策等方面做好税务管理筹划。所以 B、D、E 正确。

3.【答案】B、D、E

采用不平衡报价法时，项目符合下列情况，可以适当的调高单价：（1）预计实际工程量会比报价清单中工程量增加的项目；（2）项目前期款项支付时间早的工程内容（如土方开挖、基础工程）；（3）对于不计入标价的或仅有内容项而没有工程数量的，如计日工、推荐的备品备件等；（4）对于要在开工后才由业主研究决定是否实施的暂定项，对大概率要实施的暂定项。所以 B、D、E 正确。

6.【答案】A、D

期中付款：工程师应在收到报表和证明文件后 28 天内，向业主签发期中付款证书；业主应在工程师收到承包商报表和证明文件后的 56 天内向承包商付款。最终付款：在履约证书签发后 56 天内，承包商提交最终报表和结清证明，申请最终付款；业主应在收到工程师签发的最终付款证书 56 天内向承包商付款，若逾期未支付则付延误费。所以 A、D 正确。

7.【答案】A、B、D

因遵守工程师的指令或因业主的延误，或在基准日期后法律改变，以及因按照规定发出通知的例外事件而导致承包商费用增加，则承包商有权向业主提出费用索赔。承包商由于进度缓慢或修补施工工艺缺陷导致费用增加应自行承担，甚至给业主造成的附加费用业主有权向承包商进行索赔。所以 A、B、D 正确。

8.【答案】A、B、E

FIDIC《施工合同条件》规定：承包商向工程师提出的建议有助于：加快竣工；降低业主工程施工、维护或运行的费用；提高业主竣工工程的效率或价值等价值工程建议给业主带来的净收益的，业主应与承包商分享。安全事故和施工缺陷的费用属于承包商承担范围，不属于价值工程建议的范围。所以 A、B、E 正确。

10.【答案】B、D

根据 FIDIC《施工合同条件》，若在接收证书签发前业主确实使用了工程的任何部分，则该使用的部分应视为自开始使用之日起已被业主接收；从该部分开始使用之日起，承包商不再承担照管责任，转由业主承担；工程师应立即为该部分签发接收证书，但是对尚未完成的扫尾工程（含竣工试验）、缺陷修补应在证书中列明。所以 B、D 正确。

14. 【答案】A、C、E

根据"银皮书"，承包商有权提出延长竣工时间索赔的情形只有下列 3 种：① 根据合同变更的规定；② 根据合同条件承包商有权获得竣工时间的延长；③ 由业主或在现场的业主的其他承包商造成的延误或阻碍（或因流行病或政府行为导致的由业主提供的材料的不可预见的短缺）。所以 A、C、E 正确。

19. 【答案】A、C、D

根据 IPD 模式报酬激励特点，若实际成本小于目标成本，则业主应将结余资金按合同约定的比例支付给其他参与方作为激励报酬。在争议处理方面，AIA 争议处理委员会由业主、设计单位、承包商等参与方的高层代表和项目中立人组成，各方高层代表与对应参与方存在利害关系。所以 A、C、D 正确。

20. 【答案】A、B、D

BIM 建模协议定义了 BIM 使用者对 BIM 模型的使用范围和模型所有权，规定了构建 BIM 模型的标准和文件格式，内容包括：确定模型组件的作者；定义模型组件的不同的详细程度（LOD）；项目参与者确定、协调和解决模型变更的过程；关于模型授权使用的细节以及完成后在设施管理或其他方面的预期授权用途等。选项 C、E 为 BIM 模型管理协议所包括的内容。所以 A、B、D 正确。

第 10 章　建设工程项目管理数智化

10.1　建筑信息模型（BIM）及其在工程项目管理中的应用

复习要点

1．BIM技术的基本特征

BIM 技术的基本特征包括：模型操作的可视化、模型信息的完备性、模型信息的关联性、模型信息的一致性、模型信息的动态性、模型信息的可拓展性。

2．BIM技术应用实施模式及职责

实施模式分为建设单位主导的实施模式和承包商主导的实施模式。

应用相关方包括建设单位、BIM 总协调方、施工总承包单位、专业分包单位，各相关方在 BIM 技术应用过程中应履行相应的职责。

3．BIM技术在工程中的应用

BIM 技术可以在工程项目进度管理、工程项目成本管理、工程项目质量管理、工程施工安全管理、工程合同管理、工程项目信息管理方面进行应用，具体应用内容见表 10-1。

表 10-1　BIM 技术在工程中的应用

应用	具体内容		
工程项目进度管理	施工进度模拟		
	资金和资源动态分析		
	实时进度跟踪监控	管理目标计划	
		创建跟踪视图	
		更新工程进度	
	进度分析和优化		
工程项目成本管理	工程算量		
	成本控制		
工程项目质量管理	碰撞检测		
	质量问题管理		
工程施工安全管理	施工安全教育	利用 BIM 技术的可视化、模拟性	
		结合 BIM 和 VR 技术	
	施工现场的安全措施布置		
	施工安全模拟		
工程合同管理	依据合同中的 BIM 要求进行 BIM 管理		
	合同执行和界面管理		

应用	具体内容
工程项目信息管理	BIM 内置信息分类编码、工程量清单或定额
	工程项目信息集成管理

其中，业主在工程项目合同中设置的 BIM 要求有：

（1）BIM 实施计划。① BIM 项目应用的宗旨和目标；② BIM 应用的建设阶段及参与方；③ BIM 应用清单；④ BIM 应用组织体系；⑤ 建模软件、文件存档格式和版本。

（2）项目各阶段模型提交要求。① 设计、施工、竣工、验收和运营管理等阶段模型提交的广度和深度标准；② 各建设阶段 BIM 模型授权使用的范围、对象和权限。

（3）合同双方的责任和义务。不同的工程合同类别有不同的权责。

（4）信息管理。每个建设阶段均需有专人负责信息管理工作，并将其作为一个 BIM 角色成员。主要负责账户维护、数据备份及模型数据变更记录等日常工作，以保证数据安全、准确。

（5）风险管理。① BIM 项目中的额外风险应由所有参与方公平分摊；② 各参与方需对其在模型中提交的成果负责；③ 所有参与方都要进行 BIM 事项保险。

（6）知识产权和保密。① 所有参与方均是 BIM 成果的版权所有者；② 参与方需要获得相应授权来复制、传播和应用 BIM 成果；③ 在将 BIM 成果用于其他项目时，需要获得建设方的同意并承担相关风险；④ 在本项目 BIM 成果基础上开发的新成果，归开发者所有；⑤ 所有参与方均需履行保密义务；⑥ 建设方可以在合同中规定模型的所有权、转让权和使用权。

一 单项选择题

1. 下列属于建筑信息模型（BIM）技术的基本特征是（　　）。

    A. 模型信息的时效性　　　　　　B. 模型信息的关联性

    C. 模型信息的准确性　　　　　　D. 模型信息的先进性

2. 在 BIM 技术的基本特征中，模型信息的一致性是指（　　）。

    A. 不同平台模型信息的一致性　　B. 不同系统模型信息的一致性

    C. 不同阶段模型信息的一致性　　D. 不同类型模型信息的一致性

3. 下列 BIM 技术应用实践中，属于施工总承包单位职责的是（　　）。

    A. 协助建设单位开通和辅助管理维护 BIM 项目协同平台

    B. 审查各阶段项目参与方提交的 BIM 成果

    C. 制定项目 BIM 应用方案

    D. 配置 BIM 团队并按要求提供 BIM 成果

4. 下列属于 BIM 技术在工程算量中的具体应用方式的是（　　）。

    A. 识别不同构件的物理信息　　　B. 进行碰撞检查

    C. 生成定额清单　　　　　　　　D. 建立三维模型

5. 进行资金和资源动态分析属于 BIM 技术在（　　）管理中的应用。

A．成本 B．进度

C．质量 D．安全

6. 下列属于 BIM 知识产权和保密的内容的是（　　　）。

    A．所有参与方均是 BIM 成果的版权所有者

    B．所有参与方在每个阶段都应有一个与职责和义务相匹配的授权

    C．参与方需得到半数参与方同意才能将 BIM 成果应用于其他项目上

    D．涉密参与方应对约定的事项履行保密义务

二 多项选择题

1. 下列属于 BIM 技术应用实施模式的是（　　　）。

    A．建设单位主导的实施模式　　　B．总协调方主导的实施模式

    C．承包商主导的实施模式　　　　D．总负责人主导的实施模式

    E．分包单位主导的实施模式

2. 下列 BIM 技术应用实践中，属于建设单位职责的有（　　　）。

    A．组织策划项目 BIM 实施策略

    B．委托工程项目 BIM 总协调方

    C．审查各阶段项目参与方提交的 BIM 成果

    D．编写项目施工 BIM 实施方案

    E．接收通过审查的 BIM 交付模型和成果档案

3. 下列 BIM 技术应用实践中，属于专业分包单位职责的有（　　　）。

    A．确定项目的 BIM 应用目标和要求

    B．配置 BIM 团队，并根据相关方案的要求提供 BIM 成果

    C．协助建设单位进行 BIM 成果归档

    D．接受 BIM 施工总承包方的监督

    E．编写项目施工 BIM 实施方案

4. 工程项目进度管理中，BIM 技术主要应用方面是（　　　）。

    A．实时进度跟踪监控　　　　　　B．施工进度模拟

    C．资金和资源动态分析　　　　　D．内置工程量清单

    E．进度分析和优化

5. 下列属于 BIM 实时进度跟踪监控内容的是（　　　）。

    A．管理目标计划　　　　　　　　B．统计物料损耗

    C．创建跟踪视图　　　　　　　　D．更新工程进度

    E．施工进度模拟

6. 工程施工安全管理中，BIM 技术主要应用方面是（　　　）。

    A．质量问题管理　　　　　　　　B．施工安全教育

    C．施工现场安全措施布置　　　　D．施工安全模拟

    E．监测施工活动

7. 工程合同管理中，BIM 技术主要应用方面是（　　　）。

A. 链接合同相关文档信息

B. 自动生成合同模板

C. 识别合同中规定的冲突或干涉

D. 合同执行和界面管理

E. 依据合同中的 BIM 要求进行 BIM 管理

8. 下列属于 BIM 合同中风险管理方面规定内容的是（　　　）。

A. BIM 应用中产生的额外风险按照参与方各自工作内容比例分摊

B. BIM 应用中产生的额外风险必须由所有参与方公平地共同分摊

C. 参与方应为自己在模型中提交的成果负责

D. 参与方应为模型中所有提交的成果负责

E. 涉密参与方都要进行 BIM 事项保密

9. 下列各项 BIM 应用中，适用于工程项目信息集成管理的有（　　　）。

A. 整合项目各类的工程信息

B. BIM 内置信息分类编码

C. 链接进度计划、成本计划和劳动力使用计划等各类计划

D. BIM 内置工程量清单或定额

E. 链接设计说明、施工方案等信息

【答案与解析】

一、单项选择题

*1. B;　　*2. C;　　*3. D;　　*4. A;　　5. B;　　*6. A

【解析】

1.【答案】B

BIM 技术的基本特征包括模型操作的可视化、模型信息的完备性、模型信息的关联性、模型信息的一致性、模型信息的动态性、模型信息的可拓展性。所以 B 正确。

2.【答案】C

模型信息的一致性指在建筑生命期不同阶段模型信息是一致的，同一信息无须重复输入。所以 C 正确。

3.【答案】D

配置 BIM 团队，并根据项目 BIM 应用方案的要求提供 BIM 成果是施工总承包单位职责。选项 A、B、C 属于 BIM 总协调方的职责。所以 D 正确。

4.【答案】A

在工程算量应用中，BIM 技术能够识别模型中的不同构件及其几何物理信息（时间维度、空间维度等），自动统计各种构件的数量，选项 A 正确。选项 C 属于 BIM 技术在成本控制中的应用，选项 B、D 属于 BIM 技术在碰撞检测中的应用。所以 A 正确。

6.【答案】A

所有参与方在某个阶段都应有一个与职责和义务相匹配的授权，选项 B 错误。所有参与方要想将 BIM 成果应用于其他项目上，均需得到建设方的同意，选项 C 错误。

所有参与方均应对约定的事项履行保密义务，选项 D 错误。所以 A 正确。

二、多项选择题

1．A、C；　　　　 *2．A、B、E；　　 *3．B、D；　　　　 *4．A、B、C、E；
5．A、C、D；　　　 6．B、C、D；　　　 7．D、E；　　　　 *8．B、C；
*9．A、C、E

【解析】

2．【答案】A、B、E

建设单位职责包括组织策划项目 BIM 实施策略、委托工程项目 BIM 总协调方、与各参与方签订合同、接收通过审查的 BIM 交付模型和成果档案。选项 C 属于 BIM 总协调方职责，选项 D 属于施工总承包单位职责。所以 A、B、E 正确。

3．【答案】B、D

专业分包单位职责包括配置 BIM 团队，并根据相关方案的要求提供 BIM 成果，接受 BIM 总协调方和施工总承包方的监督。选项 A 属于建设单位职责，选项 C 属于 BIM 总协调方职责，选项 E 属于施工总承包单位的职责。所以 B、D 正确。

4．【答案】A、B、C、E

BIM 技术在工程项目进度管理中主要应用于实时进度跟踪监控、施工进度模拟和资金和资源动态分析、进度分析和优化。所以 A、B、C、E 正确。

8．【答案】B、C

BIM 应用中产生的额外风险必须由所有参与方公平地共同分摊，选项 A 错误，选项 B 正确。各参与方应为自己在模型中提交的成果负责，选项 C 正确，选项 D 错误。所有参与方都要进行 BIM 事项保密，选项 E 错误。所以 B、C 正确。

9．【答案】A、C、E

在工程项目信息集成管理中 BIM 模型可以整合项目各类的工程信息，在 BIM 模型中可以链接进度计划等各种计划和设计说明等信息。选项 B、D 是 BIM 技术在工程项目信息管理中的应用。所以 A、C、E 正确。

10.2　智能建造与智慧工地

复习要点

1. 智能建造的基本特征

（1）智能建造应以新一代信息技术融合应用为基础。

（2）智能建造应以实现数字化集成设计、精益化生产施工、工业化组织管理为核心。

（3）智能建造应以数智化管控平台和建筑机器人开发应用为着力点。

（4）智能建造应以减少对人的依赖，实现安全建造，提高品质、效率和效益，助力数字交付为目标。

2. 智慧建造相关重点任务

（1）加快推动新一代信息技术与建筑工业化技术协同发展，在建造全过程加大新技术的集成与创新应用。大力推进相关装备的研发、制造和推广应用，提升各类施工机具的性能和效率，提高机械化施工程度。加快建筑物联网技术应用，提升数据资源利用水平和信息服务能力。

（2）加强技术攻关，推动智能建造和建筑工业化基础共性技术和关键核心技术研发、转移扩散和商业化应用。加快突破核心技术，探索建筑机器人批量应用。研发自主知识产权的系统性软件与数据平台、集成建造平台。

（3）推进数字化设计体系建设，推行一体化集成设计。积极应用自主可控的 BIM 技术，加快构建数字设计基础平台和集成系统，实现少人甚至无人工厂。以企业资源计划（ERP）平台为基础，进一步推动向生产管理子系统的延伸，实现工厂生产的信息化管理。

（4）探索适用于智能建造与建筑工业化协同发展的新型组织方式、流程和管理模式。加快培育具有智能建造系统解决方案能力的工程总承包企业，鼓励企业建立工程总承包项目多方协同智能建造工作平台。

（5）加强智能建造及建筑工业化应用场景建设，推动科技成果转化、重大产品集成创新和示范应用。发挥重点项目以及大型项目示范引领作用，发挥龙头企业示范引领作用，推动建立智能建造基地。

3. 智慧工地的基本特点

基本特点包括：技术驱动、全面感知与数据收集、信息的共享和协作。

4. 智慧工地的总体架构

（1）感知层：智慧工地的基础，主要包括各种传感器、监控设备、无人机等终端设备。

（2）网络层：智慧工地的数据通道和处理中枢，起到桥梁和枢纽的作用，连接感知层和应用层，保证数据的高效流动和准确处理。

（3）应用层：智慧工地的核心，主要包括各种基于数据的智能应用。

5. 智慧工地建设目标

建设目标包括：增强安全、提升效率、降低成本、保护环境、提升质量、协同工作和信息共享、满足施工单位管理诉求、实现全方位监测。

6. 智慧工地建设原则

建设原则包括：满足社会监管需求，优化管理效率；资源整合与节约，实现全方位覆盖，全过程覆盖，人文关怀。

7. 智慧工地基础设施

（1）硬件设施：传感器、自动识别装置、网关和路由器、服务器、显示屏等。

（2）软件设施：数据处理软件、数据分析软件、数据显示软件。

8. 智慧工地运行

智慧工地运行应以施工场景为核心，充分利用从现场实时获取到的"人、机、料、法、环"等数据，主要包含人员管理、机械设备管理、物资管理、环境与能耗管理、视频监控管理、施工过程检测与监测管理等模块的运行。

一 单项选择题

1. 下列属于智能建造在推进数字化设计体系建设的是（　　　　）。

A．统筹建造活动全产业链

B．加强智能建造及建筑工业化应用场景建设

C．加快智能建造科技成果转化应用

D．推行一体化集成设计

2．智慧工地总体架构中，负责实时感知和收集工地上的各种数据，包括人员、机械设备、物资、环境等各个方面的信息的层次是（　　　）。

A．感知层　　　　　　　　　　　B．网络层

C．应用层　　　　　　　　　　　D．传输层

3．在智慧工地建设中，通过实时数据分析和预测，优化资源配置是为了（　　　）。

A．降低成本　　　　　　　　　　B．保护环境

C．实时监测　　　　　　　　　　D．提升效率

4．智慧工地运行包括人员管理模块，该模块中用于采集人员数据的智能化手段是（　　　）。

A．AI 智能识别技术　　　　　　　B．二维码

C．智能安全帽　　　　　　　　　D．全景摄像头

二　多项选择题

1．智能建造的重点任务包括（　　　）。

A．加快推动新一代信息技术与建筑工业化技术协同发展

B．推进数字化设计体系建设

C．加强安全管理、改善施工环境

D．加强智能建造与建筑工业化应用场景建设

E．优化资源配置并提升施工效率

2．智能建造通过数字化、自动化、智能化手段实现的最终目标有（　　　）。

A．实现安全建造　　　　　　　　B．减少对人的依赖

C．加快新信息技术发展　　　　　D．推动数字化设计体系建设

E．助力数字交付

3．下列属于智慧工地的基本特点的是（　　　）。

A．技术驱动　　　　　　　　　　B．实现全方位监测

C．全面感知与数据收集　　　　　D．信息的共享和协作

E．满足施工单位管理诉求

4．下列属于智慧工地建设目标的是（　　　）。

A．增强安全　　　　　　　　　　B．提升效率

C．降低成本　　　　　　　　　　D．技术驱动

E．保护环境

5．下列属于智慧工地建设原则的是（　　　）。

A．满足社会监管需求　　　　　　B．推进数字化体系建设

C．资源整合与节约　　　　　　　D．优化管理效率

E．人文关怀

6．智慧工地运行应以施工场景为核心，其中机械设备管理模块应采集的数据有（　　）。

A．物资进场验收数据　　　　　B．运行状态信息数据

C．预报警记录数据　　　　　　D．维修保养信息数据

E．车辆进出信息

【答案与解析】

1．D；　　*2．A；　　3．D；　　*4．C

【解析】

2．【答案】A

感知层是负责实时感知和收集工地上各种数据的基础层次。所以 A 正确。

4．【答案】C

人员管理模块采集人员数据的手段有：身份证识别、虹膜识别、掌指静脉识别、脸部识别、指纹识别、射频识别 SIM 卡、射频识别、智能安全帽、反光衣等穿戴设备。选项 A、B 属于物资管理模块数据采集手段，选项 D 属于视频监控管理数据采集手段。所以 C 正确。

二、多项选择题

*1．A、B、D；　　　*2．A、B、E；　　　*3．A、C、D；　　　*4．A、B、C、E；

*5．A、C、D、E；　　*6．B、C、D

【解析】

1．【答案】A、B、D

智能建造的相关重点任务包括加快推动新一代信息技术与建筑工业化技术协同发展，推进数字化设计体系建设，加强智能建造及建筑工业化应用场景建设等。选项 C、E 属于智慧工地建设的意义。所以 A、B、D 正确。

2．【答案】A、B、E

发展智能建造的目的是要通过数字化、自动化、智能化手段，减少工程建造对人的依赖，以实现安全建造，并提高品质、效率和效益，还有利于实现数字交付。所以 A、B、E 正确。

3．【答案】C、D

智慧工地的特点包括技术驱动、全面感知与数据收集以及信息的共享和协作。选项 B、E 属于智慧工地建设目标。所以 A、C、D 正确。

4．【答案】A、B、C、E

智慧工地建设的目标包括增强安全、提升效率、降低成本和保护环境。所以 A、B、C、E 正确。

5．【答案】A、C、D、E

智慧工地建设的原则包括满足社会监管需求、优化管理效率、资源整合与节约、

实施全方位覆盖、全过程覆盖和人文关怀。选项 B 属于智能建造相关重点任务。所以
A、C、D、E 正确。

6.【答案】B、C、D

机械设备管理模块应采集多种机械设备数据，包括运行状态信息数据、预报警记录数据、维修保养信息数据等。选项 A 属于物资管理模块采集的数据，选项 E 属于视频监控管理模块采集的数据。所以 B、C、D 正确。

综合测试（一）

一、单项选择题

1. 根据我国投资项目资本金制度，适用"资本金比例最低为 40%"规定的项目是
（　　）。

    A．内河航运项目　　　　　　　B．黄磷项目

    C．电解铝项目　　　　　　　　D．普通商品住房项目

2. 下列关于工程开工时间的说法，错误的是（　　）。

    A．工程地质勘察开始施工的日期算作正式开工日期

    B．不需要开槽的工程以正式开始打桩的日期作为开工日期

    C．铁路项目以土石方开始施工日期作为正式开工日期

    D．分期建设的工程分别按各期工程开工的日期计算

3. 政府和社会资本合作新机制中具有全生命周期特性的具体实施模式是（　　）。

    A．BOOT　　　　　　　　　　B．DBFOT

    C．TBT　　　　　　　　　　　D．ROT

4. 业主方项目管理是指站在业主角度，通过有效控制工程建设进度、质量和投资
目标，最终实现工程项目的价值。其中，投资目标是（　　）。

    A．工程施工总投资　　　　　　B．工程全生命周期总投资

    C．工程建设总投资　　　　　　D．工程总投资

5. 下列关于矩阵式组织结构的说法，正确的是（　　）。

    A．强矩阵式组织也称平衡矩阵式组织，适用于中等技术复杂程度且建设周期
　　　较长的工程项目

    B．中矩阵式组织成员是从各职能部门抽调而来，并在成员中指定一人担任部
　　　门经理

    C．弱矩阵式组织中，项目经理的角色是一个项目协调者或监督者，而不是管
　　　理者

    D．在所有类型的矩阵式组织中，项目组成员的绩效考核完全由项目经理进行

6. 项目管理规划大纲的编制包括下列程序：① 明确项目需求和项目管理范围；② 明
确项目管理目标；③ 规定项目管理措施；④ 编制项目资源计划；⑤ 确定项目管理组织
模式、组织结构和职责分工；⑥ 报送审批；⑦ 分析项目实施条件，进行项目工作结构
分解。正确的编制程序是（　　）。

A. ①-②-⑦-④-③-⑤-⑥

B. ②-⑦-①-③-④-⑤-⑥

C. ①-②-⑦-⑤-③-④-⑥

D. ②-①-⑦-④-⑤-③-⑥

7. 单位工程施工组织设计应由（　　）审批。

A. 施工项目负责人 B. 总承包单位负责人

C. 施工项目技术负责人 D. 施工单位技术负责人

8. 下列施工成本纠偏措施中，属于合同措施的是（　　）。

A. 配备相应管理人员并明确岗位职责分工

B. 落实加快工程进度所需资金

C. 合理处置工程变更和利用好工程索赔

D. 编制施工方案并对其技术可行性进行审查、论证

9. 在职业健康安全管理体系的维持过程中，组织管理者按策划的时间间隔对组织的职业健康安全管理体系进行评审，以确保其持续的适宜性、充分性和有效性，称为（　　）。

A. 内部审核 B. 管理评审

C. 内部控制 D. 系统评审

10. 下列关于《卓越绩效评价准则》GB/T 19580—2012的说法，正确的是（　　）。

A. 《卓越绩效评价准则》GB/T 19580—2012属于"符合性评价"标准

B. 《卓越绩效评价准则》GB/T 19580—2012的核心是通过全过程管理来实现企业经营的卓越管理

C. 《卓越绩效评价准则》GB/T 19580—2012与质量管理体系标准（ISO9000族标准）同属于质量管理标准，两者内容接近

D. 卓越绩效管理超越了质量管理，将质量管理的系统化、标准化、程序化和规范化理念推广到组织经营管理的所有领域

11. 质量管理体系、环境管理体系、职业健康安全管理体系及卓越绩效管理等标准均强调以（　　）为核心，将PDCA循环应用于所有过程，使整个管理体系按照PDCA模式运行。

A. 领导作用 B. 改进过程

C. 支持与运行过程 D. 预期结果

12. 根据《风险管理　指南》GB/T 24353—2022，风险管理的核心原则是（　　）。

A. 控制损失 B. 持续改进

C. 创造和保护价值 D. 整合风险管理

13. 根据《建设工程项目管理规范》GB/T 50326—2017，项目管理的基本制度是（　　）。

    A. 项目组织策划制度　　　　　　B. 项目管理责任制度

    C. 项目采购管理制度　　　　　　D. 项目绩效评价制度

14. 根据《建设工程项目管理规范》GB/T 50326—2017，项目管理策划应遵循下列程序：① 识别项目管理范围；② 确定项目实施方法；③ 规定项目需要的各种资源；④ 测算项目成本；⑤ 进行项目工作分解；⑥ 对各个项目管理过程进行策划。其正确的策划流程是（　　）。

    A. ①—②—③—④—⑤—⑥　　　B. ①—③—④—②—⑤—⑥

    C. ①—⑤—②—③—④—⑥　　　D. ①—④—③—⑤—②—⑥

15. 招标人对已发出的资格预审文件进行必要的澄清或者修改，应在提交资格预审申请文件截止时间至少（　　）日前以书面形式通知。

    A. 3　　　　　　　　　　　　　B. 5

    C. 7　　　　　　　　　　　　　D. 15

16. 下列关于固定总价合同特点的说法，正确的是（　　）。

    A. 适用于工程规模较大的工程

    B. 适用于技术复杂的工程

    C. 适用于实施过程中发生各种不可预见因素较多的工程

    D. 适用于施工任务和发包范围明确的工程

17. 下列关于投标人报价技巧的说法，正确的是（　　）。

    A. 不平衡报价法中，预计今后工程量会增加的项目，应该适当降低单价

    B. 多方案报价法适用于招标文件中的工程范围明确或技术规范要求不高的工程

    C. 若计日工单价要计入总报价，则可报高些，以便在建设单位额外用工或使用施工机械时多盈利

    D. 对于缺乏竞争优势的承包单位，在不得已时可采用根本不考虑利润的报价方法，以获得中标机会

18. 某投标人正在进行工程总承包投标报价工作，下列做法正确的是（　　）。

    A. 对于招标文件中未明确的内容，投标人致电业主提请业主澄清

    B. 投标人提交报价单后，以现场考察不周为由对工程报价提出调整要求

    C. 投标人按照研读评标办法、测算工程成本、确定最终报价、投标报价检查的程序确定投标报价

    D. 投标人在进行投标报价检查时，应注意分析以往类似工程竞标情况和本工程潜在竞争对手情况

19. 相比于施工合同，设计施工总承包合同增加了发包人要求和承包人建议书两项内容，并对清单的形式进行了调整，下列说法正确的是（　　）。

    A. 投标人中标后，发包人仍可能对发包人要求中的实施计划提出进一步修改意见

    B. 发包人要求包括功能要求、时间要求、分包方案等内容

    C. 设计施工总承包招标时，由发包人提出工程量清单、承包人填报单价后形成已标价工程量清单

    D. 承包人建议书应在合同谈判前形成最终文件

20. 除专用合同条款另有约定外，经验收合格工程的实际竣工日期以（　　）为准。

    A. 竣工验收合格的日期
    B. 工程完工的日期
    C. 合同约定的日期
    D. 提交竣工验收申请报告的日期

21.《最高人民法院关于审理建设工程施工合同纠纷案件适用法律问题的解释（一）》（法释〔2020〕25号）规定，若当事人签订的建设工程施工合同与招标文件、投标文件、中标通知书载明的建设工期不一致，则（　　）。

    A. 可以将招标文件、投标文件、中标通知书作为结算工程价款的依据

    B. 可以将情况报送监理人，由监理人决定最终结算工程价款的依据

    C. 应将发包人的意愿作为结算工程价款的依据

    D. 应将两者中建设工期更长者作为结算工程价款的依据

22. 根据《标准设计施工总承包招标文件》，下列关于工程进度管理的说法，正确的是（　　）。

    A. 工程实际进度与合同进度计划不符时，承包人可在通用合同条款约定的期限内向监理人提交修订合同进度计划的申请报告

    B. 监理人可以直接向承包人发出修订合同进度计划的指示

    C. 在合同履行过程中，因非承包人原因导致合同进度计划工作延误的，应给承包人延长工期和（或）增加费用，但无需支付利润

    D. 若发包人未能按照合同要求的期限对承包人文件进行审查，应通知监理人尽快代为审核，无需延长工期和（或）增加费用

23. 下列关于专业分包合同的说法，正确的是（　　）。

    A. 分包人须服从由发包人直接发出的与分包工程有关的指令

    B. 承包人要求分包人采取特殊措施保护所增加的费用，由分包人负责

    C. 承包人不按分包合同约定支付工程款导致的施工无法进行由分包人承担责任

    D. 分包合同约定的工程变更调整的合同价款应与工程进度款同期调整支付

24. 材料采购合同中供货周期不超过（　　）个月的签约合同价通常为固定价格。

    A. 6
    B. 12

C. 18   D. 24

25. 下列风险应对措施中，属于风险自留的是（   ）。

    A. 在预算中预留一笔资金   B. 向保险公司投保

    C. 以联合体形式承包工程   D. 工程分包

26. 工程担保中，担保金额在担保有效期内逐步减少的担保是（   ）。

    A. 投标担保   B. 支付担保

    C. 预付款担保   D. 履约担保

27. 在选择工程保险人时，安全可靠性是指在需要保险人履行承诺时的（   ）。

    A. 资产价值   B. 赔付能力

    C. 信用等级   D. 保险费率

28. 影响建设工程进度的不利因素有很多，其中属于自然环境因素的有（   ）。

    A. 临时停水、停电   B. 地下埋藏文物的保护及处理

    C. 不可靠技术的应用   D. 资金不到位

29. 建设工程施工通常按流水施工方式组织，是因其具有（   ）的特点。

    A. 使各专业工作队能够连续施工

    B. 单位时间内所需用的资源量较少

    C. 施工现场的组织、管理工作简单

    D. 同一施工过程的不同施工段可以同时施工

30. 流水施工中某施工过程（专业工作队）在单位时间内所完成的工作量称为
（   ）。

    A. 流水段   B. 流水强度

    C. 流水节拍   D. 流水步距

31. 某工程组织非节奏流水施工，两个施工过程在 4 个施工段上的流水节拍分别为
5 天、8 天、5 天、5 天和 7 天、2 天、5 天、3 天，则该工程的流水施工工期是（   ）天。

    A. 16   B. 21

    C. 26   D. 28

32. 某工程网络计划中，工作 M 的持续时间为 4 天，工作 M 的三项紧后工作的最迟
开始时间分别为第 21 天、第 18 天和第 15 天，则工作 M 的最迟开始时间是第（   ）天。

    A. 11   B. 14

    C. 15   D. 17

33. 在工程网络计划中，关键工作是指（　　　）的工作。

  A．最早开始时间与最迟开始时间相差最小

  B．双代号网络计划中两端节点为关键节点

  C．与紧后工作之间时间间隔为零

  D．双代号时标网络计划中无波形线

34. 某工程双代号时标网络计划如图1所示，其中工作 B 的总时差和自由时差（　　）周。

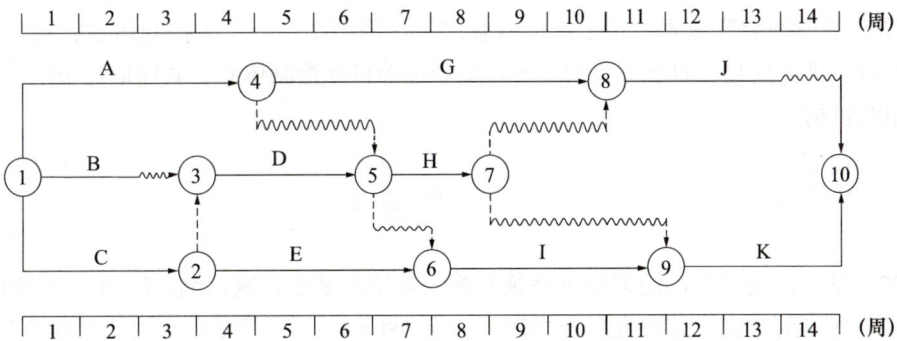

图 1　某工程双代号时标网络计划

  A．均为 1　　　　　　　　　　　B．分别为 2 和 1

  C．分别为 4 和 1　　　　　　　　D．均为 4

35. 某分部工程单代号搭接网络计划如图2所示，节点中下方数字为该工作的持续时间，其中的关键工作为（　　　）。

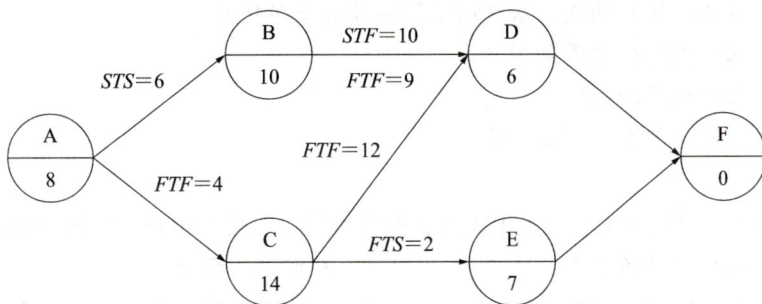

图 2　某分部工程单代号搭接网络计划

  A．工作 B 和工作 D　　　　　　　B．工作 C 和工作 D

  C．工作 C 和工作 E　　　　　　　D．工作 B 和工作 C

36. 在大中型工程项目尤其是群体工程项目委托项目管理或实行交钥匙式工程总承包的情况下，建设工程项目质量管理体系应由（　　　）负责建立。

  A．建设单位的工程项目管理机构

B. 工程总承包企业的项目管理机构

C. 设计总负责单位的项目管理机构

D. 勘察单位的项目管理机构

37. 根据质量标准要求进行外观检查，例如结构表面是否有裂缝、混凝土振捣是否符合要求。该方法属于施工质量检验方法中的（　　）法。

A. 感观检验　　　　　　　　　　B. 物理检验

C. 化学检验　　　　　　　　　　D. 直接观察

38. 工程质量管理体系是工程项目管理组织的一个（　　）控制体系，它与项目投资控制、进度控制、职业健康安全与环境管理等目标控制体系，共同依托于同一项目管理组织机构。

A. 组织　　　　　　　　　　　　B. 目标

C. 协同　　　　　　　　　　　　D. 综合

39. 某工厂设备基础的混凝土浇筑时掺入木质素磺酸钙减水剂，因施工管理不善，掺量多于规定的 7 倍，导致混凝土坍落度大于 180mm，石子下沉，混凝土结构不均匀，浇筑后 5 天仍未凝固硬化，28 天的混凝土实际强度不到规定强度的 32%。对该工程质量缺陷应实行的处理方法是（　　）。

A. 返修处理　　　　　　　　　　B. 加固处理

C. 返工处理　　　　　　　　　　D. 修补处理

40. 施工质量事故的表现形式千差万别，类型多种多样。从施工质量事故成因分析，属于违背工程建设基本规律的有（　　）。

A. 未搞清工程地质、水文情况等条件就仓促开工

B. 未认真进行地质勘察

C. 预制构件断面尺寸不足

D. 图纸未经会审即仓促施工

41. 分项工程应由（　　）组织施工单位项目专业技术负责人等进行验收。

A. 建设单位负责人　　　　　　　B. 总监理工程师

C. 专业监理工程师　　　　　　　D. 监理单位技术负责人

42. 质量控制点重点控制对象包括了人的行为、材料质量与性能、施工方法与关键操作、施工技术参数、施工顺序等，以下须严格控制施工顺序的是（　　）。

A. 屋架的安装固定，应采取对角同时施焊方法

B. 装配式建筑构件吊装过程中的稳定问题

C. 防水混凝土抗渗等级

D. 混凝土工程的蜂窝、麻面

43. 工程文件资料的形成和积累应随（　　　）同步形成，并应纳入工程建设管理各个环节和有关人员职责范围。

    A．工程建设量　　　　　　　　B．工程建设进度

    C．进度款拨付　　　　　　　　D．合同推进效果

44. 在建设工程成本管理时，由建设单位和工程承包单位通过招标投标签订的工程建设合同时确定的工程成本是（　　　）。

    A．计划成本　　　　　　　　　B．预算成本

    C．实际成本　　　　　　　　　D．投标成本

45. 在材料使用过程中，对部分小型及零星材料，根据工程量计算出所需材料量，将其折算成费用，由作业者包干使用的控制方法是（　　　）。

    A．计量控制　　　　　　　　　B．定额控制

    C．指标控制　　　　　　　　　D．包干控制

46. 某工程项目的某年度时间－成本累积曲线（S曲线）如图3所示。下列关于该项目成本计划的描述，错误的是（　　　）。

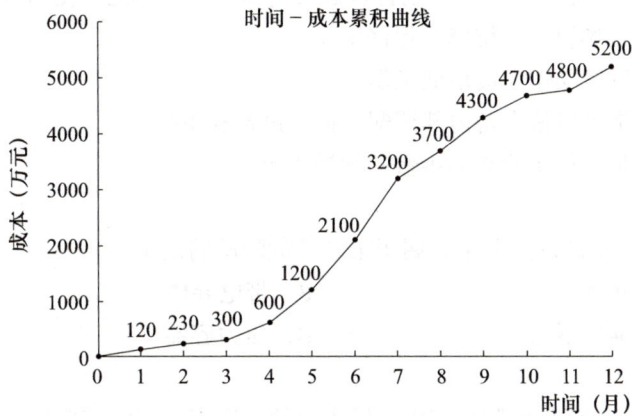

图3　某工程项目的某年度时间－成本累积曲线

    A．按照当前计划，该项目10月份的计划支出是400万元

    B．若将所有工作按照最迟开始时间开始重新计划，新的S曲线将偏右

    C．该项目月度计划支出最多的月份是6月份

    D．该项目上半年成本计划支出总额是2100万元

47. 施工责任成本分解后会制定各种控制目标。下列各类施工责任成本控制目标中，由技术部门担任责任部门的是（　　　）。

    A．优化效益率　　　　　　　　B．资金利息

    C．人工费　　　　　　　　　　D．维保修成本

48. 当工程实际成本费用支出超出成本计划时，需要采取施工成本纠偏措施。下列措施中，属于技术措施的是（　　）。

    A．结合施工组织设计，降低材料的库存和运输成本

    B．对成本管理目标进行风险分析，制定防范对策

    C．编制成本管理工作计划，确定详细工作流程

    D．注视合同各方的合同执行情况，寻求合同索赔机会

49. 某施工项目某月的成本数据见表1，使用差额计算法得到成本降低率对成本降低额的影响是（　　）万元。

表1　某施工项目某月的成本数据

项目	单位	计划	实际
预算成本	万元	500	550
成本降低率	%	3	4

    A．1.5   B．5.5

    C．4   D．7

50. 下列各项措施中，属于控制台班数量进而控制施工机具使用费的是（　　）。

    A．加强现场设备的维修、保修工作

    B．加强机械操作人员培训工作

    C．加强施工机械设备内部调配，提高设备利用率

    D．成立负责设备检查和维修的领导小组

51. 下列施工生产危险源中，属于第二类危险源的是（　　）。

    A．一氧化碳   B．带电导体

    C．物件堆放不当   D．压力容器

52. 下列本质安全化控制措施中，属于物的本质安全相关措施的是（　　）。

    A．安全培训   B．安全文化建设

    C．运用四新技术   D．健康筛查

53. 企业主要负责人初次安全培训时间不得少于（　　）学时。

    A．8   B．12

    C．24   D．32

54. 某施工单位发生一起较大安全生产事故，但在事故发生后不立即组织事故抢救，对单位主要责任人处以（　　）。

    A．上一年收入20%～40%的罚款

    B．上一年收入40%～60%的罚款

C. 上一年收入 60%～80% 的罚款

D. 上一年收入 80%～100% 的罚款

55. 在现场施工过程，当坠落高度基准面（　　）m 及以上进行临边作业时，应当采取临边作业防坠落措施。

A. 2 　　　　　　　　　　B. 4

C. 6 　　　　　　　　　　D. 8

56. 下列关于一般事故隐患和重大事故隐患处理的说法，正确的是（　　）。

A. 企业在发现一般事故隐患后，应向有关部门报告

B. 企业在发现一般事故隐患后，应当全部或者局部停产停业

C. 企业在发现重大事故隐患后，应制定并实施事故隐患治理方案

D. 重大事故隐患一般用红色表示

57. 某施工现场发生一起高处坠落事故，事故共造成 1 人死亡、5 人重伤、500 万元直接经济损失。根据《生产安全事故报告和调查处理条例》，事故属于（　　）。

A. 一般事故 　　　　　　B. 较大事故

C. 重大事故 　　　　　　D. 特别重大事故

58. 某施工现场发生模板坍塌事故，事故共造成 35 人死亡和 1.5 亿元直接经济损失。该安全事故应逐级上报至（　　）。

A. 国务院应急管理部门和负有安全生产监督管理职责的有关部门

B. 省、自治区、直辖市人民政府应急管理部门和负有安全生产监督管理职责的有关部门

C. 市级人民政府应急管理部门和负有安全生产监督管理职责的有关部门

D. 县级人民政府应急管理部门和负有安全生产监督管理职责的有关部门

59. 加强设计、生产、施工、运营全过程上下游企业间的沟通合作，强化专业分工和社会协作，体现了绿色建造的（　　）特征。

A. 产业化 　　　　　　　B. 集约化

C. 工业化 　　　　　　　D. 绿色化

60. 不属于施工现场环境监测的常规监测类型的是（　　）。

A. 污染事故监测 　　　　B. 污染源监测

C. 生态环境监测 　　　　D. 环境质量监测

61. 利用钢筋尾料制作马凳、土支撑，属于绿色施工方案中的（　　）。

A. 节水措施 　　　　　　B. 节能措施

C. 节材措施 　　　　　　D. 环境保护措施

62. 企业的合规管理应秉承全面性原则，覆盖所有境外业务领域、部门和员工，贯穿（   ）环节。

    A. 决策、部署、督查、反馈   B. 决策、管理、执行、监督

    C. 决策、执行、监督、反馈   D. 计划、执行、监督、反馈

63. 国际工程承包企业在目标国注册公司的申请流程包括：① 明确注册企业的受理机构及申请受理流程；② 确定外国企业设立的形式；③ 开设企业银行账户并注入注册资金；④ 委派企业或委托代理人员进行当地公司注册申请；⑤ 完成属地公司税务、国家保险和医疗保险等企业义务注册事宜。其正确的流程排序为（   ）。

    A. ①－②－③－④－⑤   B. ②－①－④－③－⑤

    C. ①－③－②－④－⑤   D. ②－③－④－①－⑤

64. 根据《企业境外经营合规管理指引》，企业可结合发展需要建立权责清晰的合规治理结构，下列属于企业决策层的合规管理责任的是（   ）。

    A. 应分配充足的资源建立、制定、实施、评价、维护和改进合规管理体系

    B. 执行合规管理制度和程序，收集合规风险信息，落实相关工作要求

    C. 应以保证企业合规经营为目的，通过原则性顶层设计，解决合规管理工作中的权力配置问题

    D. 应及时识别归口管理领域的合规要求，改进合规管理措施

65. 国际工程中合同双方的争端可提交至 DAAB 决定。如果收到 DAAB 裁决决定后（   ）天内双方均未提出异议的，则该决定应成为最终的对双方有约束力的决定。

    A. 14   B. 21

    C. 28   D. 42

66. 根据 FIDIC《设计采购施工（EPC）／交钥匙工程合同条件》，合同文件的优先解释顺序是（   ）。

    A. 通用条件—专用条件—投标书—业主要求

    B. 专用条件—通用条件—业主要求—投标书

    C. 通用条件—专用条件—业主要求—投标书

    D. 专用条件—通用条件—投标书—业主要求

67. AIA 发布的 C191 合同条件将整个项目实施过程划分为多个阶段，包括：① 机构审查阶段；② 执行文件阶段；③ 详细设计阶段；④ 采购分包阶段；⑤ 标准设计阶段。正确的顺序是（   ）。

    A. ③－⑤－①－②－④   B. ③－⑤－②－①－④

    C. ⑤－③－①－②－④   D. ⑤－③－②－①－④

68. 信息模型中的对象可识别且相互关联，这体现了 BIM 技术基本特征中的（   ）。

A．模型信息的可视化　　　　　B．模型信息的标准化

C．模型信息的关联性　　　　　D．模型信息的差异性

69．下列各项 BIM 应用中，适用于施工安全模拟的是（　　　）。

A．将空间信息与时间信息整合　　B．对施工过程进行预演

C．进行管线碰撞检测　　　　　　D．将特殊施工工艺做成视频动画

70．在智慧工地的机械设备管理模块中，智能监控的机械设备对象是（　　　）。

A．挖掘机和装载机　　　　　　B．塔式起重机和施工升降机

C．推土机和压路机　　　　　　D．铲车和吊车

二、多项选择题

1．在工程项目投资决策和建设实施过程中，由于各阶段任务和实施主体不同，形成了不同主体的项目管理，主要包括（　　　）。

A．业主方项目管理　　　　　　B．工程总承包方项目管理

C．监理方项目管理　　　　　　D．设计方项目管理

E．施工方项目管理

2．下列关于工程项目管理组织结构的说法，正确的有（　　　）。

A．直线职能式组织结构主要优点是集中领导、职责清楚

B．职能式组织结构中，各级领导直接指挥职能部门

C．直线职能式组织结构能够实现集权与分权的最优结合

D．强矩阵式组织结构需要精心建立管理程序和配备训练有素的协调人员

E．弱矩阵式组织中，并未明确对项目目标负责的项目经理

3．在单位工程施工组织设计中，各单位工程的开竣工时间和相互搭接关系应考虑的主要因素有（　　　）。

A．避免施工受季节影响而导致工期拖延，工程质量安全受影响

B．尽量提前建设可供工程施工使用的永久性工程，以节省临时工程费用

C．同一时期应尽量多安排一些项目同时施工，以提高施工效率

D．施工顺序必须与主要生产系统投入生产的先后次序相吻合

E．安排一部分附属工程或零星项目作为后备项目，用以调整主要项目的施工进度

4．下列关于平行承包模式的说法，正确的有（　　　）。

A．招标及合同管理工作量较大

B．有利于控制工程造价

C．建设单位可在更大范围内选择承包单位

D．协调管理工作量小

E．有利于缩短建设工期

5. 环境管理体系的核心内容通常包括（   ）。
   A. 领导作用　　　　　　　　　B. 绩效评价
   C. 组织所处环境　　　　　　　D. 过程控制
   E. 支持

6. 组织在应用职业健康安全管理体系标准时的要求有（   ）。
   A. 依法依规　　　　　　　　　B. 风险优先
   C. 员工参与　　　　　　　　　D. 应急评价
   E. 持续改进

7. 根据 IPMA OCB 项目的组织能力，属于 PP&P 治理能力要素的有（   ）。
   A. 绩效　　　　　　　　　　　B. 谈判
   C. 领导力　　　　　　　　　　D. 资源开发
   E. 人员能力开发

8. 面对复杂多变的项目环境，价值驱动型项目管理是项目管理的发展趋势。《项目管理知识体系指南（第 7 版）》提出了以价值为导向的项目管理，下列关于价值驱动型风险管理理念的说法，正确的有（   ）。
   A. 价值是实施项目所付出的，价格是实施项目得到的
   B. 在预算范围内按时完成的项目即认为是成功的项目
   C. 拥有成功的项目管理实践是项目完成后产生商业价值的保证
   D. 商业价值是客户认为值得付出的东西
   E. 当商业价值实现时，项目就成功了

9. 下列合同计价方式中，能够激励承包单位同时缩短工期和降低成本的有（   ）。
   A. 固定总价合同　　　　　　　B. 成本加固定百分比酬金合同
   C. 成本加固定酬金合同　　　　D. 成本加浮动酬金合同
   E. 目标成本加奖罚合同

10.《标准施工招标文件》中，施工合同文件包括（   ）。
   A. 合同协议书　　　　　　　　B. 投标保函
   C. 委托监理协议书　　　　　　D. 专用合同条款
   E. 施工图纸及方案

11. 根据《建设工程工程量清单计价规范》GB 50500—2013，下列关于各类工程款支付的说法，正确的有（   ）。
   A. 监理人出具进度付款证书，代表批准了承包人完成的该部分工作
   B. 工程质量保证金的计算额度包括预付款的支付、扣回及价格调整的金额

C. 工程进度付款周期与工程计量周期相同

D. 若发包人未按时支付安全文明施工费，发生安全事故时应承担连带责任

E. 承包人可以使用预付款修建临时设施、组织施工队伍进场

12. 下列关于劳务分包合同的说法，正确的有（　　　）。

A. 工程承包人负责与发包人、监理、设计及有关部门联系，协调现场工作关系

B. 发包人负责统筹安排、协调解决非劳务分包人独立使用的生产、生活临时设施

C. 因变更导致劳务报酬的增加及造成劳务分包人的损失，由工程承包人承担

D. 采用计时单价或计件单价方式支付劳务报酬的，劳务分包人与工程承包人应约定具体的支付时间节点

E. 工程承包人收到劳务分包人递交的结算资料后应 14 天内进行核实

13. 在建筑工程保险中，工程设计责任险的免责范围主要包括（　　　）。

A. 被保险人将工程设计任务转让给其他单位所造成的损失

B. 建设工程本身的物质损失

C. 战争、敌对行为、军事行为、武装冲突所造成的损失

D. 第三者人身伤亡或财产损失

E. 因勘察而引起的任何索赔

14. 某双代号网络计划如图 4 所示（时间单位：天），其关键工作有（　　　）。

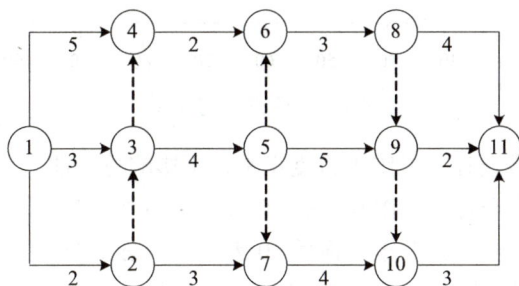

图 4　某双代号网络计划

A. 工作 1-4
B. 工作 3-5
C. 工作 7-10
D. 工作 8-11
E. 工作 5-9

15. 某工程双代号网络计划如图 5 所示，图中已标出每项工作的最早开始时间和最迟开始时间，该计划表明（　　　）。

A. 工作 2-4 的总时差为 0
B. 工作 6-7 为关键工作
C. 工作 3-6 的自由时差为 3
D. 工作 2-5 的自由时差为 2
E. 工作 1-3 的自由时差为 0

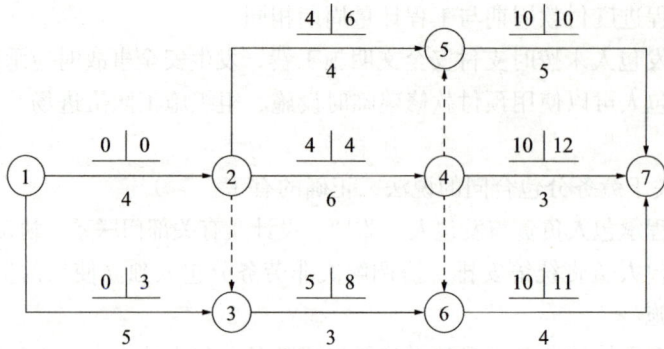

图 5　某工程双代号网络计划

16. 某工程双代号时标网络计划执行至第 20 天和第 60 天时，检查实际进度如图 6 前锋线所示，由图可以得出的结论有（　　　）。

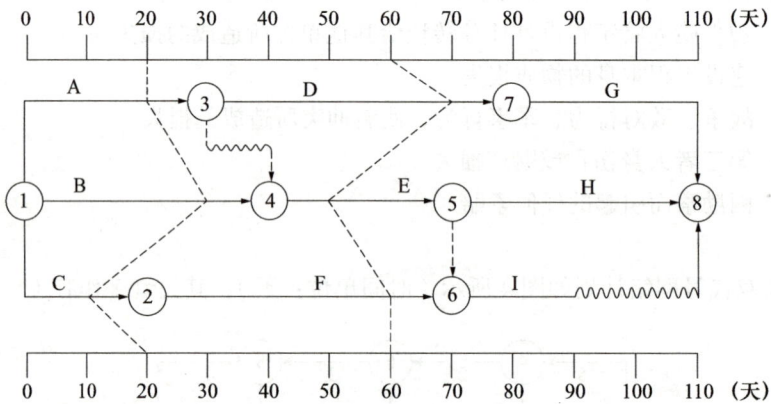

图 6　实际进度前锋线

A. 第 20 天检查时，工作 A 进度正常，不影响总工期
B. 第 20 天检查时，工作 B 拖后 10 天，影响总工期
C. 第 20 天检查时，工作 C 拖后 10 天，影响总工期
D. 第 60 天检查时，工作 D 提前 10 天，不影响总工期
E. 第 60 天检查时，工作 E 拖后 10 天，影响总工期

17. 工程质量管理体系是工程项目管理组织的一个目标控制体系，其质量责任界面包括了静态界面和动态界面，属于静态界面确定依据的有（　　　）。

A. 法律法规
B. 组织内部职能分工
C. 设计与施工单位之间的衔接配合关系
D. 合同条件
E. 设计单位之间的衔接配合关系

18. 属于检验批质量衡量的计数方法有（　　　　）。

　　A．以批中不合格品个数和批量的比值为质量指标

　　B．以批中每百单位产品的平均不合格数为质量指标

　　C．全数检验有时会耗时长，在经济上也未必合算

　　D．以批不合格品率为质量指标

　　E．以批中单位产品某个质量特性的标准差为质量指标

19. 调查表法是指利用专门设计的统计表对工程质量数据进行收集和整理，并粗略地进行原因分析的一种方法。属于调查表法的有（　　　　）。

　　A．分类法　　　　　　　　　　　B．工序分布检查表法

　　C．缺陷位置检查表法　　　　　　D．不良原因检查表法

　　E．分组法

20. 在工程施工过程中，发生下列（　　　　）情况时，工程成本会增加。

　　A．受国际油价影响，项目所在地政府下调燃油价格

　　B．某项目发生了设计更改，要将原定的工期缩短四分之一

　　C．某工程项目所在地的市场上工人供应不足

　　D．某项目施工质量出现问题，被勒令返工整改

　　E．某项目发生了工程事故，一位工人受重伤，面临罚款惩罚

21. 在编制成本计划时，施工单位将所有工作都按照最迟开始时间开始绘制 S 曲线，整个成本计划会产生的情况有（　　　　）。

　　A．计划成本支出总额变多　　　　B．增加建设单位的资金占用

　　C．减少建设单位的资金占用　　　D．增加工程延期的风险

　　E．降低工程延期的风险

22. 下列各项分析内容中，属于竣工成本综合分析内容的有（　　　　）。

　　A．竣工成本分析

　　B．主要资源节超对比分析

　　C．管理费分析

　　D．主要技术节约措施及经济效果分析

　　E．材料费分析

23. 下列本质安全控制措施中，属于系统的安全可靠性控制措施的有（　　　　）。

　　A．运用人机匹配法分析最佳人机组合

　　B．避免或减少人的因素运动轨迹和物的因素运动轨迹交叉

　　C．淘汰施工现场落后的工艺、设备和材料

　　D．开展人员心理测试和健康体检

　　E．特种作业人员持证上岗

24. 根据系统安全理论，下列关于危险源控制的观点，正确的有（　　　）。

    A. 强调人的安全行为在事故致因中的作用

    B. 降低系统整体的危险性比消除选定的危险源更重要

    C. 事故是一系列互为因果的原因事件相继发生的结果

    D. 使系统在规定的性能、时间和成本范围内达到最佳的安全程度

    E. 随着生产技术的发展，能够消除所有危险源

25. 某非竖向洞口短边边长大于或等于 1500mm，应采取的洞口作业防坠措施有（　　　）。

    A. 盖板覆盖

    B. 设置高度不小于 1.2m 的防护栏杆

    C. 安全平网封闭

    D. 安全立网封闭

    E. 设置高度不小于 1.0m 的防护栏杆

26. 在施工现场噪声与振动控制方面，应采取的有效措施有（　　　）。

    A. 使用低噪声、低振动的机具

    B. 进出现场的施工车辆不宜鸣笛

    C. 对噪声进行实时监测

    D. 测点应设在建筑施工场界外 1.2m，高度 1m 以上的位置

    E. 昼间场界环境噪声不应高于 15dB（A）

27. 根据我国现行税收管理政策制度，国际工程承包企业需要履行的税务职责包括（　　　）。

    A. 税务策划   B. 税务变更登记

    C. 纳税申报   D. 税款缴纳

    E. 税务登记

28. 根据 FIDIC《设计采购施工（EPC）/交钥匙工程合同条件》，承包商有权提出工期索赔的情形包括（　　　）。

    A. 根据合同变更规定调整竣工时间

    B. 异常不利的气候条件

    C. 根据合同条件承包商有权获得工期顺延

    D. 由于流行病导致的不可预见的人员短缺

    E. 由业主造成的延误或阻碍

29. 根据《工程施工合同》（ECC），下列关于早期警告的说法，正确的有（　　　）。

    A. 遇有风险事件只能由项目经理向承包商发出早期警告

    B. 项目经理和承包商都可要求对方出席早期警告会议

C. 不得邀请其他人员出席早期警告会议

D. 早期警告针对的是由一些非承包商的过失原因而引起的事件

E. 项目经理应记录早期警告会议建议或决定，并将记录发给承包商

30. 智慧工地是以物联网、大数据、云计算、人工智能等信息技术为驱动的新型施工管理模式，智慧工地的基本特点有（　　）。

A. 实现全方位监测　　　　　　　B. 满足施工单位管理诉求

C. 全面感知与数据收集　　　　　D. 信息的共享和协作

E. 技术驱动

【答案与解析】

一、单项选择题

1. C；　*2. A；　3. B；　4. C；　*5. C；　6. C；　7. D；　*8. C；
9. B；　*10. D；　11. A；　12. C；　13. B；　14. C；　15. A；　*16. D；
17. D；　*18. C；　*19. A；　20. D；　21. A；　*22. B；　*23. D；　24. B；
25. A；　*26. C；　27. B；　*28. B；　29. B；　30. B；　*31. C；　*32. A；
*33. A；　*34. B；　*35. B；　*36. B；　*37. A；　38. B；　*39. C；　40. A；
41. C；　42. A；　*43. C；　44. B；　45. C；　*46. C；　47. A；　48. A；
*49. B；　50. C；　*51. C；　*52. C；　53. D；　54. C；　55. A；　*56. C；
*57. C；　*58. A；　*59. A；　60. A；　61. C；　62. C；　63. B；　64. C；
65. C；　66. B；　67. D；　*68. C；　*69. B；　*70. B

【解析】

2.【答案】A

工程地质勘察不能算作正式开工。所以 A 正确。

5.【答案】C

强矩阵式组织结构适用于技术复杂且时间紧迫的工程项目，选项 A 错误。中矩阵式组织成员是从各职能部门抽调而来，并在成员中指定一人担任项目主任，选项 B 错误。只有强矩阵式组织中项目组成员的绩效考核完全由项目经理进行，而在中矩阵式和弱矩阵式组织中，项目经理的权限较小，绩效考核可能由职能部门经理负责，选项 D 错误。所以 C 正确。

8.【答案】C

配备相应管理人员并明确岗位职责分工属于组织措施，选项 A 错误。落实加快工程进度所需资金属于经济措施，选项 B 错误。编制施工方案并对其技术可行性进行审查、论证属于技术措施，选项 D 错误。所以 C 正确。

10.【答案】D

质量管理体系标准属于"符合性评价"标准，重在发现与规定要求的"偏差"，进而达到持续改进的目的；而《卓越绩效评价准则》GB/T 19580—2012 属于"成熟度评价"标准，是从组织管理的"效率"与"效果"着手，旨在发现组织当前最迫切、最需

要改进的地方，从而使组织不断追求卓越，二者存在较大差异，选项 A、C 错误。《卓越绩效评价准则》GB/T 19580—2012 的核心是通过质量管理来实现企业经营的卓越管理，选项 B 错误。

16.【答案】D

固定总价合同一般适用于施工任务和发包范围明确、工程规模较小、技术不太复杂的中小型工程，承包单位可在投标报价时合理地预见工程实施过程中可能遇到的各种风险。所以 D 正确。

18.【答案】C

招标文件中未明确的内容，应以书面形式提出，选项 A 错误。报价单一旦给出，投标人无权再以情况不了解、现场考察不周为由对工程报价提出调整要求，选项 B 错误。分析以往类似工程竞标情况和本工程潜在竞争对手情况是确定最终报价阶段进行的工作，不是进行投标报价检查时进行的工作，选项 D 错误。所以 C 正确。

19.【答案】A

"发包人要求"中不包括分包方案，选项 B 错误。设计施工总承包招标时，采用价格清单定价，选项 C 错误。在合同谈判阶段，随着发包人要求的调整，承包人建议书也应对一些技术细节进一步予以明确或补充修改，选项 D 错误。所以 A 正确。

22.【答案】B

期限在专用条款中约定，选项 A 错误。在合同履行过程中，因非承包人原因导致合同进度计划工作延误的，应给承包人延长工期和（或）增加费用，并支付合理利润，选项 C 错误。发包人未能按照合同要求的期限对承包人文件进行审查时，承包人有权要求发包人延长工期和（或）增加费用，并支付合理利润，选项 D 错误。所以 B 正确。

23.【答案】D

分包人应执行承包人根据分包合同所发出的所有指令，选项 A 错误。承包人要求分包人采取特殊措施保护的工程部位和相应的追加合同价款，双方在合同专用条款内约定，选项 B 错误。承包人不按分包合同约定支付工程款（预付款、进度款），导致施工无法进行，分包人可停止施工，由承包人承担违约责任，选项 C 错误。分包合同约定的工程变更调整的合同价款、合同价款的调整、索赔的价款或费用及其他约定的追加合同价款，应与工程进度款同期调整支付。所以 D 正确。

26.【答案】C

《标准施工招标文件》通用合同条款规定，承包人应在收到预付款的同时向发包人提交预付款保函，预付款保函的担保金额应与预付款金额相同。保函的担保金额可根据预付款扣回的金额相应递减。所以 C 正确。

28.【答案】B

本题考查的是影响进度的因素分析。自然环境因素，如复杂的工程地质条件，不明的水文气象条件，地下埋藏文物的保护、处理，洪水、地震、台风等不可抗力。选项 A 属于社会环境因素，选项 C 属于施工技术因素，选项 D 属于建设单位因素。所以 B 正确。

31.【答案】C

首先，按照累计数列错位相减取大差的方法计算流水步距。

第一个数列：5 13 18 23

第二个数列： 7 9 14 17

所以取大差为 9，两个施工过程间流水步距为 9。

其次，按照 $T = \sum K + \sum t_n + \sum Z - \sum C = 9 + 17 = 26$ 天。所以 C 正确。

32.【答案】A

工作的最迟完成时间等于紧后工作最迟开始时间的最小值，因此 M 的最迟完成时间为 min（21，18，15）= 15，工作的最迟开始时间等于最迟完成时间减其持续时间，因此 M 的最迟开始时间为 15 - 4 = 11。所以 A 正确。

33.【答案】A

关键工作的最迟开始与最早开始时间的差即总时差，总时差最小的工作为关键工作，选项 A 正确。以关键节点为开始和完成节点的工作不一定为关键工作，选项 B 错误。关键工作与其紧后工作之间的时间间隔的最小值为 0，但不一定与所有紧后工作的间隔时间为 0，选项 C 错误。双代号时标网络中如果一个工作后无波线，意味着与该紧后工作时间间隔为 0，如果只有一个紧后工作，且该紧后工作是非关键工作，则该工作总时差就不为 0，说明不一定为关键工作，所以 D 错误。

34.【答案】B

本题考查双代号时标网络总时差的计算方法。$TF_{ij} = \min(LAG_{ij-jk} + TF_{jk})$，$FF_{ij} = \min(LAG_{ij})$。本题关键路径为 C、E、I、K，B 的紧后工作为 D，D 的紧后工作为 H 和 I，I 的总时差为 0，D 与 I 的间隔为 1，H 的紧后工作为 K 和 J，J 的总时差为 1，H 和 J 的间隔为 2，H 的总时差为 3，所以 D 的总时差为 1，因此 B 的总时差 2，B 的自由时差为 1。所以 B 正确。

35.【答案】B

$ES_A = 0$，$EF_A = 6$，$ES_B = 6$，$EF_B = 16$，$ES_C = 0$，$EF_C = 14$（注意需要加虚拟起始工作 ST，否则根据 A 和 C 的关系，会得出 C 工作开始时间为负数）。$ES_D = 20$，$EF_D = 26$（注意 D 工作有 B、C 两个紧前工作，三个制约关系都要满足）。$ES_E = 16$，$EF_E = 23$；$LAG_{ST-A} = 0$，$LAG_{ST-C} = 0$，$LAG_{A-B} = 0$，$LAG_{B-D} = \min(26-26-9, 26-6-10) = 1$，$LAG_{C-E} = 16-14-2 = 0$，$LAG_{D-F} = 26-26 = 0$，$LAG_{E-F} = 26-23 = 3$，根据单代号搭接网络判断关键工作方法，线路上自始至终相邻工作间时间间隔为 0 的线路为关键线路，因此关键工作为 C、D、F。所以 B 正确。

36.【答案】B

在大中型工程项目尤其是群体工程项目中，第一层次的质量管理体系应由建设单位的工程项目管理机构负责建立；在委托项目管理或实行交钥匙式工程总承包的情况下，应由相应的项目管理机构、工程总承包企业项目管理机构负责建立。所以 B 正确。

37.【答案】A

感观检验法是以施工规范和检验标准为依据，利用人体的视觉器官、听觉器官和触觉器官来检验施工质量情况。这类方法主要是根据质量要求，采用看、摸、敲、照等方法对检查对象进行检查。所谓"看"，就是根据质量标准要求进行外观检查，例如结构表面是否有裂缝、混凝土振捣是否符合要求等。所以 A 正确。

39.【答案】C

当工程质量缺陷经过返修处理后仍不能满足规定的质量标准要求，或不具备补救可能性，则必须实行返工处理。例如，某工厂设备基础的混凝土浇筑时掺入木质素磺酸钙减水剂，因施工管理不善，掺量多于规定的 7 倍，导致混凝土坍落度大于 180mm，石子下沉，混凝土结构不均匀，浇筑后 5 天仍未凝固硬化，28 天的混凝土实际强度不到规定强度的 32%，不得不返工重浇。所以 C 正确。

43.【答案】B

工程文件资料的形成和积累应随工程建设进度同步形成，并应纳入工程建设管理各个环节和有关人员职责范围。所以 B 正确。

46.【答案】C

根据该 S 曲线，6 月份的计划支出是 900 万元，7 月份的月度成本计划支出是 1100 万元。所以 C 错误。

49.【答案】B

成本降低率对成本降低额的影响程度：（4% － 3%）× 550 ＝ 5.5（万元）。所以 B 正确。

51.【答案】C

第一类危险源是指施工现场或施工生产过程中存在的，可能发生意外释放能量的根源，包括施工现场或施工生产过程中各种能量或危险物质。第二类危险源指导致能量或危险物质约束或限制措施失效的，以及防护措施缺乏或失效的因素。一氧化碳、带电导体和压力容器属于第一类危险源，物件堆放不当属于第二类危险源。所以 C 正确。

52.【答案】C

本质安全化控制措施包括人的本质安全控制措施、物的本质安全控制措施、系统的安全可靠性控制措施和安全管理体系的落实。其中安全培训、安全文化建设和健康筛查属于人的本质安全控制措施，运用四新技术属于物的本质安全控制措施。所以 C 正确。

56.【答案】C

一般事故隐患是指危害和整改难度较小，发现后能够立即整改排除的隐患，选项 A 错误。重大事故隐患是指危害和整改难度较大，应当全部或者局部停产停业，选项 B 错误。对于排查发现的重大事故隐患，应当在向负有安全生产监督管理职责的部门报告的同时，制定并实施严格的隐患治理方案，选项 C 正确。一般用红色表示重大安全风险，选项 D 错误。所以 C 正确。

57.【答案】A

1 人死亡、5 人重伤、500 万元直接经济损失满足一般事故等级标准。所以 A 正确。

58.【答案】A

35 人死亡和 1.5 亿元直接经济损失满足重大事故等级标准。特别重大事故、重大事故逐级上报至国务院应急管理部门和负有安全生产监督管理职责的有关部门。所以 A

正确。

59.【答案】A

加强设计、生产、施工、运营全产业链上下游企业间的沟通合作，强化专业分工和社会协作，体现了产业化特征；采用系统化集成设计、精益化生产施工、一体化装修的方式，体现了工业化特征；降低建造全过程对资源的消耗和对生态环境的影响，减少碳排放，体现了绿色化特征。所以 A 正确。

68.【答案】C

模型信息的关联性指的是信息模型中的对象是可识别且相互关联的，系统能够对模型的信息进行统计和分析。所以 C 正确。

69.【答案】B

施工安全模拟，针对工程项目中复杂、危险性大的施工工序，应用 BIM 技术对其施工过程进行预演。选项 A 属于 BIM 技术在工程项目进度管理中的应用，选项 C 属于 BIM 技术在工程项目质量管理中的应用，选项 D 属于施工安全教育。所以 B 正确。

70.【答案】B

在智慧工地的机械设备管理模块的运行中，主要考虑对塔式起重机和施工升降机的运行进行智能监控。所以 B 正确。

二、多项选择题

1．A、B、D、E；   *2．A、B、E；   *3．A、B、D、E；   *4．A、C、E；
5．A、B、C、E；   6．A、B、C、E；   *7．A、C；   *8．D、E
*9．D、E；   *10．A、D；   *11．C、D、E；   *12．A、C、E；
13．A、C、E；   14．B、E；   *15．A、D、E；   *16．A、D、E；
*17．A、B、D；   18．A、B；   19．B、C、D；   20．B、C、D、E；
21．C、D；   22．A、B、D；   23．A、B；   *24．B、D；
*25．B、C；   *26．A、B、C；   27．B、C、D、E；   28．A、C、E；
29．B、E；   *30．C、D、E

【解析】

2.【答案】A、B、E

矩阵式组织结构的优点是能够根据工程任务的实际情况灵活组建与之相适应的项目管理机构，实现集权与分权的最优结合，选项 C 错误。平衡矩阵式组织结构的特点是需要精心建立管理程序和配备训练有素的协调人员，选项 D 错误。所以 A、B、E 正确。

3.【答案】A、B、D、E

同一时期施工的项目不宜过多，以避免人力、物力过于分散，选项 C 错误。所以 A、B、D、E 正确。

4.【答案】A、C、E

平行承包模式由于招标任务量大，需控制多项合同价格，因此工程造价控制难度大，选项 B 错误。平行承包模式由于合同界面数量多，协调工作量大，选项 D 错误。所以 A、C、E 正确。

7.【答案】A、C

PP&P 治理能力包含 4 个能力要素：PP&P 使命、愿景和策略，PP&P 管理发展，领导力，绩效。选项 B 属于个人能力中行为能力要素，选项 D 属于 PP&P 资源能力要素，选项 E 属于 PP&P 人员能力要素。所以 A、C 正确。

8.【答案】D、E

根据价值驱动型项目管理的基本理念，价格是实施项目所付出的，价值是实施项目得到的，选项 A 错误。在预算范围内按时完成的项目并不一定是成功的项目，选项 B 错误。拥有成熟的项目管理实践并不能保证项目完成后会有商业价值，选项 C 错误。商业价值是客户认为值得付出的东西；当商业价值实现时，项目就成功了，所以 D、E 正确。

9.【答案】D、E

固定总价合同不能够激励承包单位缩短工期和降低成本，选项 A 错误。成本加固定百分比酬金合同虽在签订时简单易行，但不能激励承包单位缩短工期和降低成本，选项 B 错误。成本加固定酬金合同虽不能鼓励施工单位关心降低直接成本，但从尽快获得全部酬金、减少管理投入出发，承包单位会关心缩短工期，选项 C 错误。成本加浮动酬金合同对双方都没有太大风险，且又能促使承包单位关心成本降低和缩短工期，选项 D 正确。目标成本加奖罚合同有利于鼓励承包单位降低成本和缩短工期，建设单位和承包单位都不会承担太大风险，选项 E 正确。所以 D、E 正确。

10.【答案】A、D

施工合同文件包括合同协议书、中标通知书、投标函及投标函附录、专用合同条款、通用合同条款、技术标准和要求、图纸、已标价工程量清单及组成施工合同的其他文件。所以 A、D 正确。

11.【答案】C、D、E

监理人出具进度付款证书，不应视为监理人已同意、批准或接受了承包人完成的该部分工作，选项 A 错误。工程质量保证金的计算额度不包括预付款的支付、扣回及价格调整的金额，选项 B 错误。工程进度付款周期与工程计量周期相同，选项 C 正确。若发包人未按时支付安全文明施工费，发生安全事故时应承担连带责任，选项 D 正确。承包人可以使用预付款修建临时设施、组织施工队伍进场，选项 E 正确。所以 C、D、E 正确。

12.【答案】A、C、E

根据《建设工程施工劳务分包合同（示范文本）》GF—2003—0213，工程承包人负责与发包人、监理、设计及有关部门联系，协调现场工作关系；负责统筹安排、协调解决非劳务分包人独立使用的生产、生活临时设施、工作用水、用电及施工场地，选项 A 正确，选项 B 错误。采用固定劳务报酬方式支付劳务报酬的，劳务分包人与工程承包人应约定具体的支付时间节点；采用计时单价或计件单价方式支付劳务报酬的，劳务分包人与工程承包人双方约定支付方法，选项 D 错误。所以 A、C、E 正确。

15.【答案】A、D、E

$TF_{i-j} = LS_{i-j} - ES_{i-j}$，因此 $TF_{2-4} = 4 - 4 = 0$，$TF_{6-7} = 11 - 10 = 1$，6—7 工作不是关键工作；$FF_{i-j} = \min(ES_{j-k} - EF_{i-j}) = \min(ES_{j-k} - ES_{i-j} - D_{i-j})$，因此 $FF_{3-6} = 10 - 5 -$

$3=2$，$FF_{2-5}=10-4-4=2$，$FF_{1-3}=5-0-5=0$，所以 A、D、E 正确。

16.【答案】A、D、E

利用前锋线进行进度的检查和分析主要依据检查时点与进展点的落点偏差分析工作的进度情况，然后利用偏差与总时差的关系来分析是否影响总工期。本题中第 20 天检查时，工作 A 进度正常，因此不影响总工期，工作 B 超前 10 天，工作 C 落后 10 天，但因为工作 C 的总时差为 20 天，因此不影响总工期；第 60 天检查时，工作 D 超前 10 天，不影响总工期，工作 E 拖后 10 天，因为工作 E 的总时差为 0，因此影响总工期。所以 A、D、E 正确。

17.【答案】A、B、D

工程质量管理体系的质量责任界面，包括静态界面和动态界面。一般说静态界面根据法律法规、合同条件、组织内部职能分工来确定。动态界面主要是指项目实施过程中设计单位之间、施工单位之间、设计与施工单位之间的衔接配合关系及其责任划分，必须通过分析研究，确定管理原则与协调方式。所以 A、B、D 正确。

24.【答案】B、D

在事故致因理论方面，改变了只注重人（操作员）的不安全行为在事故致因中作用的传统观念，选项 A 错误。系统理论还认为应减少总的危险性而不是只消除几种选定的危险，选项 B 正确。事故是一系列互为因果的原因事件相继发生的结果，是事故因果连锁论的观点，选项 C 错误。系统理论将人、机器、环境作为一个整体（系统）进行研究，目标是追求系统安全，使系统在规定的性能、时间和成本范围内达到最佳的安全程度，选项 D 正确。系统理论认为危险源无法完全消除，选项 E 错误。所以 B、D 正确。

25.【答案】B、C

当非竖向洞口短边边长大于或等于 1500mm 时，应在洞口作业侧设置高度不小于 1.2m 的防护栏杆，洞口应采用安全平网封闭。所以 B、C 正确。

26.【答案】A、B、C

测点通常应设在建筑施工场界外 1m，高度 1.2m 以上的位置，选项 D 错误；昼间场界环境噪声不得超过 70dB（A），夜间场界环境噪声不得超过 55dB（A），选项 E 错误。所以 A、B、C 正确。

30.【答案】C、D、E

智慧工地的特点包括技术驱动、全面感知与数据收集以及信息的共享和协作。选项 A、B 属于智慧工地建设目标。所以 C、D、E 正确。

综合测试（二）

一、单项选择题

1. 职能部门只作为相应层级领导的参谋，在其所管辖业务范围内实施管理，不直接指挥下级，与下一层级职能部门构成业务指导关系。该种组织结构类型是（　　）。

    A．直线式组织结构   B．直线职能式组织结构

    C．职能式组织结构   D．矩阵式组织结构

2. 由企业法定代表人授权对工程项目进行全面管理的责任人是（　　）。

    A．项目经理   B．职能经理

    C．企业总经理   D．部门负责人

3. 项目管理实施规划的重要依据是（　　）。

    A．项目管理规划文件   B．项目管理实施目标

    C．项目管理实施条件   D．项目管理规划大纲

4. 仅就施工承包单位内容而言，下列关于施工组织设计的编制和审批的说法，正确的是（　　）。

    A．施工方案应由项目负责人审批

    B．施工组织设计应由项目负责人主持编制

    C．施工组织总设计应由项目技术负责人审批

    D．规模较大的分部（分项）工程施工方案应由项目技术负责人审批

5. 施工组织总设计应用（　　）审批。

    A．项目负责人   B．施工单位技术负责人

    C．总承包单位技术负责人   D．项目技术负责人

6. 下列 PPP 具体实施方式中，不需要将项目移交给政府的是（　　）。

    A．BTO   B．BOOT

    C．BOO   D．TOT

7. 工程开工前，工程质量监督手续需由（　　）申请办理。

    A．建设单位   B．监理单位

    C．施工单位   D．质量监督单位

8. 我国推行建筑工程监理制度的项目范围应该是（　　）。

A．由国务院规定实行强制监理的建筑工程的范围

B．所有工程必须强制接受监理

C．由业主自行决定是否聘请监理

D．只有国家投资的项目才需要监理

9．下列关于质量管理体系核心标准的说法，正确的是（　　）。

A．《质量管理体系　要求》GB/T 19001—2016 能够指导组织对其质量管理体系的成熟度进行评价

B．《质量管理体系　组织质量　实现持续成功指南》GB/T 19004—2020 能够有助于实现质量管理体系其他标准的价值

C．《质量管理体系　基础和术语》GB/T 19000—2016 中的三大过程分别是顾客导向过程、支持过程和管理过程

D．《质量管理体系　要求》GB/T 19001—2016 所规定的要求是通用的，适用于各类不同规模和提供不同产品和服务的组织

10．在质量管理中，为进行某项活动或过程所规定的途径称为（　　）。

A．信息　　　　　　　　　　B．文件

C．程序　　　　　　　　　　D．制度

11．质量管理体系、环境管理体系、职业健康安全管理体系及卓越绩效管理等标准均强调以领导作用为核心，将 PDCA 循环应用于所有过程，这体现了质量管理体系、环境管理体系、职业健康安全管理体系及卓越绩效管理在（　　）方面的一致性或相似性。

A．逻辑思维　　　　　　　　B．运行模式

C．基本理念　　　　　　　　D．框架结构

12．下列关于风险管理与组织其他管理活动关系的说法，正确的是（　　）。

A．风险管理与组织其他管理活动可以分离

B．风险管理是嵌入式的，嵌入组织其他管理活动

C．风险管理可以独立于组织其他管理活动

D．相对于组织其他管理活动，风险管理是附加的一项活动

13．根据《风险管理　指南》GB/T 24353—2022，组织通过（　　）将风险管理纳入重要的活动和职能中。

A．风险管理框架　　　　　　B．风险管理规划

C．风险管理方针　　　　　　D．风险管理措施

14．下列关于项目组合的说法，正确的是（　　）。

A．一个组织通常只能有一个项目组合

B. 可以从项目组合中剔除现有的项目，也可以向其中增加新项目

C. 同一个项目组合中的项目都能得到一视同仁地对待

D. 项目组合中各项目之间应具有直接相关关系

15. 对于工程规模大、专业复杂的工程，建设单位管理能力有限时，应考虑采用（   ）。

A. 施工总承包
B. 平行承包

C. 联合体承包
D. 合作体承包

16. 下列关于资格预审环节的说法，正确的是（   ）。

A. 申请人名称与营业执照上不一致，经说明后可以通过资格预审

B. 合格制和有限数量制在审查标准上无本质区别，都需要进行初步审查和详细审查

C. 合格制可以限制投标人数量，降低招标工作量和费用

D. 在详细审查环节中，需要审查申请文件格式是否符合要求

17. 下列关于合同计价方式的说法，正确的是（   ）。

A. 在单价合同中，投标单位填报的单价应为直接费单价

B. 在单价合同中，工程量清单所列工程量为估算工程量

C. 单价合同适用于工期短、技术复杂的项目

D. 采用单价合同形式，不利于合同双方之间较为合理地分担合同履行过程中的风险

18. 潜在投标人或者其他利害关系人对资格预审文件有异议的，应在提交资格预审申请文件截止时间（   ）日前向招标人提出。

A. 2
B. 3

C. 7
D. 15

19. 设计施工总承包合同文件包括：① 通用合同条款；② 中标通知书；③ 承包人建议书；④ 专用合同条款；⑤ 合同协议书；⑥ 发包人要求；⑦ 投标函及投标函附录；⑧ 价格清单。根据《标准设计施工总承包招标文件》，除专用合同条款另有约定外，解释施工合同文件的优先顺序是（   ）。

A. ②→⑤→⑦→④→①→③→⑥→⑧

B. ⑤→⑦→②→①→④→⑥→③→⑧

C. ⑤→②→⑦→④→①→⑥→③→⑧

D. ②→⑤→⑦→①→④→⑥→③→⑧

20. 根据《标准施工招标文件》，下列关于合同进度计划的审批与修订的说法，正确的是（   ）。

A. 承包人可以在通用合同条款约定的期限内提交修订合同进度计划的申请报告

B. 监理人应对承包人编制的分阶段或分项进度计划进行审批

C. 监理人无权直接向承包人作出修订合同进度计划的指示

D. 监理人应在专用合同条款约定的期限内自行批复承包人修订的合同进度计划

21. 《标准施工招标文件》规定，工程隐蔽部位覆盖前，应先经过监理人检查，下列说法正确的是（　　　　）。

A. 承包人自检确认的工程隐蔽部位具备覆盖条件后，经监理人检查符合要求并报送建设单位后进行覆盖

B. 监理人未按时进行检查，承包人可自行完成覆盖工作并作相应记录报送监理人

C. 监理人检查确认质量不合格，承包人应在指示时间内修整返工后自行完成覆盖工作，并作相应记录报送监理人

D. 监理人对质量有疑问，可要求承包人对已覆盖的部位进行揭开重新检验，增加的费用由承包人承担

22. 根据《标准施工招标文件》，下列关于承包人索赔的说法，正确的是（　　　　）。

A. 承包人按合同约定接受竣工付款证书，不影响其拥有的提出任何索赔的权利

B. 承包人接受索赔处理结果的，发包人应在作出索赔处理结果答复后 56 天内完成赔付

C. 监理人可在审查索赔通知书时要求承包人提交全部原始记录副本

D. 承包人提出索赔的期限自缺陷责任期到期时终止

23. 《最高人民法院关于审理建设工程施工合同纠纷案件适用法律问题的解释（一）》（法释〔2020〕25 号）规定，当事人对欠付工程价款利息计付标准没有约定的，按照（　　　　）计息。

A. 建设行政主管部门发布的标准利率

B. 建设项目的合同额对应利率

C. 同期贷款市场报价利率

D. 当地政府发布的最低利率

24. 下列关于劳务分包合同的说法，正确的是（　　　　）。

A. 劳务分包人在施工现场内使用的安全保护用品（如安全帽、安全带及其他保护用品），由劳务分包人自行准备

B. 施工中如发生对原工作内容进行变更，工程承包人项目经理应提前 14 天以书面形式向劳务分包人发出变更通知

C. 工程承包人应在收到劳务分包人的完工报告后 14 天内对劳务分包人施工成果进行验收

D. 因不可抗力事件导致停工的，停工期间，劳务分包人应工程承包人项目经

理要求留在施工场地的必要的管理人员及保卫人员的费用，由工程承包人承担

25. 在设备采购合同中，负责对合同设备的生产制造进行监造，监督合同设备制造、检验的人员是（　　）。

    A. 买方监造人员   B. 卖方监造人员

    C. 买方代表   D. 卖方代表

26. 下列属于风险减轻措施的是（　　）。

    A. 设立质量事故风险基金

    B. 对于存在价格上涨风险的材料设备，采用签订总价合同的方式

    C. 不选择资质、能力差的项目设计、施工、监理单位

    D. 通过增加可能出现风险的施工方案的安全冗余度来降低风险事件发生后可能带来的负面效果

27. 下列关于工程设计责任险的说法，正确的是（　　）。

    A. 保险期限一般为 2 年

    B. 工程设计责任险可分为单项工程保险、多项工程保险两种

    C. 保险人不负责赔偿：由于设计错误引起的停产、减产等间接经济损失

    D. 免责范围包括各种有价证券、图表资料及包装物料的损失

28. 流水施工的表达方式除网络图外，主要还有横道图和垂直图。这两种图形均可以清楚地表达出该工程（　　）。

    A. 每单位时间完成的工作量   B. 计划期间内完成的工作量

    C. 每个施工过程的工作量   D. 各施工过程的时间和空间状况

29. 组织流水施工时，流水步距是指（　　）。

    A. 第一个专业队与其他专业队开始施工的最小间隔时间

    B. 第一个专业队与最后一个专业队开始施工的最小间隔时间

    C. 相邻专业队相继开始施工的最小间隔时间

    D. 相邻专业队相继开始施工的最大间隔时间

30. 某建筑物基础工程的施工过程、施工段的划分及流水节拍见表 1，如果组织非节奏流水施工，则基础工程的施工工期应为（　　）天。

表 1　某建筑物基础工程的施工过程、施工段的划分及流水节拍（单位：天）

施工过程	施工段			
	基础一	基础二	基础三	基础四
开挖	3	4	2	6

施工过程	施工段			
	基础一	基础二	基础三	基础四
浇筑	4	2	6	8
回填	2	3	7	9

    A．28　　　　　　　　　　B．29

    C．32　　　　　　　　　　D．5

31． 建设工程组织非节奏流水施工时的特点是（　　　）。

    A．各专业工作队不能在施工段上连续作业

    B．相邻专业工作队的流水步距全不等

    C．有些施工段之间可能有空闲时间

    D．专业工作队数小于施工过程数

32． 在双代号时标网络计划中，若某工作箭线上没有波形线，则说明该工作（　　　）。

    A．为关键工作　　　　　　B．自由时差为零

    C．总时差等于自由时差　　D．自由时差不超过总时差

33． 某双代号网络计划如图1所示（时间：天），下列线路中，属于关键线路的是（　　　）。

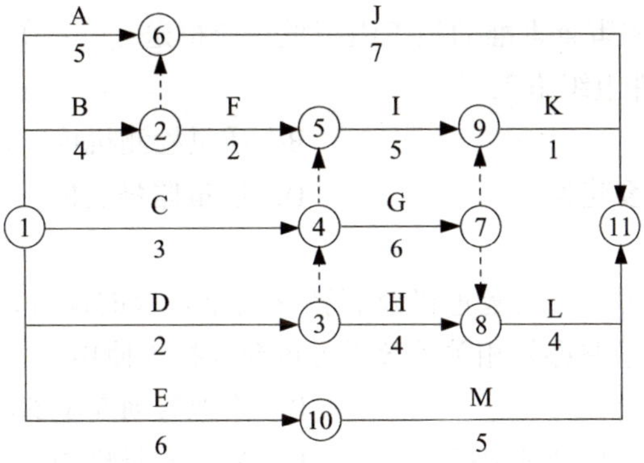

图1　某双代号网络计划

    A．①→②→⑤→⑨→⑪　　　　B．①→④→⑦→⑧→⑪

    C．①→③→④→⑦→⑧→⑪　　D．①→⑥→⑪

34． 在单代号搭接网络计划中，工作的自由时差等于（　　　）。

    A．该工作与其紧后工作时距的最小值

    B．紧后工作最早开始时间与本工作最早完成时间的差值

    C．该工作与其紧后工作时间间隔的最小值

    D．紧后工作最迟开始时间与本工作最迟完成时间的差值

35．某分部工程双代号网络计划如图 2 所示（时间单位：天）。若计划工期等于计算工期，关于工作时间参数的说法，正确的是（   ）。

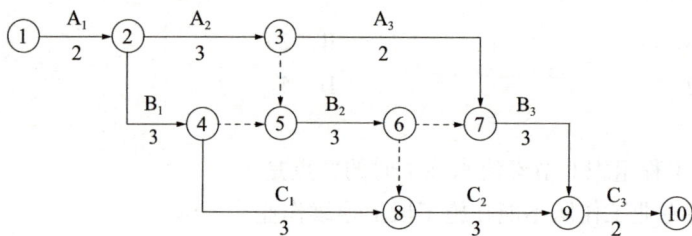

图 2　某分部工程双代号网络计划

    A．工作 A_2 的自由时差是 1 天

    B．工作 B_2 的最迟开始时间是第 5 天

    C．工作 C_2 的总时差是 1 天

    D．工作 B_3 的最早完成时间是第 11 天

36．与建筑企业或其他组织机构按照 GB/T 19000 族标准建立的质量管理体系相比，属于工程项目质量管理系统的特点是（   ）。

    A．用于组织的质量管理   B．为承包企业质量管理服务

    C．一次性   D．需进行第三方认证

37．项目监理机构审查批准的施工组织设计应报送（   ）。施工单位应按审查批准的施工组织设计文件组织施工。

    A．建设单位   B．质量检测机构

    C．住房和城乡建设部   D．质量监督机构

38．对于现场使用的塔式起重机及有特殊安全要求的设备，投入使用前，必须经（   ）鉴定，符合要求并办好相关手续后方可允许投入使用。

    A．设备供应商   B．当地劳动安全部门

    C．安全生产监督管理部门   D．质量监督机构

39．特别重大事故由（   ）组织事故调查组进行调查。

    A．国务院或国务院授权有关部门 B．人民检察院

    C．省级人民政府   D．设区的市级人民政府

40．施工质量事故的表现形式千差万别，类型多种多样，按施工质量事故的成因分析，属于施工与管理失控的是（   ）。

A. 漏放或少放钢筋 B. 水泥安定性不良
C. 板面开裂 D. 砖砌体包心砌筑

41. 建设工程投资决策阶段主要是确定建设工程应达到的质量目标及水平。因此，投资决策阶段是影响工程质量的（　　）阶段，要充分反映业主对质量的要求和意愿。
A. 重要 B. 必要
C. 决定性 D. 关键

42. 建立在帕累托原理的基础上的施工质量统计分析方法称为（　　）。
A. 分层法 B. 排列图法
C. 直方图法 D. 控制图法

43. 一次抽样的合格判定数为9个，随机抽取50根钢筋进行检验，发现9个不合格品，可判定该批产品（　　）。
A. 合格 B. 不合格
C. 需要进行第三次抽样检验 D. 检验无效

44. 下列工程成本分类中，按照工程成本对象的范围分类的是（　　）。
A. 投标成本、勘察设计成本、采购成本、施工成本
B. 预算成本、计划成本、实际成本
C. 建设工程项目总成本、单项工程成本、单位工程成本、分部工程成本、分项工程成本
D. 工期成本、质量成本、安全成本和绿色成本

45. 某工程项目的某年度施工成本计划如图3所示，下列关于该项目成本计划的描述，错误的是（　　）。

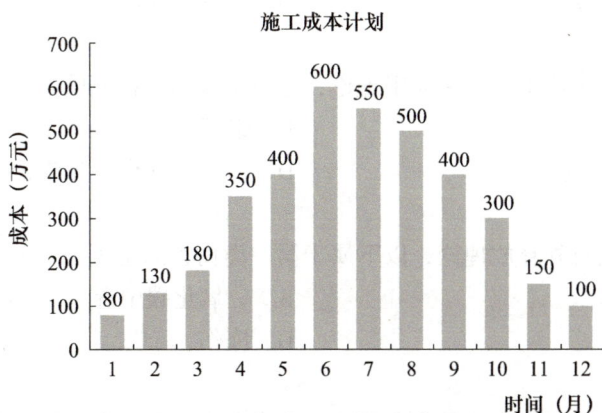

图 3　某工程项目的某年度施工成本计划

A. 该项目前三个季度的累积支出为3190万元

B. 该项目第二季度的月平均计划支出是 450 元

C. 该项目该年度成本计划支出总额是 3740 万元

D. 该项目的下半年的月平均计划支出是 300 万元

46. 某土方工程某月度的成本控制数据见表 2，则该工程的拟完工程预算费用（*BCWP*）是（   ）万元。

表 2　某土方工程某月度的成本控制

计划完成工程量	计划单价	实际完成工程量	实际单价
3600m³	35 元 /m³	4000m³	30 元 /m³

A. 12.6　　　　　　　　　　B. 14

C. 12　　　　　　　　　　　D. 15

47. 在对施工机具使用费进行成本控制时，建立健全配件领发料制度，严格按油料消耗定额控制油料消耗等措施主要控制的是（   ）。

A. 台班维修费　　　　　　　B. 台班调配

C. 台班单价　　　　　　　　D. 台班数量

48. 施工成本分析的步骤包括：① 收集成本信息；② 分析成本形成原因；③ 进行成本数据处理；④ 确定成本结果；⑤ 选择成本分析方法。正确的顺序是（   ）。

A. ①－⑤－④－③－②　　　　B. ①－⑤－③－②－④

C. ⑤－①－③－④－②　　　　D. ⑤－①－③－②－④

49. 通过收集来自不同角色和层级的反馈来考核个人的成本管理绩效，汇总多方评价并从各方面对考核对象进行考核的施工成本管理绩效考核方法是（   ）。

A. 关键绩效指标法　　　　　B. 目标管理法

C. 平衡计分法　　　　　　　D. 全视角反馈法

50. 根据海因里希事故因果连锁理论，造成事故的直接原因是（   ）。

A. 伤害　　　　　　　　　　B. 组织环境

C. 人的缺点　　　　　　　　D. 人的不安全行为或物的不安全状态

51. 根据能量意外释放理论，以下属于第一类伤害的是（   ）。

A. 溺水　　　　　　　　　　B. 一氧化碳中毒

C. 割伤　　　　　　　　　　D. 冻伤

52. 根据《生产安全事故报告和调查处理条例》，下列安全事故中，属于重大事故的是（   ）。

A. 20 人死亡，30 人重伤，直接经济损失 4500 万元

B．35 人死亡，50 人重伤，直接经济损失 8000 万元

C．5 人死亡，15 人重伤，直接经济损失 2000 万元

D．3 人死亡，5 人重伤，直接经济损失 900 万元

53．建设工程施工企业以建筑安装工程造价为依据提取安全生产费用，其中水利水电工程和电力工程的提取标准是（　　）。

    A．3.5%

    B．2.5%

    C．3%

    D．1.5%

54．下列关于施工防触电安全措施的说法，正确的是（　　）。

    A．生活区民工住宿达不到标准的必须使用 110V 安全电压

    B．现场移动灯具距地面高度不小于 2m

    C．采用预约停电时间的方式对高压电机进行检修

    D．检修电气装置前，悬挂"禁止合闸，有人工作"的警示牌

55．危险性较大的分部分项工程实行分包并由分包单位编制专项施工方案的，专项施工方案应由（　　）共同审核签字并加盖单位公章。

    A．建设单位项目负责人和总包单位技术负责人

    B．总包单位技术负责人和分包单位技术负责人

    C．总包单位技术负责人和设计单位项目负责人

    D．分包单位技术负责人和设计单位项目负责人

56．在高度为 25m 的楼层作业面施工时，其坠落半径为（　　）m。

    A．3

    B．4

    C．5

    D．6

57．当非竖向洞口短边边长小于 500mm 时，应采取的洞口作业防坠落措施是（　　）。

    A．设置高度不小于 1.2m 的防护栏杆

    B．采用密目式安全立网封闭

    C．采用密目式安全平网封闭

    D．采取盖板覆盖

58．循环经济"3R"原则中的"再循环"体现在（　　）。

    A．输入端

    B．过程端

    C．输出端

    D．全过程

59．根据《建筑施工场界噪声限值》GB 12523—2011，在夜间场界环境噪声方面，允许的最大声级超过限值的幅度应不高于（　　）dB（A）。

    A．70

    B．55

C. 15   D. 5

60. 文明施工管理理念中，精益管理的核心思想是（   ）。
    A. 承担对利益相关者的责任   B. 追求经济利润
    C. 提高施工效率   D. 资源投入少，价值创造多

61. 下列关于实行境外投资备案管理项目的说法，正确的是（   ）。
    A. 甲项目的投资主体为中央管理企业，中方投资额 2 亿美元，备案机关是国家发展改革委
    B. 乙项目的投资主体为中央管理企业，中方投资额 1 亿美元，备案机关是国家财政部
    C. 丙项目的投资主体是地方企业，中方投资额 2 亿美元，备案机关是国家发展改革委
    D. 丁项目的投资主体是地方企业，中方投资额 1 亿美元，备案机关是投资主体注册地的省级财政厅

62. 根据《企业境外经营合规管理指引》，合规管理的原则是（   ）。
    A. 独立性原则、保护性原则、及时性原则
    B. 效率性原则、独立性原则、全面性原则
    C. 效率性原则、日常性原则、独立性原则
    D. 独立性原则、适用性原则、全面性原则

63. 根据《对外承包工程管理条例》，应当会同国务院有关部门建立对外承包工程安全风险评估机制的机构是（   ）。
    A. 外交部
    B. 国家发展和改革委员会
    C. 国务院国有资产监督管理委员会
    D. 国务院商务主管部门

64. 某采用 FIDIC《施工合同条件》的国际工程的合同额为 1000 万元。合同中对误期赔偿费的约定是：每延误一个日历天应赔偿 2 万元，且总赔偿费不超过合同总价款的 5%。该工程延误 20 日历天后通过竣工验收，则该工程的误期赔偿费为（   ）万元。
    A. 20   B. 30
    C. 40   D. 50

65. 下列工程项目中，适合采用 FIDIC 银皮书的情况是（   ）。
    A. 业主期望工期确定，使项目能在预定的时间投产运行的工程
    B. 业主想要密切监督或管控承包商工作的工程
    C. 业主想要审查大部分施工图纸的工程

D. 施工涉及复杂地下工程的工程

66. 根据《工程施工合同》（ECC），下列关于争议解决的说法，正确的是（　　）。
    A. 发生争议时，可以选择由高级代表对争议进行裁决
    B. 只有高级代表不能决定的争议，才能交由裁决员进行裁决
    C. 合同双方可以通过 DAB 规避争端，提供解决争端的建议
    D. DAB 进行终局裁决是最有效的解决争议的方式

67. 下列可以采用美国 AIA 系列合同的工程是（　　）。
    A. 某地铁新建工程　　　　　　　　B. 某海底隧道承包工程
    C. 某高速公路的新建工程　　　　　D. 某小型商厦的翻修工程

68. 下列各项技术平台和设备中，智能建造的重要支撑和核心内容是（　　）。
    ① 人工智能技术　　　　② 物联网技术　　　　③ 数智化管控平台
    ④ 高速移动通信技术　　⑤ 建筑机器人
    A. ②⑤　　　　　　　　　　　　　B. ①③
    C. ③⑤　　　　　　　　　　　　　D. ④①

69. 在 BIM 技术应用中，下列属于 BIM 总协调方职责的是（　　）。
    A. 与各参与方签订合同　　　　　　B. 制定项目 BIM 应用方案
    C. 内外部的总体沟通与协调　　　　D. 配置 BIM 团队

70. 智慧工地总体架构中，起到数据通道和处理中枢的作用的层次是（　　）。
    A. 感知层　　　　　　　　　　　　B. 网络层
    C. 应用层　　　　　　　　　　　　D. 传输层

二、多项选择题

1. 根据《建设项目工程总承包管理规范》GB/T 50358—2017，下列属于工程总承包方项目管理中采购执行计划内容的有（　　）。
    A. 项目概况　　　　　　　　　　　B. 技术经济要求
    C. 资源供应计划　　　　　　　　　D. 采购工作范围和内容
    E. 催交、检验、运输和材料控制计划

2. 施工项目经理应履行的职责有（　　）。
    A. 组织进行缺陷责任期工程保修工作
    B. 组织制定和执行施工现场项目管理制度
    C. 组织项目团队成员进行项目管理目标责任分解
    D. 建立健全协调工作机制，解决工程施工问题
    E. 主持项目经理部工作，组织制定项目经理部管理制度

3. 根据工程合同及利益相关者需求，结合工程项目特点及所处环境，分析论证工程项目总目标需要遵循的基本原则有（　　　）。

A．确保工程质量、施工安全、绿色施工及环境管理目标符合工程建设强制性标准

B．不同工程项目的各个目标可具有不同的优先等级

C．在工程项目目标体系中，进度、安全及绿色目标通常会采用定性分析方法

D．定性分析与定量分析相结合

E．在工程项目目标体系中，质量、成本目标需采用定量分析方法

4. 下列工作中，总监理工程师不得委托给总监理工程师代表的工作有（　　　）。

A．组织编制监理规划　　　　　B．签发工程开工令

C．处理工程索赔　　　　　　　D．组织召开监理例会

E．组织编写监理月报

5. 根据《环境管理体系　要求及使用指南》GB/T 24001—2016，下列环境管理体系构成内容中，属于"绩效评价"部分的有（　　　）。

A．监视、测量、分析和评价　　B．资源管理

C．内部审核　　　　　　　　　D．管理评审

E．持续改进

6. 《卓越绩效评价准则》GB/T 19580—2012 适用的场合包括（　　　）。

A．对组织进行质量管理

B．国家质量奖的评审

C．质量审核

D．追求卓越绩效的组织自我学习

E．对组织进行绩效评价

7. 根据国家标准《社会责任报告编写指南》GB/T 36001—2015，基于与利益相关方有效沟通的目的，社会责任报告的编写和发布宜遵循（　　　）原则。

A．主观合理　　　　　　　　　B．获取方便

C．易读易懂　　　　　　　　　D．明确回应

E．宣传正面（信息）

8. 下列关于施工决标成交的说法，正确的有（　　　）。

A．招标人应在招标文件规定的投标有效期内以书面形式向中标人发出中标通知书，不需要通知未中标的投标人

B．中标人与招标人可以在签订施工合同前进行谈判，争取改善合同条款，澄清模糊条款等增加保护自身利益的条款

C．招标文件要求中标人提交履约保证金的，中标人应按照招标文件的要求提交

D. 招标人最迟应在书面合同签订后 5 日内向中标人和未中标的投标人退还投标保证金及银行同期存款利息

E. 招标人和中标人应在中标通知书发出之日起 15 日内，根据招标文件和中标人的投标文件订立书面合同

9. 在施工投标报价策略中，可选择报高价的情形的有（   ）。
   A. 一般房屋建筑工程
   B. 地下开挖工程
   C. 港口码头
   D. 大量土方工程
   E. 投标对手少的工程

10. 根据《标准施工招标文件》，在施工合同订立时需要明确的内容有（   ）。
    A. 施工现场永久工程的占地范围
    B. 异常恶劣气候条件的界定
    C. 发包人提供的材料和设备分批交货的费用
    D. 发包人陆续提供施工图纸的期限和数量
    E. 总价合同调价公式中的各可调因子

11. 根据《标准设计施工总承包招标文件》，下列关于竣工验收的说法，正确的有（   ）。
    A. 在全部工程竣工前承包人可自行进行区段工程验收
    B. 工程竣工验收完成后，发包人任何时间在使用中发现任何已接收的工程存在新的缺陷，承包人应负责修复，直至检验合格为止
    C. 区段工程的验收成果和结论作为全部工程竣工验收申请报告的附件
    D. 施工期运行是指合同工程全部竣工，经发包人验收合格，证明能确保安全后投入运行
    E. 在施工期运行中发现工程或工程设备损坏或存在缺陷的，承包人应在缺陷责任期内对已交付使用的工程承担缺陷责任

12. 下列关于设备采购合同有关条款的说法，正确的有（   ）。
    A. 设备采购合同协议书中载明的签约合同价通常为固定价格
    B. 买方支付预付款后，如卖方未履行合同义务，则买方有权收回预付款
    C. 除另有约定外，合同设备整体质量保证期为验收之日起 18 个月
    D. 依照合同卖方应向买方支付费用的，买方有权从结清款中直接扣除该笔费用
    E. 在质量保证期内合同设备出现故障的，卖方应自负费用提供质保期服务

13. 关于工程承包风险的说法，正确的有（   ）。
    A. 施工承包项目本身的风险包括施工组织管理风险、自然环境风险、施工质量安全风险等
    B. 工程承包风险可理解为某种特定的危险事件发生的可能性与该事件发生后

造成的后果的组合

C. 工程总承包单位将会承担从工程设计到交付使用全过程中几乎所有的风险

D. 由于工程实施各阶段的未知性，工程总承包风险具有多样性、动态性及社会性等特点

E. 在工程项目承包过程中，正面风险往往是机会，负面风险往往是威胁

14. 在编制流水施工进度计划时，划分施工段应遵循的原则有（   ）。

A. 各施工段的劳动量应大致相等

B. 各施工段要有足够的工作面

C. 施工段数目要少于施工过程数

D. 施工段的界限应尽可能与结构界限相吻合

E. 多层建筑物应既分施工段，又分施工层

15. 某工程双代号时标网络计划如图 4 所示，根据第 6 周末实际进度检查结果绘制的前锋线如点划线所示。通过比较可以看出（   ）。

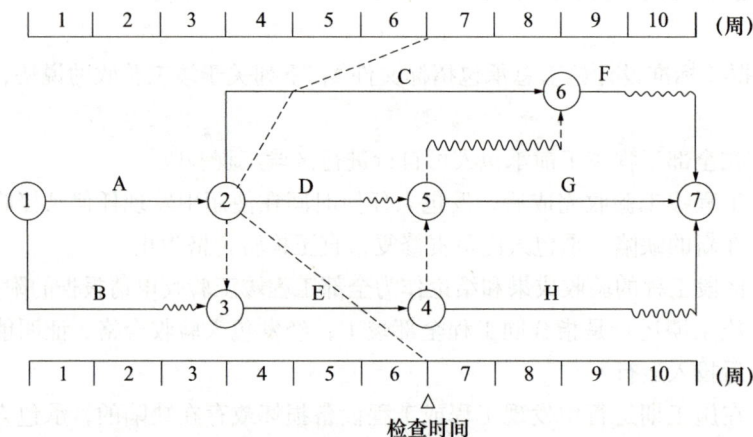

图 4   某工程双代号时标网络计划

A. C 工作实际进度拖后 2 周，影响工期 2 周

B. D 工作实际进度超前 2 周，不影响工期

C. D 工作实际进度拖后 3 周，影响工期 2 周

D. E 工作实际进度拖后 1 周，不影响工期

E. 第 6 周末检查时如果未来工作进度不改变，则预计工期拖后 2 周

16. 在施工进度控制时，常用的实际进度与计划进度比较的方法有（   ）。

A. 横道图比较法

B. 相关图比较法

C. S 曲线比较法

D. 前锋线比较法

E. 控制图比较法

17. 工程项目质量管理体系多层次结构，属于大中型工程项目尤其是群体工程项目中第二层次质量管理体系的有（　　　）。

    A．设计总负责单位
    B．施工总承包单位

    C．建设单位
    D．施工安装单位

    E．材料设备供应单位

18. 施工单位做好技术交底，是取得好的施工质量的条件之一。技术交底书应包括的内容主要有（　　　）。

    A．施工方法
    B．技术说明

    C．质量要求和验收标准
    D．施工过程中需注意的问题

    E．可能出现意外情况的应急方案

19. 对危及承载力的工程质量缺陷应采取加固处理，下列属于加固处理的有（　　　）。

    A．增大截面加固法
    B．嵌缝密闭法

    C．增设支点加固法
    D．增设剪力墙加固法

    E．粘钢加固法

20. 下列成本费用中，属于受施工质量因素影响而产生的有（　　　）。

    A．返工和修正成本
    B．施工机械设备维护费用

    C．客户诉讼赔偿费用
    D．修复和重建成本

    E．保险费用

21. 中标后，中标方需要依据相关文件，按照一定方法将施工责任成本从中标价中分离出来。此时应依据的文件有（　　　）。

    A．市场价格信息
    B．招标公告

    C．施工方案
    D．施工组织设计

    E．中标清单

22. PDCA管理循环法是进行施工成本绩效考核的重要方法之一，该方法的优点包括（　　　）。

    A．考核标准明确
    B．提高管理成效

    C．投入成本低
    D．考核客观性较好

    E．增强部门协作

23. 下列事故致因模型中，属于典型的系统理论模型的有（　　　）。

    A．多米诺骨牌模型
    B．瑞士奶酪模型

    C．博德模型
    D．瑟利模型

    E．安德森模型

24. 某施工企业发生一起重大安全生产事故，下列关于事故报告与处理的说法，正确的有（   ）。

    A. 事故单位应当于 2h 内向有关部门报告
    B. 实行施工总承包的建设工程，由总承包单位负责上报
    C. 该事故应逐级上报至国务院应急管理部门
    D. 该事故应由省级人民政府负责调查
    E. 事故调查组应该自事故发生之日起 120 日内提交事故调查报告

25. 根据《生产安全事故报告和调查处理条例》，下列生产安全事故中，属于重大生产安全事故的有（   ）。

    A. 10 人死亡事故   B. 5 人死亡事故
    C. 50 人重伤事故   D. 100 人重伤事故
    E. 5000 万元直接经济损失的事故

26. 下列施工现场环境保护措施中，属于"优选项"措施的有（   ）。

    A. 采用清洁燃料   B. 设置可移动环保厕所
    C. 制定建筑垃圾减量化专项方案   D. 采用自动喷雾（淋）降尘系统
    E. 采用雨水就地渗透措施

27. 投资主体开展境外投资，应当履行境外投资项目核准、备案等手续，下列需要由国家发展和改革委员会实行备案管理的项目包括（   ）。

    A. 投资主体直接开展的敏感类项目
    B. 投资主体通过其控制的境外企业开展的敏感类项目
    C. 投资主体是中央管理企业，直接开展的非敏感类项目
    D. 投资主体是地方企业，且中方投资额 3 亿美元及以上的非敏感类项目
    E. 投资主体是地方企业，且中方投资额 3 亿美元以下的非敏感类项目

28. 下列属于《对外承包工程管理条例》规定的对外承包工程的根本性要求的有（   ）。

    A. 应当维护国家利益和社会公共利益
    B. 应加强工程质量和安全管理
    C. 应当保障外派人员的合法权益
    D. 应当遵守工程项目所在国家或者地区的法律
    E. 应当尊重当地的风俗习惯

29. 国际工程投标报价时，投标人结合工程特点和自身情况选择报价策略。在以下项目中，投标人可以选择偏低报价的情况有（   ）。

    A. 中标建设本项目有利于获得后续分期分批建设工程的工程
    B. 投标兴趣不大但被邀请投标的总价低的小工程

C. 需要垫付资金、无预付款的工程

D. 投标对手多、竞争激烈的工程

E. 支付条件好的工程

30. 下列各项 BIM 应用中，适用于工程项目信息集成管理的有（   ）。

A. 整合项目各类的工程信息

B. BIM 内置信息分类编码

C. 链接进度计划、成本计划和劳动力使用计划等各类计划

D. BIM 内置工程量清单或定额

E. 链接技术说明、施工方案等信息

【答案与解析】

一、单项选择题

1. B;　　2. A;　　3. D;　　*4. B;　　5. C;　　6. C;　　*7. A;　　*8. A;

*9. D;　　10. C;　　*11. B;　　*12. B;　　*13. A;　　*14. B;　　*15. A;　　*16. B;

*17. B;　　18. A;　　19. C;　　*20. B;　　*21. B;　　*22. C;　　23. C;　　*24. D;

25. A;　　*26. D;　　*27. C;　　28. D;　　29. C;　　*30. C;　　31. C;　　32. B;

33. B;　　34. C;　　*35. D;　　36. C;　　37. A;　　*38. B;　　39. A;　　40. D;

41. D;　　*42. B;　　43. A;　　44. C;　　45. D;　　46. B;　　47. C;　　48. D;

49. D;　　*50. D;　　*51. C;　　52. A;　　53. B;　　*54. D;　　55. B;　　*56. C;

*57. D;　　58. C;　　59. C;　　*60. D;　　*61. A;　　62. D;　　63. D;　　64. C;

65. A;　　*66. C;　　67. D;　　68. C　　*69. B;　　*70. B

【解析】

4.【答案】B

施工方案应由项目技术负责人审批，选项 A 错误。施工组织总设计应由总承包单位技术负责人审批，选项 C 错误。规模较大的分部（分项）工程施工方案应按单位工程施工组织设计进行编制和审批，单位工程施工组织设计应由施工单位技术负责人或技术负责人授权的技术人员审批，选项 D 错误。所以 B 正确。

7.【答案】A

工程开工前，建设单位需申请办理工程质量监督手续。所以 A 正确。

8.【答案】A

《中华人民共和国建筑法》规定："国务院可以规定实行强制监理的建筑工程的范围。"所以 A 正确。

9.【答案】D

与阐述的质量管理原则相一致，提供的自我评价方法能够指导组织对其质量管理体系的成熟度进行评价的是《质量管理 组织质量 实现持续成功指南》GB/T 19004—2020 与《质量管理体系 基础和术语》GB/T 19000—2016，故选项 A 错误。为质量管理体系其他标准奠定了基础，并助力于实现质量管理体系其他标准的价值的是《质量管理

体系 基础和术语》GB/T 19000—2016，故选项 B 错误。《质量管理体系 要求》GB/T 19001—2016 中提到了三大过程分别是顾客导向过程、支持过程和管理过程，故选项 C 错误。所以 D 正确。

11.【答案】B

质量管理体系、环境管理体系、职业健康安全管理体系及卓越绩效管理将 PDCA 循环应用于所有过程，使整个管理体系按照 PDCA 模式运行。所以 B 正确。

12.【答案】B

根据风险管理的整合原则，风险管理是组织所有管理活动的有机组成部分，将风险管理的原则、框架和过程融入组织其他管理活动及其制度办法，有助于推动风险管理的落实。所以 B 正确。

13.【答案】A

风险管理框架的目的是协助组织将风险管理纳入重要的活动和职能中。所以 A 正确。

14.【答案】B

一个组织可以根据战略级别的重点项目，拥有多个项目组合，例如互联网公司的项目运作，选项 A 错误。项目组合应对现有和潜在的项目组合组件进行评估、筛选、调整及优先级排序，以维持整个项目组合的平衡并实现组织的战略目标，选项 C 错误。项目组合中的项目或项目群之间没必要相互关联或直接相关，选项 D 错误。所以 B 正确。

15.【答案】A

对于工程规模大、专业复杂的工程，建设单位管理能力有限时，应考虑采用施工总承包方式。有利于减少各专业之间因配合不当造成的窝工、返工、索赔风险。所以 A 正确。

16.【答案】B

申请人名称与营业执照上的必须一致，申请人有一项因素不符合审查标准的，不能通过资格预审，选项 A 错误。有限数量制可以限制投标人数量，降低招标工作量和费用，选项 C 错误。审查申请文件格式是否符合要求是初步审查环节的内容，选项 D 错误。所以 B 正确。

17.【答案】B

在单价合同中，投标单位填报的单价应为计及各种摊销费用后的综合单价，而非直接费单价，选项 A 错误。在单价合同中，工程量清单所列工程量为估算工程量，而非实际工程量，选项 B 正确。单价合同大多用于工期长、技术复杂的工程，选项 C 错误。采用单价合同形式，可以在合同双方之间较为合理地分担合同履行过程中的风险，选项 D 错误。所以 B 正确。

20.【答案】B

承包人应在专用合同条款约定的期限内提交修订合同进度计划的申请报告，选项 A 错误。监理人可以直接向承包人作出修订合同进度计划的指示，选项 C 错误。监理人应在批复前获得发包人同意，选项 D 错误。所以 B 正确。

21.【答案】B

经监理人检查确认质量符合隐蔽要求，并在检查记录上签字后，承包人才能进行覆盖，选项 A 错误。承包人应在监理人指示的时间内修整返工后，由监理人重新检查，选项 C 错误。经检验证明工程质量符合合同要求的，由发包人承担由此增加的费用；不符合合同要求的，由此增加的费用由承包人承担，选项 D 错误。所以 B 正确。

22.【答案】C

承包人按合同约定接受了竣工付款证书后，应被认为已无权再提出在合同工程接收证书颁发前所发生的任何索赔，选项 A 错误。发包人应在作出索赔处理结果答复后 28 天内完成赔付，选项 B 错误。提出索赔的期限自接受最终结清证书时终止，选项 D 错误。所以 C 正确。

24.【答案】D

劳务分包人在施工现场内使用的安全保护用品（如安全帽、安全带及其他保护用品），由劳务分包人提供使用计划，经工程承包人批准后，由工程承包人负责供应，选项 A 错误。施工中如发生对原工作内容进行变更，工程承包人项目经理应提前 7 天以书面形式向劳务分包人发出变更通知，选项 B 错误。工程承包人应在收到劳务分包人的完工报告后 7 天内对劳务分包人施工成果进行验收，选项 C 错误。所以 D 正确。

26.【答案】D

选项 A 为风险自留，选项 B 为风险转移，选项 C 为风险规避。所以 D 正确。

27.【答案】C

工程设计责任险的保险期限因分类不同而不同，以综合年度保险为例，除另有约定外，保险期限一般为 1 年，以保险单载明的起讫时间为准。而单项工程保险和多项工程保险的期限由投保人和保险公司具体约定，选项 A 错误。工程设计责任险可分为综合年度保险、单项工程保险、多项工程保险三种，选项 B 错误。建筑工程一切险的免责范围包括各种有价证券、图表资料及包装物料的损失，选项 D 错误。所以 C 正确。

30.【答案】C

首先，根据累计数列错位相减取大差，求相邻施工过程流水步距：

开挖施工过程累加数列：3　7　9　15

浇筑施工过程累加数列：　　4　6　12　20

回填施工过程累加数列：　　　　2　5　12　21

因此最大差分别为 3 天和 8 天。

最后，根据 $T = \sum K + \sum t_n + \sum Z - \sum C = 3 + 8 + 21 = 32$ 天。所以 C 正确。

35.【答案】D

利用标号法，可知 A_1、A_2、B_1、B_2、B_3、C_1、C_2、C_3 为关键工作，当计算工期等于计划工期时，关键工作总时差自由时差均为 0，所以选项 A、C 错误。工作 B_2 最早和最迟开始相等，等于第 6 天开始；工作 B_3 最早和最迟完成时间相等，等于第 11 天完成，所以选项 B 错误。所以 D 正确。

38.【答案】B

对于现场使用的塔式起重机及有特殊安全要求的设备，投入使用前，必须经当地劳动安全部门鉴定，符合要求并办好相关手续后方可允许投入使用。所以 B 正确。

42.【答案】B

排列图法又称为主次因素分析法或帕累托图法。排列图由两个纵坐标、一个横坐标、若干个连起来的直方形和一条曲线组成。左侧纵坐标是频数或件数，右侧纵坐标是累计频率；横坐标表示影响质量的各个因素（或项目），按影响程度大小从左至右排列。直方图形的高度表示影响因素的影响大小，将其累计频率（百分数）点连成一条折线，即为帕累托曲线。所以 B 正确。

50.【答案】D

根据海因里希事故因果连锁理论，造成事故的直接原因是人的不安全行为或物的不安全状态。所以 D 正确。

51.【答案】C

第一类伤害是由于对人体施加了局部或全身性损伤阈值的能量引起的，其中割伤属于第一类伤害。第二类伤害是由于影响了人体局部或全身性能量交换引起的，其中溺水、一氧化碳中毒和冻伤属于第二类伤害。所以 C 正确。

54.【答案】D

生活区民工住宿达不到标准的必须使用 36V 安全电压，选项 A 错误。现场移动灯具距地面高度不小于 3m，选项 B 错误。禁止采用预约停电时间的方式对高压电机进行检修，选项 C 错误。所以 D 正确。

56.【答案】C

当坠落物高度为 15～30m 时，R 为 5m。所以 C 正确。

57.【答案】D

当非竖向洞口短边边长为 25～500mm 时，应采用承载力满足使用要求的盖板覆盖，盖板四周搁置应均衡，且应防止盖板移位。所以 D 正确。

60.【答案】D

精益管理的核心思想是以较少的资源投入，创造尽可能多的价值，旨在减少资源消耗和浪费，多产出效益。选项 A 属于企业社会责任理念，选项 B、C 不属于文明施工管理理念。所以 D 正确。

61.【答案】A

实行备案管理的项目中，投资主体是中央管理企业的，备案机关是国家发展改革委；投资主体是地方企业，且中方投资额 3 亿美元及以上的，备案机关是国家发展改革委；投资主体是地方企业，且中方投资额 3 亿美元以下的，备案机关是投资主体注册地的省级政府发展改革部门。所以 A 正确。

66.【答案】C

《工程施工合同》（ECC）中争端解决程序共三种：① 高级代表 - 裁决员 - 诉讼 / 仲裁；② 高级代表（可跳过）- 裁决员 - 诉讼 / 仲裁；③ 争端避免委员会（DAB）- 诉讼 / 仲裁。其中，对①②，发生争议时，高级代表不能作出决定，如未能在约定时间内与合同双方达成合意，则需交由裁决员进行裁决。合同双方可跳过高级代表将争端提交至裁决员进行裁决。对③，DAB 的主要职责是及时发现潜在冲突，规避争端，提供解决争端的建议，但不能进行终局裁决。所以 C 正确。

69.【答案】B

制定项目 BIM 应用方案,并组织管理和贯彻实施属于 BIM 总协调方职责。选项 A 为建设单位职责,选项 C、D 为施工总承包和专业分包单位职责。所以 B 正确。

70.【答案】B

网络层在智慧工地总体架构中起到数据通道和处理中枢的作用。所以 B 正确。

二、多项选择题

*1. A、D、E;	*2. A、B、C、D;	*3. A、B、D;	4. A、B、C;
*5. A、C、D;	*6. B、D;	*7. B、C、D;	*8. B、C、D;
*9. B、C、E;	*10. A、B、D;	*11. C、E;	*12. A、B、D、E;
13. B、C、E;	14. A、B、D、E;	15. C、E;	16. A、C、D;
17. A、B;	*18. A、C、D、E;	19. A、C、D、E;	20. A、C、D;
*21. A、C、D、E;	22. B、E;	23. D、E;	*24. B、C、D;
*25. A、C、E;	26. B、D、E;	*27. C、D;	28. A、C、D、E;
29. A、D、E;	*30. A、C、E		

【解析】

1.【答案】A、D、E

技术经济要求属于设计执行计划内容,选项 B 错误。资源供应计划属于施工执行计划内容,选项 C 错误。所以 A、D、E 正确。

2.【答案】A、B、C、D

主持项目经理部工作,组织制定项目经理部管理制度属于施工项目经理应具有的权限,选项 E 错误。所以 A、B、C、D 正确。

3.【答案】A、B、D

在工程项目目标体系中,质量、安全、绿色目标通常会采用定性分析方法,而进度、成本目标则需要采用定量分析方法,选项 C、E 错误。所以 A、B、D 正确。

5.【答案】A、C、D

据《环境管理体系 要求及使用指南》GB/T 24001—2016,绩效评价包括三方面内容:监视、测量、分析和评价,内部审核和管理评审,所以 A、C、D 正确。

6.【答案】B、D

《卓越绩效评价准则》GB/T 19580—2012 不仅作为国家质量奖评审的唯一标准,用于国家质量奖评审;而且用于组织的自我学习,引导组织追求卓越绩效,提高产品、服务和经营质量,增强竞争优势。所以 B、D 正确。

7.【答案】B、C、D

根据国家标准《社会责任报告编写指南》GB/T 36001—2015,基于与利益相关方有效沟通的目的,社会责任报告的编写和发布宜遵循"完整全面、客观准确、明确回应、及时可比、易读易懂、获取方便"的原则。社会责任报告所披露信息宜客观、真实和准确,所披露信息宜避免人为加工或臆造,如不故意淡化消极影响或夸大积极影响、不捏造数据或事实等。所以 B、C、D 正确。

8.【答案】B、C、D

招标人应在招标文件规定的投标有效期内以书面形式向中标人发出中标通知书,

同时将中标结果通知未中标的投标人，选项 A 错误。中标人与招标人需要在签订施工合同前进行谈判，争取改善合同条款，澄清模糊条款，修改过于苛刻的不合理条款，增加保护自身利益的条款，选项 B 正确。招标文件要求中标人提交履约保证金的，中标人应按照招标文件的要求提交，选项 C 正确。招标人最迟应在书面合同签订后 5 日内向中标人和未中标的投标人退还投标保证金及银行同期存款利息，选项 D 正确。招标人和中标人应在中标通知书发出之日起 30 日内，根据招标文件和中标人的投标文件订立书面合同，选项 E 错误。所以 B、C、D 正确。

9.【答案】B、C、E

在施工投标报价策略中，可选择报高价的情形的有施工条件差的工程（如条件艰苦、场地狭小或地处交通要道等）；专业要求高的技术密集型工程且施工单位在这方面有专长，声望也较高；总价低的小工程，以及施工单位不愿做而被邀请投标，又不便不投标的工程；特殊工程，如港口码头、地下开挖工程等；投标对手少的工程；工期要求紧的工程；支付条件不理想的工程。所以 B、C、E 正确。

10.【答案】A、B、D

订立合同时必须明确约定发包人陆续提供施工图纸的期限和数量而非费用，选项 C 错误。须明确按单价支付部分的工程款调价公式中的各可调因子，总价支付部分不考虑物价变化对合同价格的调整，选项 E 错误。施工合同订立时需要明确的内容有施工现场永久工程的占地范围、异常恶劣气候条件的界定、发包人陆续提供施工图纸的期限和数量。所以 A、B、D 正确。

11.【答案】C、E

在全部工程竣工前承包人提出经发包人同意时，可进行区段工程验收，选项 A 错误。工程竣工验收完成后，发包人在缺陷责任期内发现任何已接收的工程存在新的缺陷，承包人应负责修复，直至检验合格为止，选项 B 错误。施工期运行是指合同工程尚未全部竣工，其中某项或某几项区段工程或工程设备安装已竣工，根据专用合同条款约定，需要投入施工期运行的，经发包人验收合格，证明能确保安全后，才能在施工期投入运行，选项 D 错误。所以 C、E 正确。

12.【答案】A、B、D、E

除专用合同条款和（或）供货要求等合同文件另有约定外，合同设备整体质量保证期为验收之日起 12 个月，选项 C 错误。所以 A、B、D、E 正确。

18.【答案】A、C、D、E

技术交底书的内容主要包括：施工方法、质量要求和验收标准、施工过程中需注意的问题、可能出现意外情况的应急方案等。所以 A、C、D、E 正确。

21.【答案】A、C、D、E

施工责任成本是中标后，以施工合同、施工图纸、中标清单、企业内部施工定额、施工组织设计、施工方案、施工进度计划、市场价格信息等为依据，按照一定方法从中标价（合同价）中分离出来。所以 A、C、D、E 正确。

24.【答案】B、C、D

事故单位应当于 1h 内向有关部门报告，选项 A 错误。事故调查组应该自事故发生之日起 60 日内提交事故调查报告，选项 E 错误。所以 B、C、D 正确。

25.【答案】A、C、E

重大事故，是指造成 10 人及以上 30 人以下死亡，或者 50 人及以上 100 人以下重伤，或者 5000 万元及以上 1 亿元以下直接经济损失的事故。所以 A、C、E 正确。

27.【答案】C、D

实行核准管理的范围是投资主体直接或通过其控制的境外企业开展的敏感类项目，核准机关是国家发展和改革委员会。选项 A、B 由国家发展和改革委员会实行核准管理。选项 E 备案机关是投资主体注册地的省级政府发展和改革部门。所以 C、D 正确。

30.【答案】A、C、E

在工程项目信息集成管理中 BIM 模型可以整合项目各类的工程信息，在 BIM 模型中可以链接进度计划等各种计划和设计说明等信息。选项 B、D 是 BIM 技术在工程项目信息管理中的应用。所以 A、C、E 正确。

网上增值服务说明

为了给一级建造师考试人员提供更优质、持续的服务，我社为购买正版考试图书的读者免费提供网上增值服务。**增值服务包括**在线答疑、在线视频课程、在线测试等内容。

网上免费增值服务使用方法如下：

1. 计算机用户

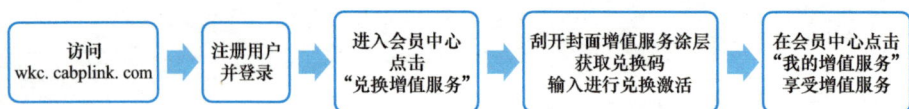

2. 移动端用户

注：增值服务从本书发行之日起开始提供，至次年新版图书上市时结束，提供形式为在线阅读、观看。如果无法通过验证，请及时与我社联系。

客服电话：4008-188-688（周一至周五9：00—17：00）

Email：jzs@cabp.com.cn

防盗版举报电话：010-58337026，举报查实重奖。

网上增值服务如有不完善之处，敬请广大读者谅解。欢迎提出宝贵意见和建议，谢谢！